U0659447

深圳大学湾区教育研究丛书

高校创新创业教育的机制及行动

陈武林　著

厦门大学出版社　国家一级出版社
XIAMEN UNIVERSITY PRESS　全国百佳图书出版单位

图书在版编目（CIP）数据

高校创新创业教育的机制及行动 / 陈武林著. -- 厦门 : 厦门大学出版社，2023.8
（深圳大学湾区教育研究丛书）
ISBN 978-7-5615-9078-2

Ⅰ. ①高… Ⅱ. ①陈… Ⅲ. ①高等学校-创造教育-研究-中国 Ⅳ. ①G640

中国版本图书馆CIP数据核字(2023)第151046号

出 版 人　郑文礼
责任编辑　曾妍妍
美术编辑　李嘉彬
技术编辑　朱　楷

出版发行　厦门大学出版社
社　　址　厦门市软件园二期望海路 39 号
邮政编码　361008
总　　机　0592-2181111　0592-2181406(传真)
营销中心　0592-2184458　0592-2181365
网　　址　http://www.xmupress.com
邮　　箱　xmup@xmupress.com
印　　刷　厦门市竞成印刷有限公司

开本　720 mm×1 000 mm　1/16
印张　12.25
插页　2
字数　220 千字
版次　2023 年 8 月第 1 版
印次　2023 年 8 月第 1 次印刷
定价　48.00 元

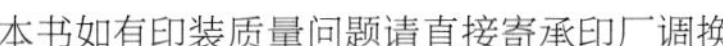
本书如有印装质量问题请直接寄承印厂调换

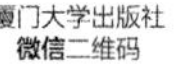
厦门大学出版社
微信二维码

厦门大学出版社
微博二维码

序
重视创新创业教育在高质量人才培养中的作用

黄崴*

近期收到陈武林博士的书稿《高校创新创业教育的机制及行动》,嘱我为其作序。我阅读了全书,作为一名教育研究者,同时也担任高校的管理者,认为该书对提升创新创业教育质量具有重要的启示。

一、创新创业教育是当前高校人才培养改革的重要方式

新一轮科技革命和产业变革亟须高校培养创新创业人才,而创新创业教育则是目前高校培养创新创业人才的主要途径。当前,创新创业教育融入高校人才培养,与高校的教学模式、课程设置、评价方式和管理体系变革紧密结合,对深化高等教育人才培养改革提出了更高的要求。高校作为新型人才资源和原创性科技成果的聚集高地,肩负着提升学生创新创业能力的重要职能。在长期的探索和实践中,创新创业教育具有与专业教育和思想政治教育相融合的趋势。面对创新创业教育中专创融合和思创融合的需要,高校积极关注社会需求,探索高层次创新型人才的培养模式。

创新创业教育对高校教育教学过程和人才培养模式产生了重要影响。首先,创新创业教育推动学科专业与课程设置的改革。整合学科资源、打破传统学科的边界是创新创业教育课程体系改革的题中之义。在探索双创课程融入其他学科基础知识的过程中,学科专业资源的协同整合是创新创业教育获得

---

* 黄崴,广东培正学院校长,中国教育学会教育管理分会副理事长,广东技术师范大学原二级教授、副校级干部,中山大学教授、博士生导师

良好的课程与教学资源的基础。高校通过科学的课程设计，打通学院或专业间的壁垒，将多学科专业知识技能融入创新创业教育体系，形成具有学科交叉性、创新性和融合性的创新创业教育课程体系。其次，新时代的人才培养改革更加关注个人多样化的学习和发展需要，而创新创业教育有力地丰富了大学生素质评价机制。创新创业教育以培养复合型创新人才为目标的人才培养方案更为弹性灵活，学生能够自由地安排时间完成学业。在学业管理制度上，创新创业教育有助于推动不同类型学习成果的认证和衔接，引导学生将双创实践成果转化为特定学分，以促进高校完善以创新能力为导向的人才评价体系。最后，创新创业教育促进高校人才培养模式和教学理念的更新。高校的人才培养需要与区域经济发展人才需求融合衔接，要求具有明显的地域性和行业产业的契合性。该书认为创新创业教育注重采用案例式、项目式等以实践为导向的教学方式，融合学习、研究、实践和创新各个环节，引导学生从知识的接收者转向知识的探究者。可见，要想实现人才培养和产业链的有效对接，关键在于产业技术与课堂实践有机结合。因此，无论是现在还是将来，各类高校都应深入了解创新创业教育的机制与行动。

二、深入阐述创新创业教育对提高人才培养质量的积极作用

该书紧扣当下创新创业教育出现的新情况、新现象和新问题，总结珠三角区域高校创新创业教育人才培养的办学特色与教育成果。创新创业教育是时代赋予高等教育的重要命题。为了响应“大众创业、万众创新”的国家战略，高校将创新创业教育融入人才培养，回应高等教育面临的诸多挑战，这对培养高层次多样化的创新型人才具有重要意义。

珠三角区域高校具有毗邻港澳的地域优势，在创新创业教育的行动措施和国际影响等方面具有典型意义。从大学生的能力发展状况来看，创新创业教育向所有学生展开，注重学生综合素质和实践能力的培养。当前，培养兼顾学术性和应用性的复合型人才是现代高等教育的迫切要求，大学生的职业胜任力和可持续发展能力成为衡量高质量人才培养的重要方面。创新创业教育具有综合性和多学科交叉性的特点，可以自然地、深度地渗透在日常教学之中。它对多学科交叉融合的课程进行建设，以问题为导向，进行自主探究、团

队协作，提高自身环境认知能力、加强与社会的联系。珠三角区域高校开展具有专业特色的创新创业教育更能调动学生对创新创业项目的探究兴趣和自主创新意识。实践表明，创新创业教育对提高学生的人文素养、应用能力、创新创业思维和综合实践能力等具有显著作用。

此外，创新创业教育的重要价值在于能将学生的创新成果转化为社会生产力。学生通过参与价值创造，将学术资本有效转化为社会效益，展现了高校的育人价值。学生自身的职业发展方向和就业规划也在此过程中逐渐明晰。同时，作为人才培养的主阵地，高校在充分了解社会需要的基础上优化课程体系建设，在资源整合过程中突出专业方向特色，加强实践关联性，促进学生就业领域与区域行业需求相匹配，实现高质量就业。总之，面对学历优势被稀释的困境，创新创业教育推动行业需求与高校人才培养模式深度融合，在聚集专业力量和创新优势促进产学研用一体的同时，还帮助学生积累和提升未来就业的核心竞争力。

三、高校应持续加强创新创业人才培养

创新创业教育本质上是一种能力素养教育，它注重引导大学生在思想认识上形成创新理念，并积极践行创新理念。该书认为，创新创业教育是一项复杂的系统工程，具有独特的功能定位、运行机制及保障体系，需要从目标定位、课程体系、文化建设、管理方式和激励机制等方面进行整体设计和开展。这些观点具有前瞻性和操作性，希望该书能够为推动高校人才培养改革、丰富创新创业教育领域的研究发挥应有的价值。

为此，高校应持续加强创新创业人才培养，准确理解和把握创新创业教育的内涵及目标。深刻理解高校创新创业教育的核心概念和具体构成要素，可以为高校根据区位优势和学校特色制定培养方案、运行机制和保障体制提供基本遵循。学生创新能力培养、创业项目优化、融资对接和团队孵化，整个链条式的过程需要高校整合政府、企业、社会服务机构和各学院等相关利益主体的资源，形成共建共享的资源体系。当然，除了多元主体协同合作之外，完善的制度保障也是构建创新创业教育协同育人机制的关键。

其次，指向创新创业人才培养的课程体系要将专业教育与创新创业教育

深度融合。为了贯通创业知识与通识教育、学科知识之间的联系，高校应着力于开发特色课程、挖掘专业课程中的创新创业教育资源和优化课程管理等，以适应高等教育高质量发展的现实需要。创新创业课程强调时效性、实践性和融合性，因此，坚持以学生为主体、以问题为中心、以实践为导向的多元化教学策略更能激发学生的创新创业兴趣和追求。

总之，创新创业教育是产学研用一体化的教育，是对传统大学只重视知识教育的一种范式变革，是我国高等教育高质量发展的重要方向。希望该书的出版可以丰富创新创业教育理论，并对创新创业教育实践发展有所推动。

2023 年 5 月 15 日

目 录

第一章
高校创新创业教育的发展背景与分析框架

当前,高校正在积极推动创新创业教育的实践和服务工作,为大学生营造浓厚的创新创业氛围。虽然高校创新创业教育在高等教育改革过程中发挥着积极作用,为大学生成长提供了良好的教育机会,但创新创业教育实效难以充分释放。高校如何建立科学高效的运行机制以突破资源障碍,激发全校师生的创业活力成为高校人才培养体系中不可回避的现实问题。

第一节　创新创业教育的发展背景

我国高校创业教育开展已近 30 年,在创新创业教育理论与实践方面积累了一定经验并取得了相应成绩。高校创新创业教育已成为缓解日益增大的大学毕业生就业压力、提升大学生就业能力的重要途径,但目前还面临大学生创业成功率低、创业学院难以支撑创新创业型人才培养等问题。在当前高校教育改革环境下,深刻把握创新创业教育的规律与作用已成为提升高校人才培养质量的必然趋势和基本要求。

一、创新创业人才培养的国际背景

创业教育最早出现在 20 世纪 40 年代的哈佛大学,为商学院而设,是培养企业家的教育,之后 30 多年的时间里发展并不快,直到 20 世纪 80 年代才开始发达。第二次世界大战以来,第三次科技革命引发了以高新科技为核心要素的产业革命,促进了创业型大学理念和模式的兴起。目前,随着以人工智能、新材料技术、虚拟现实、量子信息技术等为标志的第四次科技革命和产业革命的推进,大学在新科技革命和产业革命中的地位和作用将得到进一步凸显。进入 21 世纪以来,全球化的进程势不可挡,而世界也因此从一个球体变成平坦的竞争平台。克里斯·安德森(Chris Anderson)在《创客:新工业革命》一书中指出,创业教育的价值在于不仅具有接受技术挑战和将创意转化为现实的功效,更重要的是倡导首创精神、实践精神以及与他者分享和交流的价值观,并组织有能力的青年参与到这样的环境中来。[①] 全球化通过贸易、技术和资本流动推动了经济繁荣,也扩大了不同阶层间收入的不平等,这种趋势不会改变,只是它的速度会慢下来,进入自我修复、自我调整时期,但这并不意味着全球化时代已经过去。它已深入到当代社会生活的经济、政治、教育各个方面,人类通过各种交往活动加深彼此的了解与共识。

(一)创新创业的人才培养理念已经成为高等教育界的普遍共识

作为一种教育形式,创新创业教育的起源和内涵已经引起国内外许多学者的广泛关注,普遍认为它实质上是一种基于制作和技术、崇尚创新、依托互联网、注重个体创意的创造性活动,并通过潜移默化的力量在深层次上影响着高等教育发展和社会生活的诸多方面。因此,创新创业教育的意义和价值已经得到各个国家的普遍共识。换言之,鼓励劳动者自主创业缓解就业压力是目前各国较为认可的一种行之有效的方法。创业行为之所以能够在带动就业方面起到巨大作用,主要原因是创业企业大多门槛低、创设成本小,而且具有普适性,即适合各类群体的劳动者。[②] 当今世界正处于百年未有之大变局,全球化影响着社会生产生活诸多方面。美国经济专家拉希来·马尤尔从世界经济发展的客观实际出发得出了这样一条结论:创造高经济价值的主要方式从批量制造转向了服务业,从而使社会和经济的每一个方面都朝着小型化、分散化发展。[③] 这种变化也悄然催生了世界各国小型公司不断涌现。全球化尤其是作为其主要动力及表征的市场化,导致了经济社会领域的巨大变革,从而给个体的生存环境带来了直接影响,创新创业教育的发展不可避免地受到全球化这一因素的影响。

创新创业教育在众多大学如雨后春笋般盛行开来,成为一股影响全球高等教育发展的变革力量。发展创新创业教育顺应了时代发展趋势,可以激发学生的创新创业自主意识,深化创新创业教育理念,拓宽创新创业教育载体,延伸人才培养的有效途径,拓宽就业渠道,提高学生就业率和就业竞争力,进

① Maker Education Initiative. The Maker Education Initiative's Mission[EB/OL].[2017-06-10].http://makered.org/about-us/mission.

② 赖德胜.教育与劳动力市场[M].北京:经济科学出版社,2016:369.

③ 王慧颖,詹明.新时代大学生创业教育的理论与实践研究[M].成都:电子科技大学出版社,2019:55.

而提升国民整体素质和综合竞争力。[①] 纵观欧美发达国家的知名高校，除了在科研领域有着其他高校难以超越的优势之外，它们在创新创业领域也同样引领着国家和区域发展的担当和使命，并发挥越来越重要的作用。因此，这些欧美知名高等学府也被冠以创业型大学的美誉。但是，它们的创新创业教育课程都是自由选择的，不是一种强制性的教育。面对创新创业教育所带来的新的机遇和挑战，创新创业的人才培养理念必将深入人心。进入新世纪以来，我国也从教学理念、教学目标、课程内容、教学方法和教学评价等方面对高校人才培养体系进行了系统的变革与创新。

(二)培养创新创业人才是世界高等教育发展的重要方向

从世界范围看，新一代工业革命蓄势待发。当前，一些重大科技创新正重构社会产业生态，经济增长模式也逐步由传统要素驱动向创新驱动转变，人工智能等新技术正在颠覆传统的教育领地。甚至可以说，科技发展前景将远超人类现有的认知水平。新一轮科技革命和产业变革加速进行，新技术、新产品、新业态和新模式蓬勃兴起，人类正迈入以大数据、人工智能、云计算、5G 等新技术为代表的科技时代，因而急需大批高素质创新创业人才。“在全球越来越多的大学中，推动学生的创新创业已经成为整个教育计划的一个重要组成部分。为学生提供优质的创业服务，是大学的职责，也是学生的重要诉求。”[②] 高校理应积极更新教育理念，转变创新创业教育思路，更新创新创业教育理念，充分利用大数据、智能化等信息技术手段，探索教育新路径，提升大学生的创新创业能力，有效回应和满足学习者个性化、多元化的需求，打造创新创业教育良性循环、全面发展的生态系统。

鉴于创新创业教育的重要作用，世界各国政府纷纷加大对创新创业教育的支持力度。特别是许多高校正在通过各种各样的方式推动创新创业教育，创新创业教育相关课程数量呈几何级别增长，并呈现出全民性、终身性和全球性的特点，创新创业教育正在成为许多国家的重要教育战略。当然，创新创业活动往往具有发展性、技术依附等特点。美国硅谷之所以繁荣，是因为有上千所高新科技公司纷纷在此设立总部分部，众多风险投资机构青睐于此，同时也与高等教育密切关联，其周边诸如斯坦福大学、加州大学伯克利分校、波士顿

① 熊峰，周增逵.数智时代高职创新创业育人生态系统建构[J].中国高等教育，2021(22)：59-61.

② 郭雷振.近年来全球大学生创业意向分布特征与若干影响因素：基于瑞士 GUESSS 国际调研数据的分析[J].比较教育研究，2016(9)：47-54.

大学等诸多名校汇聚。尤为值得关注的是,斯坦福大学与硅谷共生发展得益于斯坦福大学附近科技园的发展,使得知识生产者环绕在大学周围,区域呈现高技术知识社群的集聚样态。

(三)创新创业教育的国际合作日趋密切

诚然,创新创业教育已成为高等教育人才培养的重要内容,完善创新创业教育机制、提升创新创业教育质量既是高等教育改革与发展的要求,也是经济社会发展的需要。如何在新时代、新的国际形势下,加强创新创业教育的国际合作,是值得深入研究的问题。无论在国外还是国内,创新创业教育正在如火如荼地开展,已成为国家未来发展的重要驱动力量。从某种意义上讲,高校创新创业教育是创新型国家建设的重要组成部分,也是当前高等教育国际合作的重要内容。虽然欧美一些国家已经拥有很先进和成熟的创业教育经验,但我国高校并没有直接照搬国外的经验,而是进行本土化的组织创新,并积极参与创新创业的国际合作。例如,共青团中央、全国青联与联合国国际劳工组织合作,自 2005 年 8 月起在我国高校开展 KAB 创业教育项目。这是共青团组织通过国际合作服务青年学生创业就业工作的一项探索。KAB 创业教育项目实施 18 年来,积极贯彻落实国家创新创业政策,积极发挥服务青年、培养人才的功能,着力培养大学生创新精神、实践能力和创业能力,建立了师资培训、教学研究、质量控制、课外实践等运行机制,深受广大师生欢迎。[①] 随着创业实践的持续推进,我国还通过多种国际交流形式,如亚太青年领导力与创新创业论坛、"一带一路"青年故事会、澜湄青年创业交流营等活动,搭建中国与相关国家青年创新创业交流平台,引导中外青年积极参与"一带一路"建设,培养具有家国情怀和国际视野的创新创业人才。

二、创新创业教育的社会背景

创新创业教育的首要目标不是培养大学生如何创办企业,而是培养大学生的创新思维、创造能力和创业精神,使他们理性地认识和理解创新方法和创业规律,为社会创造更多的价值。

(一)新的科学技术不断地介入和影响着高等教育

青年是大众创业万众创新的生力军,近年来有越来越多的大学生投入创

---

① KAB创业教育项目简介[EB/OL].(2022-03-15)[2023-05-30].http://www.kab.org.cn/.

新创业的浪潮。随着信息时代的深入发展，越来越多的前沿问题影响并改变着社会的生产方式和思维方式，由此产生诸多创新性的概念如ChatGPT、大数据、区块链、元宇宙等，这些新鲜的事物为高等教育改革提供了更多的可能性。面对这样的现实，高校创新创业教育应审视现代性困境，构建高校创新创业教育健康发展的途径，以提升创新创业教育的实效性。但是，目前国内的大部分高校科技企业孵化器等实践平台大多属于政府主导、大学主办，以国家和政府的补贴等优惠政策和基金支持为依托，多数按照高校的行政管理体制运营，在建设目标定位、机构完善度和资源支持等方面存在短板。① 2018年下发的《教育部关于加快建设高水平本科教育全面提高人才培养能力的意见》则要求"把深化高校创新创业教育改革作为推进高等教育综合改革的突破口"，提出"搭建学生科学实践和创新创业平台，推动高质量师生共创，增强学生创新精神和科研能力"。由此可见，在高校转型发展的实践探索中，如何开展创新创业教育和高效培养大学生的创新实践能力已成为各界普遍重视的问题。

创新驱动的关键在于人才驱动。这就需要依靠高等教育培养创新创业人才来提供智力支撑。科学越来越被视为促进经济和社会发展的强有力工具，大学知识生产活动越来越受到政府和产业界的影响，因而知识和学术的性质发生了重大变化——基于知识自身逻辑发展的象牙塔型知识转变为由社会需求逻辑主导的应用性和商业性知识，大学教师则成为"产业科学家"②。创新创业教育生活样态的物化是现代性的物质基础，这在一定程度上使高等教育摆脱了从前的盲从和依附，取而代之的是教育解放和知识创造。创新创业教育逐渐形成了独特的价值定位，以互联网为依托，以创新和制作为灵魂，注重个体的创意和群体的需求，以达到分享资源和技术的价值目标。作为当前影响大学生发展的重要力量，创新创业教育反映了个体生存方式及其精神生活体验，但由于人们对其所具有的价值选择缺乏清晰的体认，导致有些学校将其变成"形象工程"甚至是"教育装备竞赛"，最终陷入现代性困境之中，因徒具形式而失去创新创业的精神内核。

（二）推动高校创新创业教育是促进区域经济高质量发展的有力抓手

社会经济发展，尤其是产业升级和经济增长方式转变的需求以及日趋激

---

① 许爱华，吴庆春.基于精准化创业教育实践平台的高校协同育人机制研究[J].江苏高教，2020(11)：109-112.

② 约翰·齐曼.真科学：它是什么，它指什么[M].曾国屏，匡辉，张成岗，译.上海：上海科技教育出版社，2002：94.

烈的国际竞争对高校创新创业人才培养提出了更高要求。面对社会生产方式的转变，政府部门的公共政策在科技创新方面相应增加资金投入和推进高校技术转移，以促进科技成果产业化。为适应高等教育改革形势需要，培养富有创新精神、勇于投身实践的创新创业人才，各高校针对创新创业教育制定了一系列制度设计和保障机制，如学分认定、项目申报、竞赛活动、资金扶持等，并取得了一些阶段性成效。然而，在具体工作推进中，许多高校的创新创业教育仅停留在政策驱动阶段，高校缺乏充足的自主性和决定性，而仅以执行者的角色出现，对创新创业人才培养与区域社会经济发展之间的系统谋划和联结还有待提升。许多高校将创新创业教育仅仅作为一项独立的教学改革，割裂了人才培养与区域经济发展的关系，未能将创新创业教育与区域发展优势相结合，专业设置与产业结构发展脱节，与当地的经济、社会就业创业资源缺乏对接，造成培养的创业型人才社会匹配度较差，无法真正满足区域发展对高校人才的需求。[①]

近年来，随着我国科技创新能力的稳步提升，我国在知识产权多边合作、参与知识产权全球治理等方面不断增强。《"十四五"国家知识产权保护和运用规划》指出，当前，知识产权对激励创新、打造品牌、规范市场秩序、扩大对外开放正发挥着越来越重要的作用。世界知识产权组织（WIPO）发布的《2022年全球创新指数报告》显示，中国在创新领域的全球排名近年来持续稳步提升，2022 年排名上升至第 11 名，位居 36 个中高收入经济体之首。知识产权创造质量的持续提升意味着我国市场主体创新活力不断激发，创新创造能力不断增强，也为高校创新创业人才培养营造了良好的环境。由此，高校创新创业教育不仅是培养具有创新创业能力的大学生的重要途径，也成为推动原始创新、服务市场主体高水平发展的重要力量。

（三）深入推进创新创业教育是高等教育普及化时代的必然趋势

大学生是最具创新、创业潜力的群体之一，在高等学校开展创新创业教育，积极鼓励大学生参与创新创业，是服务创新型国家建设、促进人才培养变革的重要举措。高校毕业生就业观念从以就业为导向，逐步转向就业创业相互促进的观念上来，这使高等教育的实施者和接受者对创新创业教育的育人理念有了更为深刻的理解。当然，这也与我国目前"双向选择"、自主择业的高校毕业生就业状况相适应。当代大学生伴随网络的发展而成长，在享受信息化所带来的便利的同时，其思想、行为也受到了网络的深刻影响，在创新创业

① 李莉.推动高校创新创业教育与区域经济融合发展[N].中国社会科学报，2021-09-17.

中也容易滋生“创新创业就是创富，就是为了更好地个人享受”以及在创新创业活动中不讲诚信、不讲信用等不良思想和行为。[①] 在大学生就业率不高、市场就业饱和度较高的情况下，高校可结合自身学科基础和育人优势，积极进行一系列创新创业教育的改革和探索。不过，当下大学生的就业选择普遍稳字当头，多倾向于到机关事业单位或大型国企就业。据报道，2022 年我国高校毕业生规模达到 1076 万人，同比增加 167 万人，规模和增量均创历史新高，就业压力前所未有。但在这种求稳就业倾向的影响下，多数学生在读期间并未充分认识到创新创业教育的价值，也缺乏获取创新创业所需的专业知识和实践能力的主动性。

高校毕业生创业就业形势发生了很大变化，让毕业生找到合适职业的关键在于创新人才培养方式。笔者调研发现，大多数高校是以“选拔少数有基础、感兴趣的学生成立创业实验班或社团，组织这些天分好、能力强的学生参与各种创业竞赛”之形式来推进创新创业教育。2021 年，我国高等教育的毛入学率达到 57.8%，这意味着高等教育进入了普及化发展阶段。随着高等教育育人方式的变革与创新，高校不断加强学生的创新创业实践，并基于产业发展真实需求，向师生开放科研课题。市场经济环境迫使人们意识到只有适应竞争才能更好地生存，大学生个体意识也在这种环境下萌发，激发大学生深刻认识自我，产生对自我价值的热烈追求。在教育部支持下，华为 2021 年举办了百余场“校园行”活动，200 余名华为产业专家走进学校与师生进行面对面交流，参与师生超过 1.6 万人次。[②] 但是，目前我国包括高校在内的社会创业文化的凝聚力不强、功利性弥漫，无法有效起到提高各主体对大学生创业教育政策认可度的作用。[③] 因此，在高等教育普及化时代，创新创业教育不仅要关注大学本科生，也要重视研究生的参与，进而促进创新创业文化成为高校育人文化的重要组成部分。可喜的是，2021 年开始，面向博士后人才最重要的全国性创新创业活动——中国博士后创新创业成果大赛每年举行一次，这将有力地促进创新创业文化向纵深发展。

---

① 盛红梅.新时代大学生创新创业价值观研究[D].长春：东北师范大学，2020：77.

② 林焕新，高众.华为：已在 72 所高校建成教学实践平台[N].中国教育报，2022-05-17(3).

③ 赵庆年，曾浩泓.工具理性向价值理性的回归：大学生创业教育政策的价值冲突与平衡[J].现代教育管理，2022(5)：36-45.

三、我国创新创业教育的政策发展现状

我国创新创业教育最早是在个别高校中先行探索的。这可追溯到20世纪90年代末清华大学举办的创业设计大赛、“挑战杯”创业计划大赛。2002年,清华大学等9所高校被教育部确定为创业教育试点院校。随后,政府将其作为教育改革活动,在一些高校试点开展的基础上提出了“创新创业教育”,并在全国高校中推广。国家出台的一系列文件旨在为创新创业教育提供有效引导和制度支持,有利于在全社会形成“高校—企业—社会—政府”创新创业共同体,培养更多的创新创业型人才。在这实践探索中,如何开展创新创业教育和有效培养大学生的创新实践能力俨然成了重中之重的问题。

(一)高等教育普及化阶段人才培养改革的现实需要

随着高等教育普及化发展阶段的到来,我国高等教育也逐渐从传统单一的人才培养模式走向多元创新的人才培养模式。普及化发展阶段不仅说明我国已建成世界最大规模的高等教育体系,也意味着有更多的人能获得接受高等教育的机会,人口的素质结构也发生了显著变化。为此,更需着力实行高等教育普及化阶段人才培养改革,持续为培养世界重要人才和建设创新高地提供有力支撑。

一方面,创新创业人才的培养正在成为中国高等教育领域广大教师、管理者,乃至大学生群体的一种自觉的积极行动。近年来,教育部等部门密集出台了促进创新创业教育发展的系列政策。据笔者不完全统计,2012年至2019年,中央各部委出台与创新创业教育相关的政策、法律、法规或实施意见共56份,这表明政府对高校创新创业教育的重视程度不断增加,政策支持是促进高校创新创业教育快速发展的重要力量。从已有政策文本来看,许多高校的校院两级教学管理部门、专业学科教研室、任课教师在执行过程中的相应职责缺少清晰的界定,更多的是原则性的描述,如何有效落实创新创业却缺乏嵌入人才培养体系的运行机制。把创新创业教育有效纳入专业教育和文化素质教育教学计划和学分体系,建立多层次、立体化的创新创业教育课程体系。突出专业特色,创新创业类课程的设置要与专业课程体系有机融合,创新创业实践活

动要与专业实践教学有效衔接，积极推进人才培养模式、教学内容和课程体系改革。[①] 创新创业教育政策虽已在国家层面得以积极倡导，但作为一种新的教育观念和教育目标，还需要从运行机制上推进。换言之，各高校虽已出台创新创业教育改革实施方案、培养方案等，但缺乏具体、可操作、测量性的方案描述和指标要求，还没有与人才培养模式改革和专业教学有机结合。为此，在创新创业教育政策发展中应进一步针对政策的精准到位和育人效应进行科学设计。

另一方面，在信息时代和科技产业升级换代的背景下，高等教育与社会间的联系日益密切，高等教育对于社会经济发展的作用已不仅仅是支持，更是引领和催化。创新驱动经济增长和创新创业教育已上升到国家发展的战略层面。如何满足国家高质量发展的新需求，是高校人才培养工作的核心目标。在国家政策的指引下，全国各地鼓励大学生创新创业的相关政策相继出台。我国持续深化高校创新创业教育改革，推动高校开设创新创业教育专门课程，举办"互联网＋"大学生创新创业大赛，促使创新创业理念成为高等教育界的普遍共识，为大学生素质发展提供了成长的新平台。2010 年 5 月，教育部印发《教育部关于大力推进高等学校创新创业教育和大学生自主创业工作的意见》(教办〔2010〕3 号)，明确指出："创新创业教育是适应经济社会和国家发展战略需要而产生的一种教学理念与模式。"该文件明确要求把创新创业教育有效纳入文化素质教育教学计划和学分体系，建立多层次、立体化的创新创业教育课程体系，为创新创业教育课程建设明确了建设理念。可见，高校创新创业教育已成为政府统筹管理、科学规划与分层落实的重要内容。2017 年 7 月，国务院颁布的《国务院关于强化实施创新驱动发展战略进一步推进大众创业万众创新深入发展的意见》(国发〔2017〕37 号)提出："进一步拓展创新创业的覆盖广度，着力推动创新创业群体更加多元，发挥大企业、科研院所和高等院校的领军作用，有效促进各类市场主体融通发展。"随着政策目标的逐步深入，持续推进高校创新创业教育改革，将创新创业教育贯穿人才培养全过程，以创新创业为导向的人才培养方式逐渐成为新型模式。

(二)面向创新创业人才培养的体制机制更加完善

全面提高教育质量是今后一段时期高等教育发展的主基调。创新创业教

① 教育部.教育部关于大力推进高等学校创新创业教育和大学生自主创业工作的意见(教办〔2010〕3 号).(2010-05-13)[2018-05-07].http://www.moe.gov.cn/srcsite/A08/s5672/201005/t20100513_120174.html.

育作为提升高等教育人才培养质量的重要途径，将为经济转型升级提供更加坚实的人才支撑。首先，创新创业人才培养体系建设不断完善。2009 年，教育部下发的《教育部关于做好 2010 年普通高等学校毕业生就业工作的通知》(教学〔2009〕15 号)中明确要求全面加强高校学生的创业教育，提出成立国家层面的“高校创业教育指导委员会”；同时，高等学校可成立由主管校领导牵头，相关部门以及有关院系参加的创业教育指导协调机构。2012 年 8 月，教育部颁布《教育部办公厅关于印发〈普通本科学校创业教育教学基本要求(试行)〉的通知》(教高厅〔2012〕4 号)，拉开了全面推进普通本科高校创业教育的序幕。2015 年，国务院在《关于深化高等学校创新创业教育改革的实施意见》中指出：到 2020 年要建立中国特色的高校创新创业教育体系，同时，高校要“使创新精神、创业意识和创新创业能力成为评价人才培养质量的重要指标”。目前，我国高校专业目录体系和管理制度正处于完善过程之中。高校内部院系设置和学科分布分散，学科专业缺少交叉性和综合化，一定程度上阻碍了创新创业教育与学科专业之间的资源整合、资源共享。不过，新工科、新医科、新农科、新文科相继推出，这是高等教育主动适应新经济发展和产业结构转型升级需求而进行的一项前瞻性、系统性创新，有助于推动创新创业教育更好地面向科技革命、推动学科产业变革、培养创新创业人才。

2022 年 2 月 22 日，教育部官网公布了 2021 年度普通高等学校本科专业备案和审批结果，全国 12 所高校新增创业管理本科专业。“创业管理”作为新增专业被列入管理学门类，学制 4 年，授予管理学学位。高校设置创业管理本科专业是我国高校人才培养类型的重大突破。这有助于高校主动融入国家战略和行业发展，对接新发展格局调整优化学科专业布局，针对解决现实问题推进学科交叉融合。据统计，党的十八大以来，共有 265 种新专业纳入本科专业目录，目前目录内专业 771 种；新增本科专业点 1.7 万个，撤销或停招 1 万个，人才培养对新技术新产业新业态的适应度明显增强。① 在新一轮产业革命背景下，高校创新创业教育作为人才培养改革的必然选择，将以新增专业为契机，有机融入物联网、大数据、智慧医疗、人工智能等一批科技前沿和新兴交叉专业，进而促进人才培养供给侧和产业需求侧结构要素的融合创新。

其次，大学生创新创业的协同机制更加完善。2018 年下发的《教育部关于加快建设高水平本科教育全面提高人才培养能力的意见》(教高〔2018〕2

① 高众，林焕新.高等教育在学总人数达 4430 万[N].中国教育报，2022-05-08(1).

号)则要求“把深化高校创新创业教育改革作为推进高等教育综合改革的突破口”,要“搭建学生科学实践和创新创业平台,推动高质量师生共创,增强学生创新精神和科研能力”。为更好地完善大学生创新创业教育体系建设,进一步支持大学生创新创业,2021 年 10 月国务院出台专门的政策文件——《国务院办公厅关于进一步支持大学生创新创业的指导意见》(国办发〔2021〕35 号),旨在提升大学生创新创业能力、增强创新活力。文件强调继续深化高校创新创业教育改革,着力形成以创新创业为导向的新型人才培养模式,健全多主体协同的创新创业人才培养机制。2022 年,《教育部高等教育司 2022 年工作要点》指出:“以培养学生‘敢闯会创’的精神和素养为核心,将创新创业教育贯穿人才培养全过程,带动引领高等教育人才培养范式变革创新。”上述政策文件的出台,促使大学生创新创业的支持力度不断增加,同时推进了高校创新创业教育改革。

普及化时代促使我国高校创新创业教育进入加速变革、蓬勃发展的新阶段。尽管高等教育普及化时代各类人才竞相迸发,但创新创业型人才依然是国家和社会发展的刚需人才。同时,创新创业人才培养也契合了我国企业家群体成长规律、高校人才培养模式改革的客观要求。为推动科技创新支撑和引领经济社会发展,我国《中华人民共和国科学技术进步法》(2021 年修订)采取多种措施促进育人链、创新链、产业链深度融合,推进学科交叉融合、成果转化融通发展。这部法律的出台有利于知识、技术等创新要素价值收益分配机制的完善,为青年科学技术人员成长创造环境和条件,激发大学生创新创业活力。为更好地做好大学生创新创业服务,企业、科学技术研究开发机构、高等学校之间渐次形成紧密合作的协同创新体系,联合培育具有影响力和竞争力的创新创业人才。在政府有效引导和政策扶持下,创新创业投资资金来源多元化,对大学生初创企业的创业发展给予支持。这些举措有利于推动大学生创新创业赛事成果转化,实现高校人才培养融入区域经济发展,形成以创新引领创业、以创业带动就业的人才发展格局。

第二节　国内外文献综述

通过对已有的创新创业教育研究文献进行梳理,尝试了解研究的主要特征、作者机构、热门主题、趋势等,试图为推进我国创新创业教育研究和发展提供参考和借鉴。本研究采用定量分析与定性分析相结合的研究方法。文献数据来源为中国知网CNKI全文数据库，检索对象为学术期刊库。在数据库"高级检索"中限定检索条件：主题中含"创新创业教育"，来源类别为"SCI来源期刊、北大核心、CSSCI"，时间为"2011—2022年"（检索时间：2023年4月15日）。同时对文献进行筛选并进行人工识别，排除刊物介绍、期刊声明、会议新闻、访谈等无效记录，最终确定了CNKI数据库中与创新创业教育主题密切相关的2686篇文献。我们把CiteSpace软件作为文献可视化分析工具，分析创业教育研究领域的高频词汇，并绘制关键作者网络、关键机构网络、关键词图谱、时区分布图谱、突现图谱、时序分布图谱。同时通过定性分析，对创新创业教育相关研究进行整理分析和脉络梳理，把握其研究现状以及趋势。

一、创新创业教育的产生与发展研究

20世纪80年代末，联合国教科文组织举行了面向21世纪教育国际研讨会，会议强调通过教育培育的世纪的劳动者应该是"最全面发展的人，将是对新思想和新机遇最开放的人"，由此提出了一个全新的概念"enterprise education"即创业教育。1995年联合国教科文组织全面阐述了完整的创业教育概念。

创新创业教育是一种新的教育理念，核心在于培育学生创新创业精神，本质是培养创新创业人才。张彦认为创新创业教育是一种素质教育，要求我们面向全体学生开展广泛的创新精神和实践能力的培养，同时进行全面的改革创新。[①] 创新创业教育在国内初步出现可以追溯到改革开放后的20世纪90年代中期，当时一些高校开始尝试开设创新创业相关课程和组织学生参加创新创业活动。1999年，教育部正式发布《全国大学生创业教育实施方案》，标志着全国创新创业教育进入了一个系统、有计划的阶段。2000年，国务院办公厅下发了《关于进一步发展创业教育的意见》，明确将创业教育纳入高校教育体系中。此后，国内各地政府和高校加快了创新创业教育的推进步伐，制定了相应的政策文件和行动计划。

随着全球经济的转型，传统的就业模式已经无法满足人们的需求，越来越多的人开始关注创新和创业。同时，大学教育也面临着新的挑战，需要更好地满足社会对高素质人才的需求。因此，创新创业教育开始成为大学教育的一个重要发展方向。创新创业教育的发展经历了多个阶段。在最初的阶段，创

① 张彦.高校创新创业教育的观念辨析与战略思考[J].中国高等教育，2010(23)：45-46.

新创业教育主要是在商学院和工程学院等专业领域开展。随着社会对创新创业教育的需求不断增加,越来越多的学科和专业开始加入创新创业教育的行列。创新创业教育也开始涉及不同的教育层次,包括中小学、高等教育和职业教育等。《国家中长期人才发展规划纲要(2010—2020年)》强调要加强人才培养,重视创新创业教育,建设创新型国家。2016年由教育部、国家发展和改革委员会等部门联合印发《关于加强大学生创新创业教育工作的指导意见》,提出了大学生创新创业教育的目标、内容、实施方式和保障措施等方面的具体要求。2019年由中共中央、国务院印发的《关于全面加强职业教育改革发展的意见》同样提到职业教育要加强创新创业教育,培养具有创新创业精神和实践能力的人才。2021年,国务院办公厅印发《关于进一步支持大学生创新创业的指导意见》提出,要深化高校创新创业教育改革,将创新创业教育贯穿人才培养全过程,建立以创新创业为导向的新型人才培养模式。

党的二十大报告提出,要"形成具有全球竞争力的开放创新生态",根本目标在于服务人才的培养。在党和国家的重视下,国内的创新创业教育不断发展壮大,越来越多的高校开始投入更多的资源和精力,建立创业孵化器、设立创新创业专业等,培养了大量的创新创业人才,为中国的经济发展、社会进步和国际竞争力提升提供了重要支撑。

(一)2011—2022年创新创业教育研究基本情况

1.文献年度分析

年度发表论文的数量一定程度上代表了专家学者们对该领域的关注程度。如图1-1所示,我国创新创业教育研究大致经历了三个阶段:(1)2011—2014年,创新创业教育研究趋势较稳定,发文量较少,相关研究持续进行,研究范围广但深度不够。共计发文313篇,年均78篇,占十年总量的11.7%。聚焦创业教育与教学研究、大学生创业研究及与中外高校的比较研究等。(2)2015—2018年,我国创新创业教育研究不断升温,各行各业关于创业教育的研究成果快速发展,发文量呈井喷式增长。共计发文1286篇,年均321篇,占十年总量的47.9%。研究主题从不同视角入手,如目标体系视角、利益相关者视角、创客视角、"互联网+"视角、高校发展转型视角、协同创新视角等提出针对性策略。(3)2019—2022年,共计发文1087篇,年均271篇,占十年总量的40.5%。

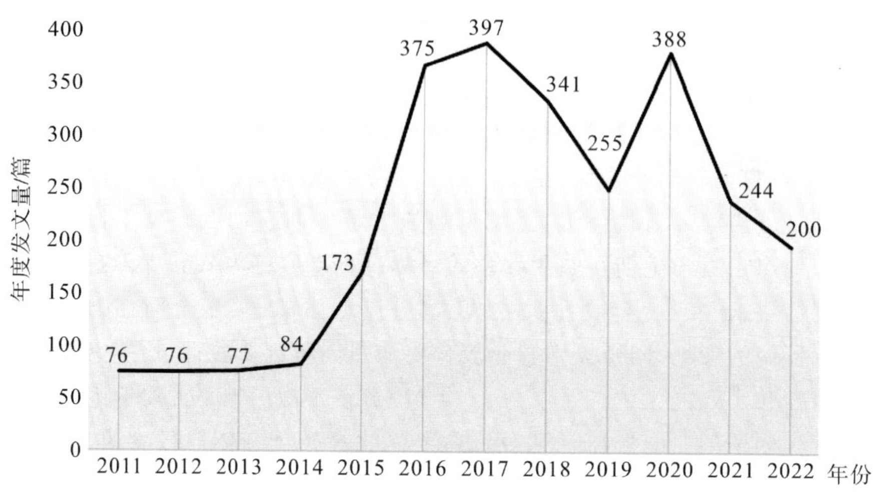

图 1-1　2011—2022 年创新创业教育研究期刊文献数量图

由于国家不断重视创新创业教育在教育体系中的重要性，创新创业教育研究进入深入探索和成熟阶段，在 2020 年发文量陡升，之后文献数量增长减缓，但仍然吸引不少学者的关注。研究主题偏向创新创业教育体系化构建、融合性研究、生态化发展，创新创业教育和实践的契合程度也进一步加强。

2.作者合作网络共现分析

利用 CiteSpace 绘制作者之间的合作网络图谱，可以更好地了解到研究者、专家群体目前在这一领域的研究概况及彼此之间的合作情况。时间段选择 2011 年至 2022 年，其余为默认值，节点类型为“Author”，得到图 1-2 国内创新创业教育研究作者可视化视图，其中节点数 N=459，连线 E=167，网络共现密度 Density=0.0016。如表 1-1 所示，东北师范大学的王占仁发文量最多，达到 19 篇。第二名和第三名分别是厦门大学的王洪才，华南师范大学的卓泽林、温州大学的王志强。从作者间的合作关系来看，每一节点代表一位作者，每一条连线表示彼此间存在合作关系。然而，图 1-2 属于典型的稀疏图，创新创业教育领域的研究主要以个人为主，合作研究较少。还需在个体化研究范式的基础上增强合作创新，有效促进创新创业教育研究的发展进步与协同创新，故亟须加强领域内的学术交流与合作，促进创新创业教育深入发展。

表 1-1　国内创新创业教育研究核心作者及发文数量

序号	关键词	篇数
1	王占仁	19
2	王洪才	10
3	卓泽林、王志强	9
4	黄兆信、张育才	8
5	李亚员、吴爱华	7
6	米银俊、费志勇、仇志海	6

图 1-2　国内创新创业教育研究作者合作共现图谱

3.机构合作网络共现分析

从发文机构来看，节点类型为“institution”，得到图 1-3 国内创新创业教育研究机构可视化视图，东北师范大学发文量为 47 篇，是发文量最高的研究机构；清华大学教育研究院和浙江大学教育学院次之，发文 28 篇；北京联合大学再次之，发文 27 篇(见表 1-2)。此结果说明了各地师范大学、教育研究院和创新创业研究院等机构是国内创新创业研究的主力，并且取得了丰富的学术成果。然而在跨学校和跨机构研究方面，各个单位机构分布较为零散，没有明显的聚类形成。这表明虽然创新创业教育领域得到较多学术团队关注，但更多为独立研究，研究人员和机构缺乏合作意识，知识与研究成果的共享与流动性不强。

表 1-2　国内创新创业教育研究发文量前 10 机构

序号	关键词	篇数
1	东北师范大学	47
2	清华大学教育研究院	28
3	浙江大学教育学院	28
4	北京联合大学	27
5	温州大学	26
6	吉林大学	24
7	华南师范大学教育科学学院	24
8	厦门大学教育研究院	23
9	广东工业大学创新创业学院	23
10	贵州师范大学	18

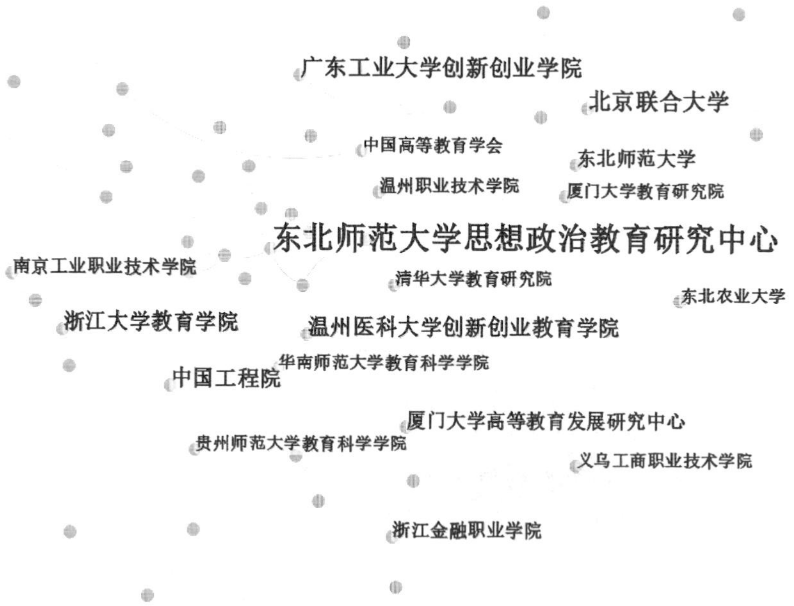

图 1-3　国内创新创业教育研究机构合作共现图谱

(二)创新创业教育研究热点可视化分析

1.创新创业教育高频关键词分析

高频关键词是作者对文献内容的高度概括,反映的是论文的中心思想和观点,有利于进一步确定该领域研究热点和发展动向。将我国近 10 年 2686 篇创新创业教育研究领域文献导入 CiteSpace 系统,利用可视化的方式展示创新创业教育研究热点研究主题的全貌(见图 1-4),字体越大,则关键词出现次数越多。由词频可以看出,各关键词出现频次差异较大,创新创业教育领域的研究聚集于创新创业教育主题,研究阵地在高校、高职院校,研究主体是大学生群体,研究热点是专业教育、课程体系等。因此结合二次文献阅读,将创新创业教育研究热点内容归纳为以下几个方面。

图 1-4　2011—2022 年创新创业教育研究关键词知识图谱

第一是创新创业教育研究主题。“创新创业”“创业教育”本身作为标识,出现频次最大。在进行具有本土化、中国化的创业教育研究过程中,创新创业教育本身的发展现状就具有较大的研究价值。相关专家学者非常重视创业教育本身的研究价值以及内涵和外延的挖掘,频次达到了 1364 次。例如,有学者提出建立体验式创新创业教育机制;[①]探索分层递进式创业教育体系;[②]还有构建一个高校、政府、企业合理分工、良性互动的机制,形成社会参与的具有高度开放性的创新创业教育模式。[③]

第二是创新创业教育与大学生培养研究主题。作为创业主体的大学生,其自身创业的主观能动性、对创业教育的接受程度、所在地区创业环境以及宏观政策等因素影响了创新创业教育能否有效实施和推行。学界越来越关注大学生自主创业素质与创业能力培养问题,要实现创新创业教育与大学生需求的无缝对接,实现高等教育与创新创业教育协同发展。有学者介绍大学生创新创业要基于协同创新思想,规划“学习、竞赛、研究、实践”四位一体的创新创业人才培养新路径;[④]有学者认为要从政策保障、课程体系、师资队伍、实践平台等多维度促进高校大学生创新创业教育;[⑤]有学者认为要将互联网与本科生创新创业教育有机结合,树立“大创业教育观”,调动政府、企业、高校和本科生等各方积极因素,最大限度推动本科生创新创业教育发展。[⑥]

第三是创新创业教育与高校研究主题。高校、高职作为创业教育的实施场所,在创业教育体系构建、平台搭设以及创业人才培养方面发挥着关键的作用。现有研究主要探讨我国高校创新创业实践的具体情况,探讨如何建立高效的创业管理机制并提升创业主体的创业能力。研究充分借鉴和转化国内外代表性案例的先进经验和做法,进一步发挥创业型大学的优势,构建高校创新创业教育体系。有学者提出高校要打造校园优质“创客空间”并与社区实践相结合,优化课程体系,构建结构合理的多元化师资队伍。[⑦] 还有学者辅之以清华深圳研究生院双创教育的实践经验,引入“大学—政府—企业”生态网模式的理论思路。[⑧] 还可以借鉴美国麻省理工学院和斯坦福大学经验,让学生参

---

① 张育广,刁衍斌.高校体验式创新创业教育模式的探索[J].中国高等教育,2017(6):3.

② 张兄武,徐银香.探索分层递进式创业教育体系[J].中国高等教育,2016(19):3.

③ 董世洪,龚山平.社会参与:构建开放性的大学创新创业教育模式[J].中国高教研究,2010(2):2.

④ 李浩然.探索大学生创新创业教育新路径:以燕山大学大学生创新创业教育实践为例[J].人民论坛,2013(29):240-241.

⑤ 张芳芳,贺志波.高校大学生创新创业教育路径探析[J].思想教育研究,2017(7):3.

⑥ 刘毅.“互联网+”时代本科生创新创业教育路径研究[J].学校党建与思想教育,2017(22):2.

⑦ 李飞标,徐志玲.高校创业教育三层次支撑体系的构建[J].继续教育研究,2013(3):82-84.

⑧ 马永斌,柏喆.大学创新创业教育的实践模式研究与探索[J].清华大学教育研究,2015(6):5.

与项目锻炼创新创业技能，培养创新性复合型人才。[①]

第四是创新创业教育课程体系研究主题。创新创业教育的课程体系具有灵活性、多样性，要制定合理的课程体系和教育内容。“创业教育”和“专业教育”两者的融合是现代创业教育研究的大趋势，只有深度融合才能真正培养出具有创新创业意识和能力的一线高素质高技能型人才。学者的研究多从创业教育的内涵出发，将创业教育融入人才培养理念，并落实到专业教学的全程中，重构高校课程体系，不断完善高校人才培养方案。与此同时，应建立相应保障机制，加大创新创业课程、教学、实践等的经费投入，积极搭建多元化的教育平台，营造创新创业文化良好生态。例如全新的“广谱式”创新创业教育要“面向全体学生”“结合专业教育”“融入人才培养全过程”[②]。

2.创新创业教育关键词时区分析

在CiteSpace关键词图谱分析基础上，在控制面板中选择“Layout”将选项调为“Timezone View”，得到创新创业教育领域的关键词时区图，由图1-5可以清晰看到2011—2022年我国创新创业教育研究主题年度变迁的整体概貌。总体来看，国内创新创业教育研究发展逐渐由理论研究过渡到应用研究，可以划分为宏观基础理论研究、初级实证分析、深入微观分析与精确探讨三个阶段。

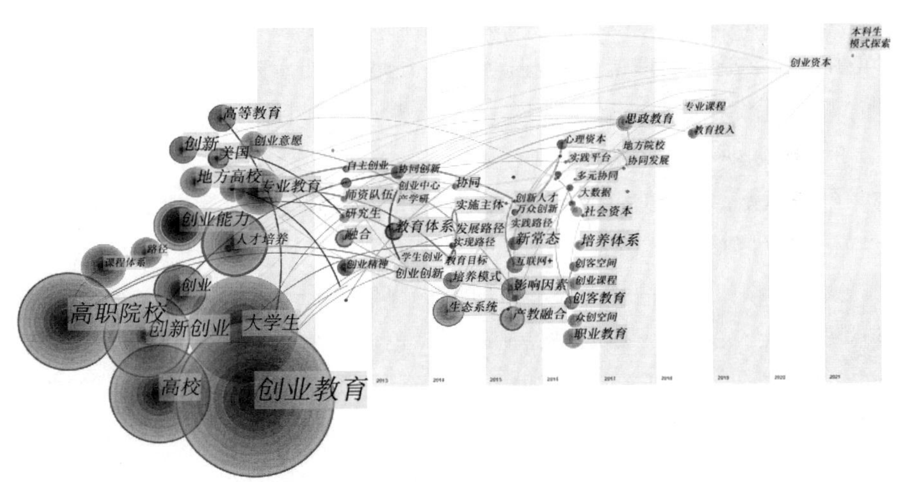

图1-5　2011—2022年创新创业教育研究关键词时区图谱

---

① 陆春萍，赵明仁.世界一流大学创业教育实践项目的特点分析：以麻省理工学院和斯坦福大学为例[J].高等工程教育研究，2020(4)：174-179.

② 王占仁.“广谱式”创新创业教育的体系架构与理论价值[J].教育研究，2015(5)：56-63.

第一阶段，2011—2012年，国内对创新创业教育相关问题的研究处于宏观基础理论研究阶段，关键词数量多且集中，“创业教育”“创新创业”“创业能力”“高校”等基础性研究是重点与热门方向。多数研究体现在创新创业教育内涵主题研究，例如创新创业教育的模式、实践、路径和策略等等，或者对高校如何开展创新创业活动进行理论性探讨。

第二阶段，2013—2018年，可见国内对创新创业教育相关问题的研究由纯理论研究步入具有现实意义的初级实证分析阶段，是国内创业教育研究的爆发期，研究范围覆盖教育多个领域。突显大量新的研究高频关键词，例如“生态系统”“培养模式”“互联网＋”“大数据”“产教融合”“万众创新”“创客教育”“创新人才”等。原因大致是国家出台了相关政策，《国务院办公厅关于深化高等学校创新创业教育改革的实施意见》(2015年)、《国务院关于推动创新创业高质量发展打造“双创”升级版的意见》(2018年)等文件中都给出了相应指示，这使我国高校有关创新创业实践及理论研究进入新的发展阶段。

第三阶段，2019—2022年，国内对创新创业教育的研究进入深入微观分析与精确探讨阶段。在我国优秀高校先行示范带动下，学者们不断总结经验，摸索出具有可行性的操作方案，并基于此进行更深层次的探讨研究。这一阶段突显的关键词包括“思政教育”“专业课程”“创业资本”等。显然创新创业教育正在寻求多学科的理论支持，创新研究方法，拓展研究领域，进一步深入探究创新创业教育与社会、经济发展、人才培养和大学生就业的关系等。

3.创新创业教育关键词突现分析

在CiteSpace关键词图谱的控制面板中选择突变词监测“Burstness”，点击“View”，得到创业教育研究领域的关键词突现分布图，用于发现该研究领域的突增术语和新兴趋势。在一段时间内突然出现频次极高的关键词，关键词突现开始至突现结束形成黑色横线。黑色横线浓度越深，说明研究前沿性强、持续时间久。这种突现图有助于完成对研究主题的分阶段研究。结果如表1-3所示，结合年份可以看出，创新创业教育的研究范围不断扩大。

表1-3 2011—2022年创新创业教育研究前20关键词突现图谱

关键词	第一次出现年份	强度	研究前沿开始年份	研究前沿结束年份	2011—2022年突现关键词
创业教育	2011	21.27	2011	2015	
创新	2011	5.87	2011	2015	
创新能力	2011	4.67	2011	2014	

续表

关键词	第一次出现年份	强度	研究前沿开始年份	研究前沿结束年份	2011—2022 年突现关键词
创业	2011	4.54	2011	2013	
就业	2014	3.52	2014	2016	
创客教育	2015	3.50	2015	2016	
对策	2011	4.31	2016	2017	
融合	2013	5.12	2018	2019	
新时代	2018	4.29	2018	2022	
新工科	2017	4.20	2018	2022	
思政教育	2019	15.17	2019	2022	
产教融合	2015	7.00	2019	2022	
专创融合	2019	5.63	2019	2022	
双创教育	2018	4.24	2019	2022	
新形势下	2019	4.12	2019	2022	
协同发展	2019	3.51	2019	2022	
食品专业	2020	10.28	2020	2022	
协同育人	2014	7.87	2020	2022	
劳动教育	2020	7.46	2020	2022	
化工专业	2020	6.05	2020	2022	

早期研究前沿的突现时间为 2011 年至 2014 年，该阶段创新创业的研究前沿“创新”“创业教育”“创新能力”“创业”等方面较早引起学者关注。此阶段论文数量出现了爆发式增长，既为我国探索建设创新创业的道路提出了相应要求，也注入了新的思路与理念，使我国创新创业教育领域的研究开始快速发展。

中期研究前沿的突现时间为 2014 年至 2018 年，该阶段创新创业的研究前沿主要集中在“就业”“创客教育”“对策”“融合”等方面。结合文献阅读发现：在此阶段，创新创业研究方向开始多元化；对策体现在对创新创业教育政策进行反思，并思考政策如何落地并指导国家和高校的创新创业教育实践；并且不应该仅仅把“双创”教育作为解决就业问题的权宜之计，而是应该上升到普及“双创”教育、建设创新型国家的高度。①

最新研究前沿的突现时间为2018年至2022年,该阶段创新创业的研究前沿主要集中在“新时代”“双创教育”“产教融合”“思政教育”“协同育人”“劳动教育”等方面。创新创业教育与专业教育的融合、创新创业教育体系建构、创新创业教育与产学研一体化研究以及学科化是创新创业教育领域的重点议题,属于学者的研究前沿。

4.创新创业教育关键词时序分析

在CiteSpace关键词图谱分析基础上,在控制面板中选择“Layout”将选项调为“Timeline View”,得到创新创业教育领域的时序分布图,由图1-6可以清晰看到2011—2022年我国创新创业教育研究主题的演变趋势以及未来研究潜在热点。一是创新创业教育与专业教育的融合。创新创业教育与专业教育相融合是当前高校开展创新创业教育的方向。要重视创业教育通识课程和创业类专业课程的设计和教学,提升专业教师对创新创业教育的支持力度,建立起一整套促进创新创业教育与专业教育融合的机制。创新创业教育可以作为专业教育的补充和延伸,可以提供更广阔的视野和更多的实践机会,使学生们能够将所学知识与实际应用相结合,培养更全面的高素质人才。二是改革创业人才培养模式。“人才培养”“创业型人才”“创业心智”“创业教学”相关的关键词在各个阶段都排在比较靠前的位置。高校未来要与地方政府、企业深入合作,培养具有创新思维、企业家精神和创业能力的人才。三是运用媒体技术。不同于传统的教育模式以及创业教育的理论化教学体系,创新创业教育新领域基于互联网技术发展以及大数据支撑。在今后的研究中应当及时掌握国内国际创新创业领域的研究动态,开展跨学科合作,加大研究。四是构建创新创业教育生态系统。创新创业教育生态系统以高校为主体,引入了创客教育、产教融合、产学研协同创新等多种方式,这几个关键词一直在研究热点中排名前列。未来创新创业教育研究要构建创新创业教育学术共同体,做到协同培养、同构共生,在多元开放协同的共同生态圈中拓展创新创业教育的发展空间。

二、创新创业教育与专业教育的关系研究

厘清创新创业教育与专业教育的关系是探索二者有机嵌入的关键前提。

---

① 梅伟惠,孟莹.中国高校创新创业教育:政府、高校和社会的角色定位与行动策略[J].高等教育研究,2016(8):9-15.

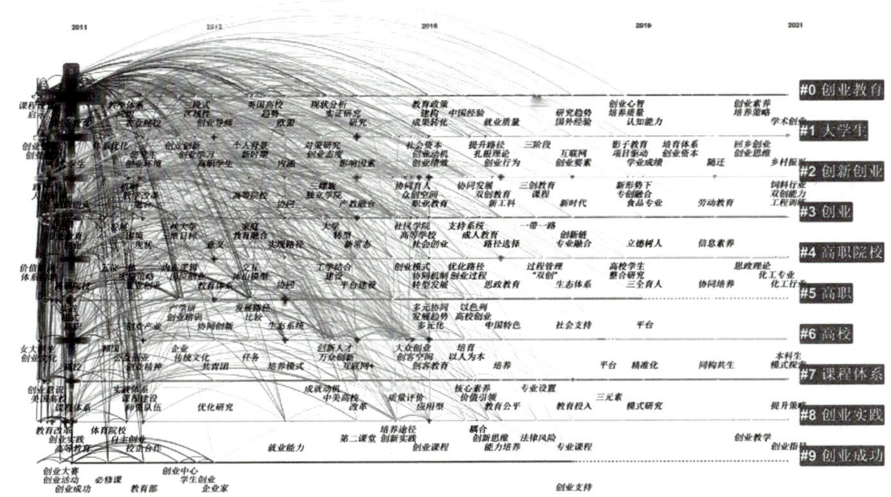

图 1-6　2011—2022 年创新创业教育研究关键词时序图谱

张景胜、储旭东对创业教育与专业教育的关系进行了深入而系统的探讨，主要从创业教育导向下的专业教育和专业教育导向下的创业教育两个角度进行了分析，结合二者之间的关系，指出在高校创业教育与专业教育融合过程中，应发挥专业教育的主导地位，领导和调控二者融合；而创业教育在其中发挥辅助作用，以渗透引领的方式嵌入高校的专业教育。[①] 刘小廷从专业教育与创业教育产生的历史背景出发，结合理论分析深入探讨了二者的逻辑关系，认为专业教育是实施创业教育的基础所在，而创业教育将是开展专业教育的发展路向，由于创业教育具有跨学科性和实践性，因此能够与专业教育整合起来，通过相互融合的方式建立起培养机制，不断推进彼此的相互融合与发展。[②] 黄兆信等从专业教育与创业教育的特性出发，认为创业教育作为一种生成性的教育，在实践的过程中创造了自身的教育目标、教育内容与教育方式，为大学教育提供了一种理论与实践探索相结合的路径，而且其跨学科性和实践性恰恰可以整合离散的专业知识和学科领域。[③] 王晓艳等从区别和联系两方面来说明专业教育与创业教育的关系，创业教育虽然在教育理念、教育内容上与专业教育不同，但创业教育不能脱离专业教育而孤立存在。创业教育的发展必须以专业教育为基

① 张景胜，储旭东. 创业教育与专业教育的关系研究[J]. 教育教学论坛，2012(9)：3-5.

② 刘小廷. 论创业教育与专业教育的关系：历史与逻辑的分析[J]. 职业教育，2014(2)：6-9.

③ 黄兆信，王志强. 论高校创业教育与专业教育的融合[J]. 教育研究，2013(12)：59-67.

础。专业教育和创业教育的根本目的是一致的，都是培养具有创新意识和创业实践能力的高素质人才。[①] 大学生在进行创业选择时往往会受到家庭、学校周围事物或者同学的影响，并且将其作为重要的参考标准。[②] 总的来说，创新创业教育与专业教育是一个整体的两个方面，两者之间彼此促进，相互融合共生。

三、创新创业教育与专业教育的融合研究

创新创业教育与专业教育的关系决定了两者是相互融合、共同发展的。两者有机融合是高等教育教学改革与发展的必然选择；是建设创新型国家的迫切需要；是促进学科之间交叉、渗透的需要；也是知识经济时代的客观要求。目前，创业教育与专业教育融合的研究主要集中在以下两个方面。

1.创新创业教育与专业教育的融合方法

创新创业教育与专业教育融合时，“渗透”和“融入”等方法都是以专业教育为主，将创新创业教育纳入其中，容易使创新创业教育失去自身的主体地位，成为专业教育的“寄生物”。王占仁强调通过将创业教育的理念和思想“嵌入”各学科专业，开发多样化的学科创业课程，从而实现创业教育与专业教育的“捆携式发展”。[③] 陈奎庆等人提出二者融合应该以专业为学习单位，将创业课程融入专业教学当中，形成以特色专业为导向的创业教育课程。[④] 张宝生、张思明认为创业教育与专业教育融合路径的第一条主线是在传统教学体系中渗透创业教育。将创业教育贯穿专业教育全过程培养体系，渗透在本科教学体系的各个环节，通过教育理念的更新和转换，挖掘和融入专业教育中的创新创业元素，并完善创新创业课程体系。[⑤] 刘艳等提出将创新创业教育理念融入本科人才培养方案，将创新创业教育融入专业课程和专业实践教学之中，强化创新创业教育与专业教育的融合，从而构建学科交叉、研究与应用结

---

① 王晓艳，杨福章.论专业教育与创业教育相融合的创新教育路径[J].继续教育研究，2017(1):24-26.

② 吴晓静.大学生创业行为影响因素及其交互作用[J].教育与职业，2017(3):73-76.

③ 王占仁.“广谱式”创新创业教育的体系架构与理论价值[J].教育研究，2015(5):56-63.

④ 陈奎庆，毛伟，袁志华.创业教育与专业教育融合的模式及实现路径[J].中国高等教育，2014(2):48-50.

⑤ 张宝生，张思明.高校创业教育与专业教育的融合路径研究[J]. 黑龙江高教研究，2016(5):114-117.

合、教学与创新创业内容相衔接的新体系。[①] 王若梅认为高职院校要以社会需求为导向，积极将创业教育融入专业学科的教学之中。创业教育和专业学科教育是高职教育的两个不同分支和形式，只有当创业教育寓于专业学科教育时，它才能体现教育的现实意义和价值，专业学科教育才能更好地实现以就业为导向的高职教育办学宗旨。[②] 严毛新提出专业为体、创业为用。高校创业教育作为专业人才培养的基础性理念，将创业教育植根于专业教育之中，才能做出各自的特色，才可能使高校的创业教育内生于现有的人才培养体系之中，达到有机融合、生生不息。[③] 商应美从高校创业实践教育角度对创业教育的体系建构、要素关系、实施过程等方面进行分析。[④]

2.创新创业教育与专业教育的融合内容

我国创新创业教育的融合内容研究虽然起步较晚，但也取得了许多可喜的成就。尤其是在2010年之后，高校创新创业教育研究成果更是大幅提升。一类是高校应通过制定符合各校情的培养目标，调整学科专业结构进行融合。如朱静然提出"广谱式"创新创业教育的纵深发展须以嵌入高校专业教育为着力点，构建"专业＋创业"的课程体系，创设科学管理体系等来推动二者的"捆绑式"发展。[⑤] 易玄、申丹琳借鉴计算机学科"嵌入"一词，提出了"嵌入式"融合模式，即将创业教育嵌入专业教育的过程当中，使二者有机结合，实现各自的培养目标。[⑥] 二是将创新教育、专业教育和创业教育三种教育内容融合，形成良好协同与渗透。如张绍丽、郑晓齐通过借鉴和发展"三螺旋"理论，构建出专业教育、创新教育、创业教育有效融合的"三螺旋"教育融合模式。[⑦] 宋华明等基于对大学生创业教育与专业教育的耦合异同及耦合条件的分析，探讨如何在承认创业教育与专业教育个性的基础上，从理念、内容、师资、管理等层面

---

① 刘艳，闫国栋，孟威，等.创新创业教育与专业教育的深度融合[J].中国大学教学，2014(11)：35-37.

② 王若梅.高职创业教育与专业学科教育的衔接互动研究[J].中国成人教育，2012(22)：76-78.

③ 严毛新.走向差异：高校创业教育的应有格局[J].高等工程教育研究，2015(2)：48-52.

④ 商应美.高校创业实践教育体系建设研究[M].北京：人民教育出版社，2016：443.

⑤ 朱静然."广谱式"创新创业教育发展的重要途径：嵌入专业教育[J].中国成人教育，2017(6)：111-114.

⑥ 易玄，申丹琳.我国大学创业教育和专业教育融合模式的探索[J].创新与创业教育，2012(4)：68-71.

⑦ 张绍丽，郑晓齐.专业教育、创新教育与创业教育的分立与融合：基于"三螺旋"理论视角[J].黑龙江高教研究，2017(6)：100-104.

寻找二者的共性并进行合理耦合。[①] 这些研究成果深入探讨创新创业教育与专业教育的融合问题，为完善创新创业人才培养体系提供了坚实的理论基础。

四、创新创业教育的运行与影响

(一)创新创业教育的运行机制

创新创业教育的成功离不开科学的运行机制和管理体系，以确保所有学生都能够受益于创新创业教育，并培养他们的创新思维和创业能力。因此，为了确保创新创业教育的有效开展，在高校中构建科学完善的创新创业教育体系，并建立一套合理的、基础性的运行机制是非常必要的，对于培养创新创业人才具有至关重要的作用。国外学者主要关注创业教育实施主体、标准、作用机理的有效性。一是实施主体，较有代表性的是费瑞拉(Ferreira)、丁妮思(Dinis)、格兰维尼治(Graevenitz)等，他们主要从实施主体的形成与运作角度来探讨;国外有研究也表明，男性通常会比女性更多地去选择创业，男性的创业目标意向显著高于女性。[②] 二是创业教育质量标准，这些研究主要集中在教育输入、活动、输出等外在可见维度以及改进创业教育实践的过程性评价设想，隆娜(Lorna A)、哈塔卜(Hattab)等都为之做出了贡献。三是作用机理，学者们多基于理论分析，兼顾实证研究。美国、欧盟国家都建立高校创业中心或网络平台，运用创新和参与式方法支持创业技能，如自主学习、网络学习、合作工作、基于项目学习、模拟等，形成良性互动的创业教育生态系统，提高创业竞争力。巴瑞(Barrie)研究发现越来越多的大学生、家长和雇主利用创业效用来进行创业选择和用人决策。皮特埃威尔(Peter Ewell)、凯威(Kevin)等人的实证研究发现即使创业教育投入了大量的人力、物力，但是，大学生毕业时的创业比率并没有显著性地提高。斯科特(Scott)等学者指出创业教育的结果受到个人和环境因素的影响，例如参与者的社会地位、高校的创业环境等。

国内学者首先关注的是创业教育的现状。易玉梅和彭志明(2011)对国内高校创业教育现状进行了全面调研，同时总结了国内创业教育在教育模式、课

---

① 宋华明，刘泽文.大学生创业教育与专业教育耦合研究[J].江苏高教，2017(2):88-91.

② GUPTAVK，TURBANDB.The effect of gender stereotype activation on entrepreneurial intentions[J].Journal of applied psychology，2008，9(3):1053-1061.

程体系、实践活动等诸多方面的问题与不足。① 田贤鹏(2016)认为国内创新创业教育的意愿培养、课程设计、实践锻炼、成果转化等还未能形成一个相互贯通、相互衔接的完整生态链。② 其次,学者们探讨了创业教育的模式,徐小洲和李志永(2010)从国内高校创业教育的制度与政策选择角度切入,提出从课程、体系、实践平台、师资配备、资金保障、组织机构、政策制度、社会基础、质量评价等多个方面同时出发,在制度层面构建适应国内高校创业教育实施发展的良性体系。③ 张龙和田贤鹏(2019)基于整体性治理理论,提出构建跨部门协同、层级协同、校内外协同的创新创业教育工作体系,能有效破解碎片化治理、协同不足等问题,从而提升创新创业教育水平。④ 宋妍和王占仁(2016)把创业教育作为思想政治教育的重要组成部分,注重强化创业意识、优化创业人格,实现多种教育价值的协同发展。⑤ 最后,我国学者们还研究了创业教育质量评价和创业教育支撑保障方面。例如,葛莉(2014)基于 CIPP 评价要素的创业教育质量评价模型,建立了包括创业环境基础能力、创业资源配置能力、创业过程行动能力、创业成果绩效能力等 4 个方面的主指标。⑥ 李飞标和徐志玲(2013)从高校、政府和社会层面阐述了各个层面对于大学生创业教育的支撑体系,其中高校层面的支撑体系包括创业教育体系、创业教育师资、创业资助基金、创业访谈活动等四个方面,政府层面的支撑体系包括创业资金支持、创业政策支持、创业服务支持等三个方面,社会层面的支撑体系包括创业行为理解、创业行为支援、创业风险投资等三个方面。⑦

创新创业教育的有效开展离不开合理的机制保障,机制作为一种基础性、根本性的存在,对于创新创业人才培养往往起着至关重要的作用。结合文献,

① 易玉梅,彭志明.我国高校创业教育现状研究[J].黑龙江教育(高教研究与评估),2011(1):7-9.

② 田贤鹏.教育生态理论视域下创新创业教育共同体构建[J].教育发展研究,2016(7):66-72.

③ 徐小洲,李志永.我国高校创业教育的制度与政策选择[J].教育发展研究,2010(11):12-18.

④ 张龙,田贤鹏.平台驱动型创业教育:框架结构与机制保障[J].中国高教研究,2019(8):77-81.

⑤ 宋妍,王占仁.高校创新创业教育与思想政治教育关系研究的意义与现状[J].黑龙江高教研究,2016(8):100-103.

⑥ 葛莉.基于 CIPP 的高校创业教育能力评价与提升策略研究[D].大连:大连理工大学,2014.

⑦ 李飞标,徐志玲.高校创业教育三层次支撑体系的构建[J].继续教育研究,2013(3):82-84.

大致总结以下措施，可促进创新创业教育有序运行。一是建立健全中国国际“互联网＋”大学生创新创业大赛与各级各类创新创业比赛联动机制，推进大赛国际化进程，搭建全球性创新创业竞赛。二是鼓励各学段学生积极参赛，坚持以赛促教、以赛促学、以赛促创，丰富竞赛形式和内容。三是在高校培育创新创业人才方面，要强化基地建设，完善支持政策，构建产学研用合作平台，促进高校科技成果转化等。四是加强师资队伍建设和专业课程改革，为学生提供实践性、创新性、创业性的教育环境和课程设置，推动创新创业教育与学科专业深度融合。

（二）创新创业教育的影响和意义

当今世界，创新创业教育已经成为越来越多高等教育机构关注的焦点。国内外的一些研究表明，创新创业教育对学生的职业发展、社会应用性的提升以及对社会和经济的发展有着积极的推动作用。国外方面，关于创新创业教育的研究起步比较早，多数高校都已经将创新创业教育纳入本科生和研究生课程体系之中。2008 年，欧盟从创业教育战略、机构组织、教与学、外延拓展活动、发展、创业教育资源等六个维度，开展了全欧盟的高校创业教育调查。欧盟各成员国在创新创业教育方面都有较好的发展，并表现出不同方面的各自优势。美国硅谷的创新创业氛围给予学生很多机会去实践，并获得成功。例如斯坦福大学的 SAP（Stanford Advanced Project）项目就是一个成功的案例，它在培养学生的实际能力、沟通能力、团队协作等方面进行了深度探索，使学生具备了创新创业的核心素质。西方国家的创新创业教育无论从理论上还是实践上，在学科建设方面、课程开设方面、师资队伍方面都取得了丰富的成果。除此，整个社会对创新创业教育十分重视，不仅有政府的政策法规作为发展的驱动力，还有成功创业者的广泛捐助，这些已经对经济发展表现出较为显著的促进作用。

在我国，创新创业教育的发展也日趋成熟，成为高校改革发展的一项重要任务乃至根本性的任务。[①] 宁德鹏（2020）在对全国 26 省 102 所高校的 30887 位学生的实证研究中发现创业教育对创业行为起显著正向影响作用，对大学生创业内部能力和外部能力都具有显著的影响，创业动机与创业意向均存在

---

① 国务院办公厅关于深化高等学校创新创业教育改革的实施意见[EB/OL].（2015-05-04）[2022-03-09].http://www.gov.cn/zhengce/content/2015-05/13/content_9740.htm.

链式中介效应。① 当前,国内高校创新创业教育经历了自由探索和试点实验阶段,各高校在立足于自身办学特色和整体管理的基础上,已经形成了具有各自特点的创新创业教育模式。例如清华大学创业教育的创新模式在于构建强大的产学研用一体化的生态环境,影响教育和科研成果向市场和社会转化。② 黑龙江大学以"素质教育观"为核心理念,面对不同的学生群体设置不同的培养目标,分两条路线完成:一是培养全体学生的创新创业意识,提升综合素质;二是针对实际创业人或创新创业项目团队进行专业培养,成为真正的创业者和企业家。③ 温州大学则是典型的立足本地行业资源,充分挖掘温州人"筷子发芽、火腿走路、咸鱼翻身"的创业文化,注重实际的大众创业活动,培养具有"温商"特质的创新创业型人才。④ 上海交通大学的"亿航智能"等创新潜力公司,都是创新创业教育成功的范例。同时,国内的政府也为创新创业提供了很多政策支持。例如国家的"双创计划",以及一些地方政府的创新创业基金等,都有助于创业者创新创业。

(三)创新创业学习力的相关研究

首先,由于角度和定位不同,研究者对学习力的概念理解存在差异,其内涵经历了从关注单向要素到强调综合全面的转变。学习力源于杰伊·福特里斯在 1965 年提出的关于学习型组织的构想,其后被运用到教育领域。彼得·圣吉将学习力定义为"学后必定有新行为产生的学习"⑤,它不仅强调对知识和技能的学习表现,更强调学习者的兴趣动机、创新能力等非认知因素。随着研究的深入,人们对学习力的内涵界定⑥、要素划分⑦等不断丰富,学习力被广

① 宁德鹏.创业教育对创业行为的影响机理研究:基于百所高校的实证考察[J].中国大学教学,2020(5):75-80.

② 张超,钟周.创业型大学视角下的创业教育研究:清华大学与新加坡国立大学创业教育比较[J].清华大学教育研究,2017(3):91-97.

③ 赵国靖,池莉莎,鞠志梅,等.我国高校创业教育课程设置的现状分析:基于三所大学的实证研究[J].教育理论与实践,2019(6):28-30.

④ 黄兆信,曲小远,施永川,等.以岗位创业为导向的高校创业教育新模式:以温州大学为例[J].高等教育研究,2014(8):87-91.

⑤ 彼得·圣吉.第五项修炼:学习型组织的艺术与实务[M].上海:上海三联书店,1998:52.

⑥ 张湘韵.我国大学生学习力的特征研究[J].湖南师范大学教育科学学报,2016(2):95-102.

⑦ 史秋衡,黄蕴蓓.我国大学生学习收获的结构性问题及战略导向[J].教育发展研究,2022(23):1-8.

泛地认为是在学习活动中起作用的、由心理结构和身心能量组成的一种个性心理品质①。还有学者将学习力定性为个体在各种学习活动中所展现出来的情感、行动、态度等多方面表征的综合体②。无论是作为单一品质还是综合品质，他们都在强调个体实现学习的可持续发展所需具备的素质和能力，并由此衍生出教师学习力、在线学习力、智慧学习力、创新创业学习力等细致多样的内涵阐释。其中，大学生创新创业学习力的呈现与发展正是孕育于创新创业学习过程之中。其次，以往的研究习惯于将创新教育与创业教育分开来讨论，但实际上二者具有内在的一致性和互补性，这也促使创新创业学习成为新的研究议题。为了解当前创新创业教育成效，学界开展了一系列针对大学生创新创业学习力影响因素的研究，研究者大多从认知理论③、场域理论④、文化认同⑤等视角分析创新创业学习动力，这些研究得出了情感、意志、认知、教学等因素对大学生创新创业学习具有显著积极影响的结论。总的来说，创新创业学习力已成为大学生素质发展的内在源泉和动因，且受到个体意愿、兴趣、认知等因素的影响。

上述这些研究显示了对创新创业学习的偏好，对大学生创新创业学习力及其影响因素进行了学理探讨，但对大学生创新创业学习力的理解尚未达成共识，尤其对创新创业教育的核心问题即创新创业学习力发展机理和场域变化鲜有涉及，因而难以解释创新创业教育的个体异质性成因及其表现。为此，本研究将考察大学生的创新创业学习力表现及影响机理，试图厘清创新创业学习认知与行为产生的具体过程，理解创新创业教育生态中的场域影响，在此基础上探索创新创业学习力如何通过个体性建构活动在学习场域中创造和再生，合理把握文化资本在增进创新创业学习力中的关键性作用。创新创业教育可以激发学生的创新精神和创新能力，使他们跳出传统的思维模式，勇于尝试新事物。同时，注重学生的人际交往能力、领导力、组织协调能力等多方面的培养，提高学生的综合素质和职业竞争力，创造出更多的价值和贡献。随着

---

① 黄小欧，庞学光.大学生学习力现状调查[J].高教探索，2020(11)：47-51.

② CRICK R D. Learning how to learn: the dynamic assessment of learning power[J].The curriculum journal，2007，18(2)：139.

③ 严建雯，叶贤.大学生创业意向的现状调查[J]. 心理科学，2009(6)：1471-1474.

④ 雷金火."双创"教育中大学生学习优化：场域审视与惯习重构[J].教育发展研究，2022(13-14)：67-74.

⑤ HEUER A，KOLVEREID L. Education in entrepreneurship and the theory of planned behavior[J]. European journal of training and development，2014，38(6)：506-523.

社会和经济的变化，市场对人才的需求也在发生着改变，创新创业教育可以通过开设相关课程、组织实践活动等方式，使学生更加贴近社会，了解社会需求，从而更好地满足市场对人才的需求。更重要的意义在于创新创业教育可以通过学生的创新创业和创新科研成果等方式，为地方经济和社会发展制造更多的机会，促进本地区的技术创新和转型升级，也能够吸引更多的人才和资本，推动区域经济和社会发展。

五、小结与反思

综上所述，创新创业教育是当前我国高等教育改革的突破口，国内学者的研究主要体现在两个层面：一是创新创业人才培养过程。创新创业教育活动作为一个具有特定内容的信息综合体，其培养过程是以创新创业教育活动与学生学习成效为基础的一系列行为模式。黄兆信、李伟铭、李家华、李明章等从创业教育活动的周期性、模式变革、素质构成等进行探讨。二是创新创业教育质量管理机制。学者们从评估方法、评估指标等方面提出看法，如：罗培、沈超红采用纵向的随机分组实验或配对实验能有效地分析创业教育项目的运行效果；严毛新从嵌入地方产业集群角度提出在创业教育与产业结合中进行多元建构；席升阳提出了由学校评价、政府评价和社会评价构成的创业教育评价系统。目前看来，创新创业教育的研究主要集中在其自身培养过程与评价机制的范围中，缺少关注创新创业教育与专业教育的相互关系与渗透融合的核心问题上。总体而言，国内外学界对高校创业教育的内涵及其与社会效应、高校发展关系的研究，已有较为丰硕的成果。在创新创业教育运行机制的认知上，目前依然停留在传统的重研究、重理论、轻实践的思维模式上，从而偏离了创新创业教育重实践的一面。难以从宏观层面全面诊断评估我国高校创新创业教育的整体情况，难以提出契合当前我国高校创新创业教育发展阶段的对策建议。从创新创业教育的运行机制与行动角度进行研究，还处于起步阶段，相关研究成果相对较少，值得进一步深入系统地进行学理性的辨析和实证性的解剖。

总之，国内外各大高校对创新创业教育的推进，均已取得了不同程度的成果，具有非常重要的影响力和意义。它不仅能够提高学生的综合素质和职业竞争力，更能够促进经济和社会的发展，是一种应当积极倡导和推广的教育模式。如今，新一轮科技革命和产业变革正在孕育和突破，全球经济发展也迎来了新一轮的转型升级，创业教育在推动经济发展，提供必要的人才支撑等方面都将发挥重要意义。① 由于创新创业教育在落实过程中需要在各方展开支持行动的背景下，才能更好地发展运行下去，发挥其主要效果，所以就需要明确创新创业教育的运行机制和行动路向，才能为其在落实过程中提供保障基础。首先是如何把创新创业教育与专业教育更好地融合。目前，在高校开展创新创业教育的过程中，一般是以某个学院为主，或者是以选修课的形式进行，缺乏准确的创新创业教育活动定位，以及如何在专业学习中接纳创新创业活动，缺乏明确的创新创业教育与专业教育融合形式。其次，需要明确创新创业教育的支持机制。改革的提出只有落实到实践的过程中，才能保证最终的实践效果。为此，需在明确创新创业教育的课程设置、教学运行、质量评价等方面的运行机制上加大研究力度，以推进创新创业教育的专业化发展。随着全球经济的不断转型和科技的不断进步，社会对高素质人才的需求不断增加，创新和创业将继续成为社会发展的重要驱动力。高校创新创业教育需要不断更新教育内容和方法，要搭建跨越高校、政府和企业的创新创业教育合作平台，致力于培养高素质的创新创业人才，为全社会创新且高质量发展提供有力支持。

第三节　分析框架及研究意义

一、分析框架

近年来，国家将创新创业摆在了社会发展的突出位置，并通过诸多政策促进高等教育理念更新、人才培养模式革新，将创新创业教育融入高校办学理念与人才培养体系，并以培养学生的创新精神和创业能力为目的。这既是服务国家创新驱动战略的重要选择，又是新时代赋予高等教育的现实使命。在此背景下，从珠三角地区经济转型升级、创新强校背景出发，在文献梳理与分析基础上认识创新创业教育的基本内涵和运行逻辑具有重要的理论意义和实践价值。首先，在对比国内外高校创新创业教育发展历程及其运行机制的基础上，对广东地区典型性高校实证研究基础上，整理和归纳出创业教育嵌入专业教育的影响因素和作用效果。同时，结合管理学科、法律学科、理工科等学科

① 王占仁.中国创业教育的演进历程与发展趋势研究[J].华东师范大学学报(教育科学版)，2016(2)：30-38.

创业教育案例，探讨其将创新创业教育嵌入学科专业建设和学术科研规划的具体过程和操作办法，总结广东高校创新创业教育人才培养的办学特色与教育成果。

然后，对创新创业教育运行的具体路径进行论述，从创新创业教育的目标框架、教学机制、实践平台、融合机制等四个维度构建运行机制，实现专业知识教育与创新意识培养、理论指导与实践参与、学术研究与成果孵化等相结合，从而为创业创新教育在高校人才培养模式中的内化与整合提供可行路径。以提高创业创新人才培养质量为目标，逐次展开以下研究：相关研究综述及研究内容的确定—现状梳理及问题的提出—各类文献资料检索与梳理—界定创新创业教育机制与行动的内涵与特征—国际比较与国内梳理—问卷设计及修订—现状调查—运行机制与运作效果动态测量—运行机制构建—提出建议。可概括为“一根主线、两对关系”：①“一根主线”即创新创业教育的运行机制；②“两对关系”即将“创业教育—专业教育”和“培养目标—效果评估”作为研究的两对核心关系模型，进而形成科学的运行机制。

二、研究方法

第一，定性描述分析方法。对各种材料包括国家和地方的相关政策文件、院校案例总结资料等进行分析，并借鉴相关研究成果的基础上，对创新创业教育运行机制的本质进行描述和界定，并确定提炼出运行机制的影响因素及其相应变量。

第二，实地调查法。选择珠三角地区10所不同类型的典型高校作为实地调查点，通过问卷调查、参与观察、群体座谈、个人访谈等方法，体验并贴近高校创新创业教育运行机制及实施过程，更真实地接近实际状况，为探索可靠行动提供可靠材料和依据。在本研究中，为保证被访者在访谈过程中更具有灵活性，采用了半结构化访谈作为具体的访谈方法，将访谈问题混合化，更具有结构化特点。

第三，比较研究法。通过比较国外主要发达国家如美国、英国等地方高校在创新创业教育的理念、机制和效果等方面的举措和特征，从中借鉴和吸纳有益的经验，丰富我国创新创业教育运行机制建设。

第四，定量分析方法。(1)问卷调查法。在对创新创业教育嵌入专业教育的影响因素进行操作化定义、界定水平标度的基础上，编制《珠三角区域高校创新创业教育运行机制问卷》，并在已有成熟问卷的基础上，结合院校转型的新特点，修订编制内外部影响因子、培养模式与培养效果之间的关系界定，并在选定的样本高校（每所高校约300人）发放上述问卷，并对其基本的人口学变量进行调查。（2）多元统计方法。采用多变量回归分析、结构方程模型等方法对回收的数据进行深入分析，把握经济转型升级背景下高校创业教育发展现状，探讨其创业教育嵌入专业教育运行机制的动态过程。

三、研究意义

在全面深化创新创业教育改革背景下，探讨创新创业教育的运行规律及其机制建设，具有重要的理论价值和实践意义。

（一）理论意义

高校如何支持全校师生创业，促进专业教育与创新创业教育的深度融合，激发全校师生的创业活力成为高校人才培养体系中不可回避的现实问题。从理论上来看，目前对创新创业教育的概念、运行机制及行动路径仍缺乏有效的理论建构和学理探索。通过考察高校创新创业教育内容、形式、结构等方面的现实状况，探讨创新创业教育嵌入专业教育的运行机制，推动高校创新创业教育与专业教育实现联合互动，满足大学生创新创业的内在需求。创业教育嵌入专业教育的运行机制有助于理解和把握创新创业教育融入各专业人才培养过程的基本原则和实施途径。

为此，从理论上深化创新创业教育的价值内涵和学理逻辑，明确创新创业教育与专业教育相互融合过程中的育人作用，有助于突破高校创新创业教育改革的薄弱环节。技术知识的进步和人力资本的形成则不仅有利于受教育者生产效率的提高，还能通过对周边群体的辐射带动而带来这个社会生产率的提高。① 该研究具有一定的社会影响，通过深入了解珠三角区域高校创新创业教育状况，有利于将该区域的产业优势、集群优势与高校人才培养有机结合，促使创新创业成为大湾区发展的动力引擎。

（二）实践意义

我国高校开展创新创业教育以来，在创业教育目标与实践方面取得了一定的成绩，但还面临大学生创业成功率低、创业学院难以支撑创新创业型人才培养等问题。本研究力图突破当前创新创业教育过程中的障碍根源，破解创

---

① 李子联.高等教育经济功能论：质量视域下的机理与实证[M].南京：南京大学出版社，2020：255.

新人才培养困局，为大学生创新创业能力培养提供理论知识的验证途径和专业能力的实践渠道。因此，建立和完善创新创业教育的运行机制是创新创业人才培养的重要途径，也是深化高等教育教学改革、落实以创业带动就业的重要体现。

首先，推动高校通过完善创新创业教育嵌入专业教育的运行机制，为形成有效的创新创业教育教学体系提供借鉴，发挥创新创业教育对专业教育的促进作用。引导大学生理性看待创新创业教育，在接受专业教育的同时，能够结合实际积极参与和从事创新创业活动。重视高校创新创业人才培养机制建设，有效培养大学生创造力和创新创业能力，是现代高等教育的职责所在和教育质量的外在体现。

其次，高校的教学任务和课程内容，应当把创业教育有机融入人才培养方案之中，并贯穿于人才培养全过程，建立全方位协同育人的保障机制，不断推进创业育人内涵与外延拓展，进而培养具有创新创业意识、干事创业实践能力的创新创业人才。通过创业教育嵌入专业教育的运行机制探索适合大学生学习方式的教学模式，充分认识创业教育成果、学习环境与学习体验之间的互促共生关系。大学生是创新创业教育的学习主体，通过建立创新创业教育的运行机制，明确创业教育的精神内核和育人动能，为完善高校人才培养体系、保证高等教育质量提供实践支持。学生的创新精神、实践能力和可持续发展能力是大学生应对复杂变化的世界的核心素养。创新创业教育机制的建设和完善正是基于这样的角度，试图把握大学生成长的规律和方向，为提升大学生职业能力和综合素质，乃至帮助他们获得职业岗位提供策略参考。创新创业教育促使个体劳动生产率和就业能力得到有效提升，在优化就业结构的同时，解决好高等教育与市场需求之间的匹配对接问题。

第二章
创新创业教育的概念理解与关系网络

第一节　创新创业教育的概念界定

我国学者从不同的角度对高校创新创业教育的内涵提出了各自的观点。创新创业教育是对创新教育和创业教育的超越与整合，是在综合二者内涵的基础上又获得了新的发展，不能简单地将其认定为创新教育、创业教育的简单叠加。高校创新创业教育是以创新能力培养为基础，融入创业教育，并以创新与创业行为为教育的目标导向，培养大学生创新创业意识、思维方式和创新能力的一种新的教育理念及实践方式。

一、创新创业教育与专业教育

创新创业教育是超越狭义上所言企业创业的一种以创造价值、成就事业为目的的自主式、创新型实践，其本质和基础在于创新创造。因而，它与专业教育之间具有密切的内在联系。

(一)创业教育

创业教育是联合国教科文组织在 1989 年召开的"面向 21 世纪国际教育研讨会"上首次提出的，以培养学生独立工作能力、事业心、社交和管理能力等品质为目标。从当时的意涵而言，这一概念指的是一个组织内部的雇员必须具备足够的事业进取心和开拓精神，为组织的可持续发展做出贡献。根据杰弗里·蒂蒙斯(Jeffry A.Timmons)在其经典教科书《创业学》一书中的定义：创业是一种思考、推理和行动的方式，需要在方法上全盘考虑并拥有和谐的领导能力。[①] 既然是一种思维方式和实践能力，那么创业者需要具有一定的创业精神和行动，并在行动中展现出资源整合能力和组织领导力，以保证创业目标得以达成。创业是在创新的基础上，把创新应用于技术、制度、管理等方面，产生出一定的经济效益。[②] 因此，创业作为一种通过创办企业或开创事业的方式来实现潜在价值的过程，具有积极的社会意义。从这个角度来看，创业教育既要培养大学生的创业精神，也要培养其创业能力，让学生具备创新精神、创业意识和创业技能，成为将来各自工作岗位上的积极创业者。

创业教育作为一种新的教育理念，越来越受到国家、社会和高校的重视。狭义上的创业教育是通过增收培训使人能够自食其力。创业是指发现市场商业机会，将拥有的资源进行整合，通过创建企业或企业组织结构创新，将商业机会转化为盈利模式，从而创造出更多财富和价值的过程。[③] 联合国教科文组织关于创业教育有着非常明确的定义，《通过教育开发创业能力》报告中指出："创业教育，从广义上来说是培养具有开创性的个人，它对于拿薪水的人也同样重要，因为用人机构或个人除了要求受雇佣者在事业上有所成就外，正越来越重视受雇佣者的首创、冒险精神、创业能力、独立工作能力，以及科技、社交和管理技能。"[④]我国学者关于创业教育和创业教育模式有了较为统一的概念界定，一致认为创业教育是一种以培养学生创新精神、创业意识和创业能力为主，以及以自主学习的自我发展能力、主动适应社会的心理品质等综合素质为目标的教育理念和教育模式。综上所述，创业教育通过传授创业知识和培养创业技能，拓展创业思维与意识，使其更容易捕捉创业机会进而推动创业，进而提升大学生综合素质和实践能力。

（二）创新创业教育

创新与创业具有内在一致性。这种一致性表现在为了共同的创造指向而紧密关联。创新创业教育作为一种新的教育观念和形式，它在面向全体学生的知行统一中具有高度一致的内涵基础，值得作为统一的范畴进行系统性认识。在国家创新系统概念中，创新是一个交互且社会化的过程，而且创新更加凸显内在的原创性，创业则是这种原创性的外在行为或者实践显现。创新创

① 杰弗里·蒂蒙斯，小斯蒂芬·斯皮内利.创业学：6版[M].周伟民，吕长春，译.北京：人民邮电出版社，2005：13.

② 徐庆福.创赢人生：大学生创新创业教育[M].哈尔滨：哈尔滨工业大学出版社，2022：12.

③ 姬建锋，万生新.大学生创新创业[M].西安：陕西人民出版社，2019：16.

④ 彭钢.创业教育学[M].南京：江苏教育出版社，1995：75.

业教育作为一种教育过程、教育理念而存在，是一种有组织、有系统地融合专业教育以提高学生创业素质和修养的教育实践活动。说到创新，人们首先想到的是科学技术的突破或产品的升级再造。有人认为创新可分为两种：一种是持续性创新，即在现有基础上对产品的改造和完善；另一种是破坏性创新，即彻底颠覆现有格局，创造全新的产品。西方“创新理论”的代表人物约瑟夫·熊彼特(Joseph A.Schumpeter)，从创新的角度去研究创业教育，并将创新的特点融入创业教育。他认为，创新是通过建立一种新的生产函数实现生产要素和生产条件的新组合。联合国经合组织《在学习型经济中的城市与区域发展》报告提出：创新的含义比发明创造更为深刻，它必须考虑在经济上的运用，实现其经济价值。只有当发明创造引入经济领域它才成为创新。[①] 目前关于创新的概念不仅在技术和经济领域，也在营销、组织、社会系统等其他领域中得以运用。

随着人们对创新创业研究的日益深化，创新教育与创业教育统一整合成为新的趋势，故而“创新创业教育”的新提法在政策上被采用，成为“适应经济社会和国际发展战略需要而产生的一种教学理念与模式”[②]。如前所述，国家在政策文件上对创新创业教育的表述也在不同时期存在变化，但不变的是对创新创业二者的内在联系保持客观定位。创新是创业的基础和核心，创业是创新的载体和目的，两者相互依赖、相互促进、不可分割。创新所面对的不确定性更多的是对人类认知过程中的边界扩展，创业面对的不确定性则不仅在于技术，更在于创造出满足需求的产品。[③] 创业离不开创新，没有创新就不可能有真正意义上的创业。创业就是提出创意的想法并实现之，创新是其前提，创造价值是其本质。创业不只是创办公司这么简单。创业需通过利用机会、资源调配、企业家能力和外部环境来实现价值创新；创业也是愿景、变化和创新的动态过程，它需要创业者在面对新想法和创新的解决方案时具有活力和激情；创业者独具特质，寻求机会、承担风险、推动想法变为现实的韧性已渗透其身，使其形成看待问题的独特视角。正是创业者的创新活动促使科学技术

---

① OECD.Cities and regions in the new learning economy[R/OL].(2001-01-18)[2022-10-23].https://doi.org/10.1787/9789264189713-en 9789264189713.

② 教育部.关于大力推进高等学校创新创业教育和大学生自主创业工作的意见[EB/OL].(2010-05-13)[2021-10-22].http://www.moe.gov.cn/srcsite/A08/s5672/201005/t20100513_120174.html.

③ 王志强，郭宇.“追求成功”还是“追求幸福”：对创新创业教育目的的伦理审思[J].教育发展研究，2022(1):77-84.

转化为生产力，推动了产业结构的升级，也推动了经济活动和生活方式的变革，实现了经济社会的发展。[①] 就政府和高校而言，创业教育一般也伴随着创新教育，所以经常会融合在一起成为创新创业教育。我国的创新创业教育与国际上的创业教育具有目标的一致性和内容的共同性。目前，许多高校正积极探索具有院校特色的创新创业教育模式，并取得很多成果。关于创新创业教育本质特征的阐述应该从它的内在逻辑的特异性、理念目标的合一性、内容形式的统整性等角度来阐释，不能将创新创业教育与创业教育、就业教育、通识教育等承担着不同功能的概念进行随意的嫁接，失去了它应该有的价值品质。

（三）大学生创新创业教育

高校创新创业教育作为国家创新驱动发展战略的重要部分，是高等教育的重要内容之一。高校肩负着培养创新创业型人才的重任，而创新创业教育是对高校人才培养模式的一种创新、发展和升华，是提升人才培养质量的必要途径和有力抓手。创新创业教育通过课程育人和活动育人，组织开展各类创新创业实践教育活动，将大学生的职业技能以及专业知识学习与创新创业思维相结合，使其快速适应科技进步和社会转型的诸多要求，尤其是在面临不确定性时，能够发挥自我效能达成自我实现。

创业教育最初只是一门生涯规划课，之后逐渐成为面向学生就业与职业发展的公共课程。由西方引进的创业教育仍然继续保留，但集中在管理学院或商学院，是一种专业教育，而面向大众的创新创业教育则是由新成立的创新创业学院负责，它统筹创新创业课程与创新创业活动以及创新创业大赛的培训等[②]。换言之，创新创业教育与创业教育既相互联系，又相对区别。创新创业教育作为一种人才培养方式，其本质反映人的综合成长，而非简单的技能生成培养。它将创新创业教育融入学生的生涯发展中，培养学生运用创新创业的思维和能力来解决问题，而非指导学生如何去开办一家公司。大学生创新创业教育是引导大学生结合自身优势，利用资源和相应条件，辨识、筛选并把握市场机会，培养其具备开展创新创业活动的能力和素质。也有学者认为创新教育和创业教育应该是统一的，应作为一个统一的范畴进行分析和研究，即

---

① 孙丽颖.高校创新创业文化的社会生态系统建设研究[M].长春：长春出版社，2021：47.

② 王洪才.创新创业教育：中国特色的高等教育发展理念[J].南京师大学报（社会科学版），2021(6)：38-46.

创新创业教育。[①] 大学生创新创业教育不仅仅是为了培养企业家，更希望大学生学会如何主动获取新知、创造新知，并通过有效地配置自身的各种资源，将知识转化为现实的个人和社会价值，最终实现知识的最大效用。也就是说，创新创业教育的目的不是仅影响大学生自身，也不是单纯地多培养几位企业家，而是要通过这种创新创业精神的个体行动来影响他的家庭、子女，进而营造全民对创新创业的理性认识和支持氛围。

从政策文本术语来看，在高校创新创业教育的萌芽起步阶段和试点探索阶段，相关称谓一直使用“创业教育”一词。教育部于 2010 年 5 月发布的《教育部关于大力推进高等学校创新创业教育和大学生自主创业工作的意见》(教办〔2010〕3 号)正式提出“创新创业教育”这一概念，以取代之前的“创业教育”一词。高校创新创业教育是对创新教育和创业教育的超越与整合，是在综合二者内涵的基础上又获得了新的发展，不能简单地将其认定为创新教育、创业教育的简单叠加。简言之，“创新创业教育”不同于“创业教育”，二者内涵不同、意义不同。但是，2012 年 8 月教育部办公厅发布的《教育部办公厅关于印发〈普通本科学校创业教育教学基本要求(试行)〉的通知》(教高厅〔2012〕4 号)仍然使用了“创业教育”一词。同样，2013 年国务院办公厅发布的《国务院办公厅关于做好 2013 年全国普通高等学校毕业生就业工作的通知》(国办发〔2013〕35 号)、2013 年教育部发布的《国务院办公厅关于做好 2014 年全国普通高等学校毕业生就业工作的通知》(教学〔2013〕14 号)中也都使用了“加强创业教育”这一表述。不过，2014 年 11 月教育部发布的《教育部关于做好 2015 年全国普通高等学校毕业生就业创业工作的通知》(教学〔2014〕15 号)指出“要把创新创业教育作为推进高等教育综合改革的重要抓手，将创新创业教育贯穿人才培养全过程”。此后，类似于“将创新创业教育融入人才培养全过程”“纳入学分管理”的表述频繁出现在教育部关于高校毕业生就业创业工作的相应通知中。2015 年 5 月，国务院办公厅颁发的《国务院办公厅关于深化高等学校创新创业教育改革的实施意见》(国办发〔2015〕36 号)强调，把深化高校创新创业教育改革作为推进高等教育综合改革的突破口，要树立先进的创新创业教育理念。除了在不同的政策文本中使用不同的概念以外，对于创新创业教育的规范表述也逐渐在各级各类文件中得到确定。

本研究认为大学生创新创业教育是从学生素质发展出发，对大学生进行的以创新精神和创业精神为导向、以科技转化和企业创办为载体、以创建事业

---

① 郭志辉.大学生创新创业教育研究[M].成都：电子科技大学出版社，2016：9.

为追求的活动。创新创业教育与专业教育相互作用相互影响，通过建立运行机制促进创新创业知识与能力协同提升，加强高校课程与社会实践有机互动、育人资源不断交换，进而形成创新人才培养的动态循环系统。

二、学术资本、机制与行动

高校创新创业教育以专业为基础，通过创新创业教育实践进一步夯实专业基础，发挥专业优势，形成具有专业优势的创新创业教育运行体系。作为一个有机整体，其内部各个要素之间相互关联并且与外界环境保持互动。从某种意义上讲，创新创业教育是以嵌入①的方式融入在以专业教育为主导的高校人才培养体系中。

(一)学术资本

法国社会学家皮埃尔·布迪厄在其文化资本理论中提出，资本是一种积累的劳动，它需要通过时间进行积累，同时资本也是一种以同一或扩大的形式获取生产利润的潜在能力，一种进行自身再生产的潜在能力。从这个角度来看，学术资本是文化资本的一种表现形式，通过接受教育来孕育，进而成为一种价值获得的工具，是手段而不仅仅是目的。有学者提出："学术资本是指个人或组织通过所拥有的高深知识，逐步形成学术成就和声望，并以商品的形式进行交换，从而实现价值增殖的资源总和。"②在这里，我们强调分析学术资本，不但包括高深知识转化能力，也包括学术创新创造能力。也就是说，和一般的知识能力及其获得方式相比，学术资本是以学术性知识为基底，以学术能力为表征，以综合的学术素养为依托的一种文化资本。对于研究生而言，学术资本是以专业学识为基底，以综合的学术素养为核心的资本，是一种以教育资质的形式转换而成的文化资本。学术资本代表大学生所具备的学识、才干、技能和资历，是教育知识能力和学术经验的组合，是大学最基本的也是核心的资源。学术资本外显为一定的学识水平和研究能力，内隐为严谨的学术意识、敏锐的学术思路、广博的学术视野、恪守道德的学术精神。

在当前学术研究文献中，有关学术资本转化及其创新创业教育中的实践

---

① 自"嵌入"这一概念首次由波兰尼在《大变革》中提出后，很多研究者对其进行了探索。嵌入包括了嵌入者与被嵌入者，而且要反映创业教育与专业教育之间的相互融合，这里所谈的嵌入包括课程嵌入、管理嵌入、关系嵌入等创新创业教育嵌入专业教育的具体过程。

② 胡钦晓. 高校学术资本：特征、功用及其积累[J]. 教育研究，2015(1)：59-65.

内容较少纳入高等教育研究视野，包括基本学术素养与基本研究能力在内的学术资本生成与转化问题，也尚未引起足够的关注。由于忽视产教融合在实践领域的成果应用，创新创业教育质量的发展前景和现实价值受到一定的冲击。学术资本转化作为一种复杂的社会现象，涉及内涵本质的界定、内部静态、构成要素与动态运行过程、目标实现等多方面内容。学术资本转化是大学生将拥有的知识能力或学术资源转化为参与学术创新和市场价值的资本价值，即通过参与知识生产或转化的方式来获取创业知识与创业能力，将学术资本转化为具有市场价值的创业资本，进而以创业资本来创业立业。学术资本转化涉及学术与市场两个场域不同的价值体系。只有进入市场并产生价值的学术资本才代表转化成功，而那些静态的、用于个人享用或免费赠予的高深知识，因没有产生交换或不能实现外部价值增殖，则不属于学术资本转化的范畴。但从学术资本这一隐性资源角度，创业能力是以知识学识或能力为基底，以综合的学术素养为依托，发挥学术资源优势，将学术资源转化为创业资本，自主开拓创新自主创业立业的一种综合能力或本领。

(二)机制

创新创业教育作为一个生态系统，它由相互关联且互相作用的多个因素组成，各个因素之间相互影响相互支撑，而且每一因素都有助于总体生态功能的发挥，生态系统整体功能大于各因素功能之和。因此，系统中各要素所形成的运行机制也是影响创新创业教育的重要因素。机制所代表的含义是为了实现或达成某种状态和目标而进行的系统设置，这样的设置有其特定机理。机制的作用在于根据创新创业教育的内在规律和原理促使大学生创新创业各要素之间得以更好地发挥作用。创新创业教育运行机制是创新创业教育理念、创新创业课程、创新创业教育教学、创业教育师资、创新创业教育平台等维度内部以及各维度之间相互关联、相互促进的工作方式的总和。可见，创新创业教育也需具备一定的结构和运行机制，这有助于进一步完善高校人才培养体系，使大学生更好地获得创新创业教育。

目前，创新创业教育逐渐覆盖各级各类在校大学生，使那些具有创业意愿和潜在意愿的大学生能够得到必要的创新创业教育，从中获得创新创业所需的知识、技能及相应实践的机会。首先，政府从政策上鼓励、支持、规范高校创新创业教育，通过强化政策导向鼓励高校与地方政府、企业、商业组织广泛联系，形成创新创业教育的支持体系。其次，高校在开展创新创业教育活动过程中，构建差异化的创新创业人才培养机制，推动高校创新创业课程改革，拓展创新创业实践平台和孵化基地建设，为大学生创新创业教育和创办企业提供支持。

(三)行动

人们往往对创新创业教育存在一些疑虑,诸如创新创业是否适合象牙塔里的大学生?创新创业是否可教?对此,存在两种不同的观点:一种观点认为企业家不是培养出来的,而是识别出来的;另一种观点认为企业家的特质尽管是个人的,但可以用合适的教育方式加以培养。高校在创新创业教育中,要坚持与专业教育相融合的原则,将大学生创新精神和创业能力的培养贯穿到人才培养的行动中去。创新创业教育模式由大学、政府、社会、企业等多元主体,以及课程、师资、政策、创业环境等多要素构成,通过外部刺激、自我调节达到协调运行,实现人才培养目标。[①] 目前,国内外高校创新创业教育的行动主要有两种方式:一是专业路径,即在商学院、管理学院内部发展创业学科,学院提供课程、师资及经费等,保证创业教育有效实施;二是普及路径,由高校提供课程、师资及经费,面向全校学生开展创新创业教育。

第二节　创新创业教育的关系网络

一般而言,大学生在上大学前,基本都是没有接受过创新创业课程的,进入大学后,他们才开始接触创新创业的相关信息。面对日新月异的社会发展形势,着力培养大学生创造力和创新创业能力已成为现代高等教育的重要职责。换言之,高校人才培养的重要内容之一,就是要把创新创业教育的内容有机结合融合进去,使其成为人才培养方案中不可缺少的内容,并贯穿于人才培养全过程,努力为国家和社会培养富有创新精神、勇于创业实践的复合型人才。

一、创新创业教育的知识联系

高等教育的基本职能对于文化传承、知识传授等具有积极作用,但其单纯的人才培养功能已不能适应当今社会的需求。因此,准确把握创新创业教育与专业教育之间的知识联系,有助于更好地推动人才培养的内容更新。

---

① 张雅婷,姚小玲.高校创业教育模式的发展现状与路径优化[J].思想理论教育,2019(4):107-111.

（一）创新创业知识与学科专业知识的协同与转化

专业能力是开展大学生创新创业活动与培养创新创业能力的重要基础。大学生在接受学科专业知识和技能过程中，为其创新创业活动提供了智力保障与理论支持。同时，创新创业能力的发展也为专业知识与技能的培养注入了新的思维与活力。为促进学科专业知识的有效转化，高校中有许多着力于解决社会现实问题的社团组织，以及为促进知识资本化而设置的科研成果转化机构。随着创新创业教育的发展，学科专业知识的协同和转化，需要追求一定的经济效益和社会效益。

随着经济社会的快速发展，学科交叉融合与协同转化成为新趋势。高校创新创业教育强调以专业为基点，夯实专业基础，发挥学科交叉融合优势以传授创新创业知识。专业教育是高校教育的主要内容，大学生的学科与专业知识结构一定程度上会影响其创业方向，尤其是创业初期的方向选择。[①] 创新强调原创性的知识探索活动，创业则注重不确定环境中的行动与价值创造。专业知识为创新创业提供了把握不确定性的思想工具，创新创业知识则赋予这些工具改变社会、实现价值的功能。创新创业知识与专业知识的协同转化，表现为两个方面：第一，创新创业知识源自于专业知识的原创性探索与应用，它的内在逻辑在于“创造”，它为个体的创新创业活动提供了实用的精神内核；第二，专业知识是人类社会生成与传承的各种实践活动的确定性经验，它侧重于学科演化与创造，它为创新创业知识转化为实践活动提供了内在支撑。从某种意义上讲，创新创业知识与学科专业知识的协同与转化是一个打破了人类认知的有限性与对确定性知识的依赖性，协同转化出适应未来不确定性的优势，进而产生更高价值的成果。

学科专业知识与创新创业知识既如一体双翼，又如双轮驱动，成为推动高质量人才培养的重要内容。实际上，专业教育可以通过创新创业教育接触学术前沿、了解社会需求。[②] 学科专业知识是创新创业教育的基础，没有学科专业背景，创新创业教育就成了无根之木。创新创业知识则是学科专业知识的延伸和拓展，没有创新创业知识的融入，学科专业知识就难以获得实践转化。

（二）知识应用的传承与创新

一般而言，创新创业教育作为一种专门性的、阶段性的培养学生创新创业实践能力的教育过程，其作用在于创造性地促进知识的有效应用和传承创新。

---

① 潘勇涛.文化视角下我国高校创业教育体系构建研究[D].南京：东南大学，2018：106.

② 胡金焱.创新创业教育：理念、制度与平台[J].中国高教研究，2018(7)：7-11.

在这样的一种逻辑之下，创新创业教育要与学科专业知识深度融合，按照既定的人才培养目标进行培养。创业教育应该是素质教育的延伸，是一种通识教育，而不能单纯作为高校促进大学生就业、缓解大学生就业压力的途径。① 当然，这里所谈及的培养，要注意避免将创新创业教育功利化，仅仅将创新创业教育作为一种工具加以采用，否则就忽略了创新创业知识应用具有不确定性的本质特征。知识应用的传承与创新，一方面体现在高等教育人才培养过程中，基于学科专业知识的培养，通过创新创业教育，融合本学科专业领域的前沿知识、相关交叉学科专业的前沿信息、相关行业与产业发展的前沿成果。例如，创业课程与专业课程融合可以创业活动为出发点，强化实践环节、全面深入地掌握专业技能，提供学生所需的与创业活动直接相关的专业技能。②

另一方面，知识应用的传承与创新应当体现为通过创新创业教育探索创新创业的一般规律，传承创新创业的基本原理与方法，培养学生的创新品格和企业家素质。人的创造性、创新和创业能力并不能像具体的技能和技巧那样传授，它必须通过科学知识和人文知识所内含的文化精神的熏陶才能潜移默化地生成。③ 创新创业教育应深深地依赖于专业教育。《国务院办公厅关于深化高等学校创新创业教育改革的实施意见》(国办发〔2015〕36 号)在"指导思想"部分指出，要"坚持创新引领创业"。大学要引导学生把创新创业建立在自己专业发展和专业能力发展的基础上，不可为创业而创业，更不可脱离自己的专业，只为物质获利而创新创业。④ 因此，知识应用的传承与创新不是以专业知识传授为单一渠道，或以企业家速成为目标，而是要使大学生在参与创新创业教育之后，拥有将来从事职业所需的知识、技能和特质，能够运用创新创业行动能力开拓一番事业。

二、创新创业教育的技术关系

创新创业教育突破了高等教育传统课堂教与学的方式，不再囿于教室或实验室等相对单一的学习环境，使人才培养从传统课堂环境转向真实的实践

---

① 潘勇涛.文化视角下我国高校创业教育体系构建研究[D].南京：东南大学，2018：72.

② 徐小洲，梅伟惠.高校创业教育体系建设战略研究[M].杭州：浙江教育出版社，2015：147.

③ 王东生.新时代高校创新创业教育路径研究[M].长春：吉林出版集团股份有限公司，2021：35.

④ 黄英杰.中国大学创新创业教育的哲学之思[J].高校教育管理，2016(1)：76-79.

场域。在培养过程中，高校如何处理好专业与创新创业之间的技术关系，有效引导不同学科大学生的创新创业行为？接下来将围绕这个问题进行分析。

（一）注重技术对接

数字经济、人工智能、大数据、云计算等新技术催生了许多新的业态和模式。虽然高校拥有多学科交叉融合的优势条件，又集聚了大量科研人才，在技术对接方面发挥着关键作用，但是其技术研发聚焦产业发展需求还不够、科研成果转化能力有待加强。面对这些新业态和新技术要求，创新创业教育具有技术对接与转化的推动作用。创新创业教育与专业教育之间的技术关系体现在根据高校与行业产业的技术需求，实现技术的有效对接。尤其是以国家重大需求为牵引合理配置创新创业教育的内容与活动等诸要素。前述的技术对接主要体现在科研产出与成果转化的有效衔接，实现高校创新创业人才培养的有效试验。创新创业教育依托专业教育，衔接具有科技前沿的、革新行业生产方式的专业技术。因此，作为高校来说，既要扮演好教育者的身份，也要扮演好协调者的身份，将政府的政策引导和资金支持、自身的人才优势和科技优势、行业企业的实际需求和实践经验等有机地结合起来，推进创新创业教育和经济转型升级有机结合，实现技术创新。

从技术对接主体的角度看，创新创业教育的技术对接涉及政府、大学、科研院所、企业等方面。高校在创新创业教育的过程中应该对学生有所引导和侧重，帮助学生在准确把握自身专业优势的基础上开展创新创业活动。就社会创新创业行为而言，固然是鼓励运用个体的首创精神和把握不确定性的能力去创办企业并获得成功，但是就承担立德树人使命的高等教育机构而言，其实施的创新创业教育显然不能以创办企业为目的，而是基于创新创业理念和创新创业行为，通过一系列充满意义与价值的创新创业行动塑造并培养具有创新创业精神与能力的新时代大学生。“借鉴国外的经验，中国高校首先有必要结合中国国情、与学校特征结合组建校内外结合的专门就业创业综合服务与协调机构，统筹规划高校大学生就业创业教育的教学、管理、科研、实践以及与企业行业政府互动、创业园区建设等工作，为大学生就业创业实践提供知识、技术、平台等保障支出，实现组织服务机构的社会化运作。”[①]针对不同类型高校所处地域、优势专业、发展目标的差异，了解高校在科技成果转化中的痛点以及优势。高校科研创新政策对科技成果产出具有较强的政策效能，因此，各级政府应加强科研产出与成果转化的有效衔接，避免科研产出绩效无效

① 商应美.高校创业实践教育体系建设研究[M].北京：人民教育出版社，2016：443.

堆积，为科研产出高质量与成果转化高效益提供保障。[①] 可见，高校创新创业教育要重视技术创新，通过创新创业教育实践进一步夯实人才培养质量，形成具有专业特色和技术优势的创新创业教育运行体系。

（二）倡导技术整合

经济全球化的不断深入与创新要素的加快流动使得共建共享、合作互补成为创新创业教育发展的共同选择。创新创业教育固然有其跨学科特征，但又兼容了专业教育的要素。从宏观发展目标上看，它强调聚合不同学科特点，培养学生适应经济社会发展需要的素质和能力。从微观发展的策略上看，注重基于某一专业特长，整合必要的专业技术。高校的学科与专业知识结构在一定程度上会影响大学生的创新创业选择。倡导专业技术的整合应用是高校专业教育的内容之一。大学生利用在校所学的专业知识与技能，与创新创业进行技术整合，有利于更好地夯实专业基础，发挥专业优势。因此，以专业背景为基础的创新创业能力培养，是创新创业人才培养的必然选择。

创新创业教育倡导技术整合，促使参与创新创业的学生能较好地发挥专业优势，凭借一定的专业技术，进而提升创新创业的成功率。专业教育作为高等教育人才培养的主要渠道，亦是全面推进创新创业教育、培养创新创业人才的重要基础。培养创新创业人才是要激发其参与创新创业的潜在能力，整合一定的技术和技能开展创新创业活动。一方面，这种技术整合首先要打破学科专业之间的壁垒、产业与学校之间的屏障，实现多学科交叉融合、跨学科学习、校内外协同，让大学生充分发挥所学技术专长、贡献智慧和力量。另一方面，创新创业教育综合高等教育的人才培养、科学研究和社会服务等三大功能，让科学技术的理性价值和工具性价值在创新创业教育中澄明真理，彰显文明，拓展人之本质力量，显现的知识边界。对大学生而言，这种澄明是一种合乎目的的合作关系，而不是单边技术对人的支配或宰制。我国实施的科教兴国战略需要技术创新，而且技术创新目前也确实成为大学生创业的火种，但高校大学生要把握市场创新不能单单关注技术创新，还要有思想和各方面的创新。[②] 高校创新创业教育应充分利用各类资源，依托技术创新和人才培养，促进技术整合与转化，形成高层次、立体式的产业生态链。

---

① 章熙春，朱绍棠，李胜会.创新政策与科研结构双重影响下高校科技创新绩效研究[J].科技进步与对策，2022(18)：1-7.

② 裴小倩，严运楼.高校创新创业教育协同机制研究[M].上海：上海交通大学出版社，2018：52.

三、创新创业教育的价值意蕴

创新创业教育的价值承载着高等教育机构自身长期形成的学术自由、大学自治、学术责任等组织特质与本色，有效规避了学术过度商业化带来的学术风险。其价值在于利用学术资本的市场化作用，从中发现成果转化契机，主要体现在以下三方面：

（一）澄清社会对高等教育的质量偏见

学术资本作为一种产品，是存在转化价值的，即由知识转化为大学生的素质，再内化到个体身上，成为其一部分。无论是从学科本身出发，还是从社会实践出发，开展学术创业，鼓励学术资本的生成与应用，是推动科学研究发展、提高学术资本社会贡献率的重要途径。一是有利于深化高等教育质量管理有关问题的理论认识，也是适应我国创新创业战略的需要。作为高深知识的集结地，大学生学术资本转化而带来的良性循环效应，能够使其拥有更多的显性和隐性学术资本，不断提高学术影响。二是有助于规范创新创业教育的培养目标和运行方式。学术资本转化通过创新人才培养方式，引导大学生利用自己的知识优势创造或发展新的产业或服务项目，形成新的经济增长点，不仅可以推动经济、社会向着更高层次发展，而且可以创造出更高层次的就业岗位。

（二）发挥学术资本在知识经济时代的市场价值

将学术资本转化为生产力，是文化资本展现自身学科地位的重要表现，也是高等教育体现社会功能的标志之一。“当人类进入工业社会尤其是知识经济时代之后，大学的应用取向日益转向科学技术与生产实践。但是，大学的学术成果并没有直接转化为现实生产力，且与社会保持着一定的距离。”①当前，在倡导大众创业万众创新的背景下，我们应消除高校与社会的围墙，让学术资本走向市场。当“市场的介入最终改变了学术共同体的游戏规则，受到资本推动的学术开始由开放走向封闭、由共享走向私利。学术与市场的联姻促成学术知识直接参与技术产品的生产和商业利润的开发，学术的资本价值由此被

① 宣勇，付八军．创业型大学的文化冲突与融合：基于学术资本转化的维度[J]．中国高教研究，2013(9)：86-89.

大大挖掘"①。学术资本转化不仅破解了学术与资本的长期对立，而且也为大学生利用学术资本参与学术创业提供了可能，使其所掌握的知识技能与社会需求相匹配。需要明确的是，在学科专业教育和创新创业教育关系中，它们之间是相互渗透、相互融合的，而非创新创业教育取代学科教育。

(三)学术资本转化有效地保证高校创新创业教育的学术地位

在学术资本转化过程中，知识的创新和知识向市场价值转化的力量在推动社会经济发展方面发挥着愈加重要的作用。因此，拥有丰富知识资本的大学生理应成为潜在的重要创业者，毫无疑问，通过科研能力获得经济利益，应在符合学术职业规则及其合法性要求下进行。创新创业意味着能够最大限度地组合资本，"从领先的理念或技术到大规模投产是一个艰辛而漫长的过程，中间可能存在着巨大的参数变化，对此困难的估计不足，使研究生创业团队往往片面夸大产品的实际功效和赢利能力，匆匆实施创业项目，导致创业成功率不高"②。因此，创新创业教育并非只是引导大学生创建团队、自筹资金去筹办一个新企业，而是以培养大学生发现和把握机会的能力为立足点和出发点，通过创业教育使大学生学会生存、学会合作，并且充分认识到创新创业的多样性和有效性。"研究生创业教育的驱动系统应瞄准现实需求，即更加注重承接国家重大战略需求，服务区域经济、社会、民生、文化等产业发展需求，以及满足行业企业核心技术攻关需求。"③因为研究生一旦接受了某一专业领域中的专业训练，掌握了该专业领域中的知识资本，就有机会通过创业教育将其灵活地运用到创业实践中去，既能够激发大学生创业热情，也可以提高创业成功的可能性。

四、创新创业教育的应用关系

高校作为创新创业人才培养的主要场所，其整个空间以学习者为中心，以服务学生的创新发展和能力培养为核心目的。目前，高校普遍重视大学生创新创业能力的培养，但如果个体不能获得良好的专业指导，他们的创新创业学

---

① 段斌斌. 学术资本主义对大学人才培养的影响及应对[J]. 当代教育科学，2016(11)：10-14.

② 殷朝晖. 提升研究生创业核心竞争力研究[J]. 研究生教育研究，2012(5)：50-54.

③ 赵哲，宋丹. 研究生创业教育：态势研判、价值意蕴和长效机制[J]. 研究生教育研究，2016(3)：44-48.

习不仅难以持续，而且会因社会压力而中断。可见，仅仅依靠创新精神、创业意识将专业知识转化为现实生产力的教育教学方式方法是比较欠缺的。假如大学生得不到有效的专业指导和实战演练，就难以把控创业商机、风险评估、管理运营等实践运作，这将会削弱创新创业教育的实效性。

（一）应用方式

当前，创新创业教育已成为缓解高校毕业生就业压力、提升大学生就业竞争力的重要途径。首先，创新创业教育的应用方式以平台为载体。换言之，主要通过课程载体和实训实践平台来实现。我国的高等教育现状是在相当长一段时间里将培养研究型人才作为主要目标，极大地忽略了应用型和创新创业型人才的培养①。高校课程体系是培养大学生创新创业能力的知识来源，是创新创业能力培养与课程教学全过程深度融合的突破口，也是教学改革的重要内容。假如创新创业学习的课程内容还是就创新谈创新、就创业说创业，没有考虑学生专业学习特点和背景，忽视学生专业特长，那么创新创业教育就有可能沦为华而不实的表面功夫。“创业本身始于问题，大学生对以不同项目、不同载体形式呈现的创业问题进行摸索、发现、创造。创业的过程事实上也是一个解决问题的过程，因此，创业的关键在于发现问题和提出问题，并在不断的创业实践中解决问题。”②例如，以专业知识为基础的技能大赛也为创新创业提供了解决问题的实践机会。假如创新创业知识不能内化为个体价值观念，势必影响个体创新创业行为效果。

其次，创新创业教育的应用过程体现在专业教育与创新创业教育有机融合上。创新创业教育对标专业课程目标，吸纳创新创业学科领域的最新科研成果，优化教学内容，强化学生创新创业问题能力的培养。这是创新创业教育应用方式之一，有利于改进高校创新创业教育与专业教育的深度融合。其中，专业课程教学是专创融合的主渠道。虽然专业教育与创新创业教育各自的侧重点不尽相同，但既不能脱节，也不能相互取代，是相互补充、交叉渗透的深度融合关系。让创新创业教育融入专业教育不仅使创新创业教育不会虚化，还能促进专业课程教学改革，有助于培养大学生的创新意识、创新能力，促进技术创新的产生，不断扩大高校人才培养的综合效用。当然，创新创业教育的应用方式还体现在技术的创造性转化上，利用大数据、区块链等技术方法，开展创新活动和创业实践，强化行业实践及创新创业能力培养，全面提升学生对行

① 曹望华.高校创新创业教育与人才培养研究[M].北京：北京工业大学出版社，2021：33.
② 商应美.高校创业实践教育体系建设研究[M].北京：人民教育出版社，2016：81-82.

业环境变化和技术更迭的适应性。

（二）应用实效

检验创新创业教育的应用实效并不是看大学生是否能够创办企业公司，而是能否促使学生拥有在不同的工作岗位上创造性地开展工作的能力，做到创新创业教育与岗位创新创业的适应与转化。换言之，大学生在接受创新创业教育之后，未必一定要在毕业后就选择自主创业这条道路，他们也可以选择到具体的工作岗位上去施展才华。如果创新创业教育的目标不包含在普通岗位上的创新创业，那么这种创新创业教育就显得太过狭隘，也不切合实际。正如马克思所言："在我们这个时代，每一种事物好像都包含有自己的反面……技术的胜利，似乎是以道德的败坏为代价换来的……我们的一切发现和进步，似乎结果是使物质力量成为有智慧的生命，而人的生命则化为愚钝的物质力量。"①不过，一些高校创新创业教育的实效主要着眼于大学生创新创业知识与技能掌握这一基础性目标，创新创业教育日益成为学生进入社会前培养创新创业能力的重要方式。值得注意的是，高校更需要通过创新创业引导它的学生们思考现代科技条件下人类文明的发展困境，以及不断创造和发明超越这一困境的各种条件，以便为现代社会进步提供更为广阔的空间。唯有这样，大学的创新创业教育才有了深沉的理性根基，才会成为我们不断走向自由之境的有益媒介。

其次，创新创业教育的应用实效表现。创新创业教育的育人效果不能纸上谈兵，必须落实在一系列具体的创新创业实践过程及活动上。目前，我国的创新创业教育主要通过开设创新创业系列课程、打造大学生创新创业实践园区、举办创新创业竞赛等举措来实现。但创新创业不同于一般的实践活动，它不仅需要勇气与情怀，还需要资金和平台支持，并拥有一定的风险防控能力。这些都是检验高校创新创业教育应用实效的重要方面。譬如说，那种为社会经济发展提供大量科技型人才、基于科技应用的创新创业教育是实现高校与社会对接的重要途径。同时，与科技创新创业教育相联系的是科技企业，而科技创新型企业又与我国当前大力推进的自主创新工作有着密切关系。因此，将科技应用于创新创业教育的关注在将来会进一步得到深化。

总体而言，创新创业教育就是要引导学生直面社会的现实情境，以社会实践为逻辑的起点，围绕社会、学科、个体三个维度，在创新创业与个体发展之间建立有机联系，用学科专业知识渗透于创新创业教育的全过程。以科技和学

---

① 马克思恩格斯选集：第 4 卷[M].北京：人民出版社，1995：775.

科专业引领创新创业教育，使创新创业教育成为大学生专业学习的“练兵场”。当然，创新创业教育不仅仅是为了解决大学生就业困难而进行的教育活动，它更着眼于提升大学生综合素质，为大学生适应社会职场要求而提供综合和持久的支持。从这个意义上讲，创新创业教育的实效检验具有一定的周期性和长期性，不能用短期要求看待其效果，而应该将其作为高校人才培养体系建设中的长远目标而不是短期目标。另一方面，创新创业教育通过聚集效应为创新创业知识与能力的培养提供平台，也为高等教育社会功用有效溢出提供通道。例如，开展创新创业沙龙、路演展示会、创业训练营等活动，这些对高校科研成果转化、发挥产学研用协同优势具有巨大的推动作用。

我国创新创业教育的出现最早与创新人才培养模式、促进就业紧密相关，具有一定的外向性目的。从长远来看，创新创业教育还需要从高等教育内部生长起来。也就是说，创新创业教育的整体目的与具体的专业人才培养目标处于不同层次，也因此有着不同的表述、发挥着不同的作用。这就需要高校在明确创新创业育人效应和功用的基础上，辨别创新创业教育与专业教育的共同点和不同点，既促进二者有机融合，又能够发挥出各自的育人功效。否则，有可能会将创新创业教育窄化为培养创办公司企业的实践人才，最后将评价创新创业教育实施效果的指标简单地理解为大学生自主创业率的提升。为保证创新创业教育的育人实效，要强化创新创业教育目标达成评价分析与持续改进，形成过程性考核与应用实效相结合的多元评价方式，使创新创业教育目标全面支撑人才培养体系，有效反映创新创业教育目标达成情况。因此，高校对于创新创业教育究竟应该达到怎样的终极目的，尤其对于完善人才培养体系的深层作用，应进行更深入的思考。

第三章
创新创业教育的理论视角与运行原理

目前关于创新创业教育研究的理论视角多元，从人力资本到生态理论，无不反映出创新创业教育在整个教育体系中的独特地位。学者们关于创新创业教育的多维度研究体现了一定的合理性，尤其是在结合创新创业教育对创新人才培养模式、提升人才培养质量的综合改革路径中得到了充分的体现。创新创业教育的机制与行动研究也是基于已有研究的理论视野，结合创新创业教育运作实际及运行规律，以新人力资本理论、三螺旋理论、政策执行过程模型等为理论基础建立分析框架，探析运行机理。

第一节　创新创业教育的理论审视

一、新人力资本理论

1960 年，西奥多·舒尔茨发表了《人力资本投资》的经典演说，系统阐述了人力资本理论的主要观点，标志着人力资本理论的产生。在早期阶段，人力资本理论着重强调教育、健康在宏观经济增长与微观收入分配中的作用，能力的概念蕴藏于教育之中并且相对模糊，一般涉及技能的习得与"补偿性"工资的获取。这为创新创业教育对人的能力发展之影响提供了重要的理论参照。

(一)新人力资本理论的主要观点

"能力"这一核心概念一直是人力资本理论形成和发展过程中反复探究的核心议题。能力及其形成路径是人力资本理论的主要关注点，其内涵和外延不断发展。人力资本理论在解释经济增长、社会流动、收入分配等问题上发挥着重要作用。塑造人的可靠能力可以增加其经济收入，推动其在社会阶层中向上流动。该理论还认为人力资本是附着在个体身上、能够提高劳动生产率和具有经济价值的知识和技能，个体可以通过教育、培训、保健等方式增强人力资本，进而提高未来收入[①]。以往研究表明，教育水平在很大程度上会影响个体的成就需要。传统的人力资本理论研究在关注收入决定时，多将教育水平作为潜在能力的代理变量，隐含的假设是获得不同报酬水平的个体在能力水平上的差异可由教育水平的差异解释[②]。不过，这较难解释在现实中为何同等教育水平的个体间经济收入存在较大差距的情况。当然，当一个人拥有较多人力资本时，其实现自己需求的能力便会得到增强，扩大收入也就在情理之中了。因此，个体拥有的人力资本越多，他们对满足自身的需求越自信，也更容易激发更多、更大的需求。

随着关于人的能力的研究不断深入，新人力资本理论的发展将早期的经典人力资本理论的研究外延扩大到了认知能力与非认知能力。为此，一些学者提出要构建以“能力”而非“教育”为核心的研究框架，从更深入地揭示人力资本的异质性。随之进入新人力资本理论时代。新人力资本理论的核心包括认知能力和非认知能力，其形成具有特定规律，生命周期模型中早期阶段是个体能力发展的关键时期[③]。个体自身的知识、能力有助于其行为目标的达成，从这个意义上讲，通过卓有成效的创新创业教育，个体可以获得开展创新创业所需的技能和知识。也就是说，大学生接受创新创业教育对创新创业行为能够起到积极的促进作用。

（二）新人力资本理论在创新创业人才培养中的适用性分析

在形成阶段，舒尔茨阐述了人力资本的内涵与形成途径，认为人力资本与人力资源中的质量部分（如技能、知识）和提高劳动者生产效率有相似特征，健康设施与服务、在职培训、正规教育、成人研究项目、个体与家庭的迁移等均可形成人力资本[④]。根据新人力资本理论，这一测量缺乏内容效度，未关注人力资本的核心要素，即认知能力与非认知能力，而认知能力与非认知能力共同影响个体的劳动市场表现与社会行为。非认知能力虽难以用成绩分数测量，却

---

① SHULTZ T W. Investment in man: an economist's view[J]. Social service review, 1959, 33(2): 109-117.

② 李晓曼，于佳欣，代俊廷，等.生命周期视角下新人力资本理论的最新进展：测量、形成及作用[J].劳动经济研究，2019(6)：110-131.

③ 宫倩楠，朱志胜.过度劳动的代际冲击：基于新人力资本理论框架的经验证据[J].河南社会科学，2022(9)：15-28.

④ SCHULTZ T W. Investment in human capital[J]. The American economic review, 1961(1): 8-9.

与未来的社会关系和职业选择有着密切联系。为此,新人力资本理论开始尝试更全面深入地打开能力培养的"黑箱",建构一个基于多维能力的广义人力资本理论框架。随着现代心理学的发展,新人力资本理论视野下的能力内涵逐渐涉及更广泛的人格、社会情感、心理行为等非认知成分。

在新人力资本理论的指导下,大学生创新创业资本由知识、技能、经验、认知能力和非认知能力组成。新人力资本理论指出能力的形成具有累积性,前期技能的形成有助于后期技能的获得。因此,在高校创新创业人才培养过程中,针对大学生的发展实际进行有效引导,有助于提高人力资本的投资效用。

二、三螺旋理论

(一)三螺旋理论的产生与发展

三螺旋理论最早始于生物学领域,用于分析环境、基因和生物体三者之间的非线性网状关系。20 世纪 90 年代初,美国社会学家亨利·埃茨科维兹开始研究政府—大学—产业的关系,并运用三螺旋理论阐释了"政府—大学—产业"三者之间的关系。作为一名历史学和社会学背景的研究者,他认为所谓的"三螺旋"就是一种创新模式,是指政府—大学—产业等三个组织在创新过程中密切合作、相互作用,同时每一方都保持着自己的独立地位[①]。此后,罗伊特·雷德斯多夫继续完善该理论,以大学、政府、产业为三要素进一步构建三螺旋理论模型。

20 世纪 90 年代后期,三螺旋理论开始萌生,有学者通过对美国硅谷案例的实践考察和研究,凝练了高校、产业及政府的三螺旋模型(triple helix model),并应用于研究高校、产业及政府之间复杂的动态交互关系。随后,研究者们进一步认为,社会经济发展的动力来源于高校—产业—政府之间的相互合作、相互促进,并丰富了创新、创业与经济发展的研究基础。至此,三螺旋理论得以进一步完善,其之所以具有强大的生命力和较高的实践指导价值,根源于该理论建立在实践的基础上。国内许多学者运用该理论对我国的现实问题进行了探讨。

从内涵和核心特征来看,"三螺旋"结构是一种螺旋状的联系模式,这种缠绕在一起的"三螺旋"结构有三股要素链条,在螺旋上升的发展过程中,要素之

① 亨利·埃茨科维兹. 三螺旋:产业、大学、政府三元一体的创新模式[M].周春彦,译.北京:东方出版社,2005:3.

间需要高度的协同性和渗透性。该理论要求保持螺旋主体的独立且要保持三者在力度和位置上的均衡。例如，政府力度过强而另外两者仅起“陪跑”作用，那么就有很大可能导致国家干预主义。如果三者之间的位置偏差，相互作用的力量不够均衡，可能会导致生态系统构建的无序成长。三螺旋理论重要的实践意义就是强调大学、企业和政府是三元一体的，在创新过程中，要通过组织的结构性安排和制度性设计，实现三方密切合作，通过加强资源分享与信息沟通，提高整体运转效率①。但无序成长不仅会因无效率而浪费资源，同时也会因未进行方向纠正而对资源进行二次浪费。由于相互联系与相互作用，三条螺旋线都获得比以往更强的能力，从而能够支持其他螺旋线，产生源源不断的创新流，最终形成共同发展的局面②。该理论认为，随着知识经济时代的到来，大学不再仅仅被要求提供教育和研究，而逐步成为区域经济发展和创造工作机会的主要“负责人”。在三螺旋运作机制中，三个主体都表现出另外两个主体的一些能力，但同时仍保留着自己原有的作用和身份。

(二)三螺旋理论在创新创业人才培养中的适用性分析

三螺旋理论认为，高校、产业、政府三者之间既相互独立又彼此影响。它们之间相互保持独特角色的同时又触及其他角色的作用，形成三股交叠互促的力量作用于经济社会。政府作为高校与产业之间的重要催化力量，确保它们形成良性螺旋式关系。首先，螺旋主体之间可以互动。高校、产业和政府三方均存在差异化的目标、价值取向、利益偏好等，且各自的优势也迥然有别。高校的优势在于集合学者传授高深知识。政府的优势在于源源不断提供制度供给且在高校与社会之间扮演协调角色。产业则汇集了一大批具有创新与生产能力的企业，是新思想、新理念及新技术等的转化基地。不过，这些异质性并不妨碍达成三方的交叠互促。

其次，通过高校、产业、政府之间的螺旋互动，汇聚起持续不断的创新创业资源。在现实的创新创业实践活动中，科学合理的大学生创新创业生态系统离不开产业、政府及高校等三方的良性互动与螺旋支持。政府、产业及高校等螺旋三方的沟通交流是合作的基础，合作是螺旋三方最基本、最简单的互动方式，后续的资源共享甚至产学研的推进都是合作深层次化的表征③。政府、产

① 王涛.三螺旋理论视角下的产学研政策分析[J].教育学术月刊，2018(5)：46-53.

② 亨利·埃茨科维茨.三螺旋：产业、大学、政府三元一体的创新模式[M].周春彦，译.北京：东方出版社，2005：2.

③ 张秀娥，张宝文，秦鹤.大学生创新创业生态系统优化研究：基于三螺旋理论的视角[J].财经问题研究，2017(5)：79-85.

业和高校之间的良性互动既是创新的关键，也是经济增长和社会发展的不竭动力。在“三螺旋”创新理论模型中，政府—企业—大学等三个自适应主体在保持独立身份及各自职能的同时，又支持其他主体职能的完成，三个主体如同螺旋上升的螺旋线一样互动、交叉、重叠和融合，演变出层出不穷的关联模式和组织结构，从而推动整个创新活动的螺旋式上升。在创新驱动发展背景下，政府、企业和高校所组成的技术转移转化三螺旋模式不再是简单的线性创新过程，而是在科学、技术、转化、生产、需求等要素之间形成了一个复杂的反馈机制过程，为开放式创新提供充分的沟通和合作机制①。受传统教育模式、产教融合机制建设滞后等因素影响，我国高校创新创业教育缺乏与外部环境的互动，大学依然是当前创新创业教育的单一主体，社会力量尤其是行业产业发挥的广度、深度、力度相对不足，使高校创新创业教育发展不能深度嵌入社会形成系统性运行。可喜的是，新时期高校技术协同创新与成果转化机制呈现显著的协同性，在三螺旋模式下，政府成为政策创新的主体，大学成为知识创新的主体，企业成为技术创新的主体，三方交叠形成技术转移转化组织，通过整合技术、人才、制度等要素协同实施技术研发、技术转移等活动，实现协同创新。

最后，创新创业人才培养要学会因地制宜，根据区域发展实际和院校发展水平确定合适的培养模式。运用“高校—产业—政府”三螺旋空间演化理论建构研究框架，分析在高校、产业、政府互动中的办学主体和功能整合过程系统模式的演化规律。三螺旋理论的核心价值就在于将具有不同价值体系的政府、企业和高校，在发展区域社会经济上统一起来，形成行政领域、知识领域和生产领域的三力合一，从而为经济和社会发展提供坚实的基础②。当然，这需要发挥政府的主体作用，引导高校、企业和社会力量广泛参与，形成多方合力，为创新创业教育提供保障，促进大学生创新创业。政府、企业和高校三者之间以创新创业教育为媒介，构建起更加紧密、互惠互利的利益共同体，彼此利用各自优势形成协同上升的新型螺旋体。“三螺旋”有很强的理论价值和实际应用价值，有鉴于此，我们可以尝试依托“三螺旋”理论精髓并创新发展，着手构建高校专业教育、创新创业教育的融合模式，能对解决二者分立问题起到意想不到的效果。

总之，创新创业教育的运行过程是一个多元融合的过程，本质上是教育创

---

① 韩小腾.三螺旋理论视域下高校技术转移转化体系建设刍议[J].科技管理研究，2021(16)：116-122.

② 黄斌.三螺旋理论下创新创业教育研究[J].中国高校科技，2019(11)：69-72.

新,最大意义是通过融合效应推动产学研用协同创新。同时,高校凭借自身的教学、学术和人力资源优势,与其他高校、研究机构、企业联合,建立大学生创新创业中心、创客空间以及创业实践基地、创业孵化基地等,并争取获得政府人力、物力、财力等方面的支持以及政策优惠。当然,对于科研院所,要借助企业的生产平台及资源,与高校科研团队进行良好的对接和协同,从而提高科研机构的科学技术研究水平。与此同时,在政府的支持下,兼顾技术研究和成果转化,助力学生创新创业,并推动企业及相关行业整体向前发展。

三、史密斯政策执行过程模型

(一)史密斯政策执行过程内涵

在教育政策执行过程中,执行主体通过多方互动和关系协调形成行动规范并进行实践验证,从而为政策执行的行动理路提供事实原则。面对我国创新创业教育政策执行中的困境,学者们也开始探究:影响政策执行的因素有哪些?怎样的政策反馈与建制可以确保实现政策预期目标?当前对创新创业教育政策内容的探讨主要集中在政策效果方面,例如有研究指出“具有最高政策力度的法律法规以及战略纲要性政策文件数量偏少,与高校创新创业内容的相关性较小”①,且高校“对政府相关政策重视不够,欠缺广泛而细致的宣传和解读”②,导致政策在落实的过程中存在困难,难以发挥其价值。单靠教育行政部门推动创新创业毕竟力量有限,故有研究认为“教育部是高校创新创业教育政策的主要制定部门,涉及企业的很难做出有约束性的规定”③。所以,另有学者认为政策只有通过高校的积极折射,才能真正发挥作用,否则会影响政策实施的实际效果④。为此,有些学者开始着力探讨创新创业教育政策执行陷入困境的影响因素,努力探寻纾困之策。学者们主要从制度变迁理论⑤⑥、政

① 何继新,孟依浩,暴禹.中国高校创新创业政策供给特征及组合评估:一个三维框架的量化分析[J].黑龙江高教研究,2021(2):92-99.

② 刘全振.高校创业教育的构成要素及运行机制研究[J].江苏高教,2019(12):72-76.

③ 周倩,胡志霞,石耀月.三螺旋理论视角下高校创新创业教育政策的演进与反思[J].郑州大学学报(哲学社会科学版),2019(6):54-60.

④ 梅伟惠,孟莹.中国高校创新创业教育:政府、高校和社会的角色定位与行动策略[J].高等教育研究,2016(8):9-15.

⑤ 杨冬.我国高校创新创业教育政策变迁的轨迹、机制与省思[J].高校教育管理,2021(5):90-104.

⑥ 任胜洪,刘孙渊.高校创新创业教育政策的演进逻辑及展望[J].教育研究,2018(5):59-62.

策执行过程模型[①]、渐进决策理论[②]和政策扩散理论[③]等视角，对创新创业教育政策的变迁方式、影响因素及演变特征进行分析，但他们对有关影响因素的关注比较分散，对政策落实背后的主体关系和动态过程缺乏必要的判断，也未能结合院校差异对政策执行过程的影响因素进行探讨。

如前所述，政策执行是不同要素之间互动与调适的过程。当政策执行出现不畅时，意味着互动过程未能满足政策要求。美国学者托马斯·史密斯从政策执行过程和影响政策执行因素的角度建构了政策执行模型，认为在政策执行过程中影响最多的因素包括政策定位及设计、政策执行机构、目标群体以及环境等四个因素[④]。这四个因素密切关联，相互影响，共同构成政策执行系统。该模型属于"自上而下"的演化途径，适用于分析创新创业教育政策执行。从这一模型来看，政策出台后便会产生社会张力，这种张力直接影响着执行者与政策目标群体。与此同时，相关主体适时进行"处理"和"回应"，使政策得以有效执行。若没有问题，则通过"建制"来使政策顺利落地。在这过程中，政策与执行机构、目标群体及环境等四个变量间不断互动，执行机构结合互动状况向政策制定者反馈信息，然后采取相应决策进行处理。最终促使政策在循环反馈中获得完善，确保整个政策执行过程平稳有效地落实。创新创业教育政策属于公共政策的组成部分，当政府通过一定的组织架构和规定来推进和施行时，同样会受到理想化政策、执行机构、目标群体和环境因素的影响（见图 3-1）。

（二）创新创业教育政策的行动逻辑

政策执行有其内在的逻辑基础，即它所依据的价值取向和行动方式会对政策的具体执行路径和方式产生直接影响。从政策总体性立场来看，创新创业教育政策以实现大众创业、万众创新目标为基础，把该目标贯穿于政策执行的整个过程，并体现出学术逻辑、国家逻辑和市场逻辑之间多向互动和融合的实践特征（见图 3-2）。

① 王景妍，李志红.基于史密斯政策执行过程模型的大学生创业政策执行问题研究[J].科技促进发展，2017(4)：301-304.

② 魏署光，吴柯豫.渐进决策理论视角下我国创新创业教育政策的发展与嬗变[J].现代教育管理，2021(12)：19-28.

③ 李凤云，董志杰.中国高校创新创业教育的政策扩散：过程、机制与展望[J].创新与创业教育，2021(6)：21-29.

④ SMITH T B. The policy implementation process[J].Policy sciences，1973(4)：197-209.

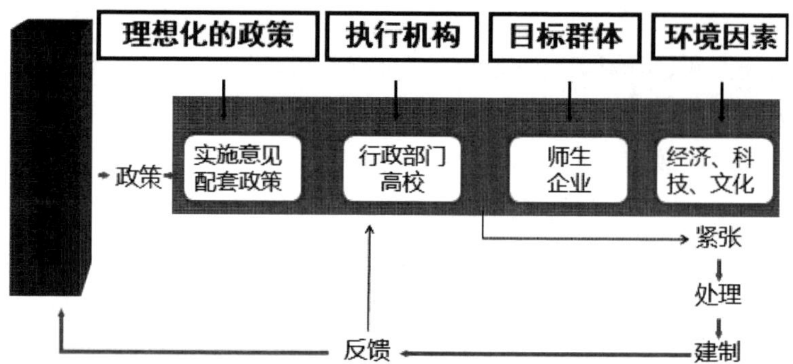

图 3-1　创新创业教育政策执行过程分析框架

资料来源:本图在史密斯政策执行过程模型的基础上绘制而成,史密斯政策执行过程模型参见 SMITH T B. The process implementation policy[J].Policy sciences, 1973(4):197-209.

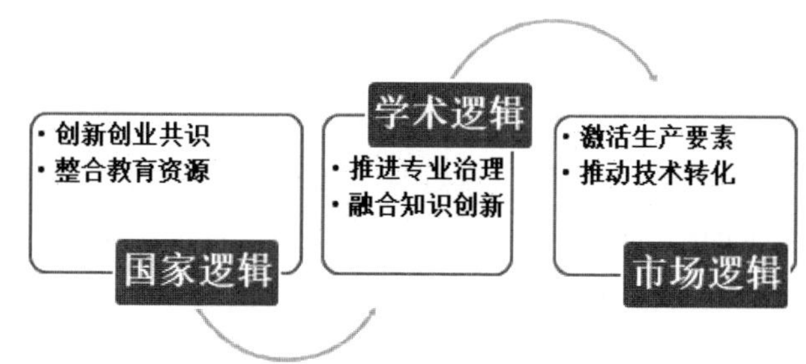

图 3-2　创新创业教育的运行逻辑

1.凝聚共识和力量的国家逻辑

当创新创业教育政策出台后,高校创新创业教育便具有了全国性的政策安排和规范性引导。一般而言,人类社会的集体行动,存在着科层机制和市场机制两种方式。科层机制强调国家通过专业化和行政层级来实现效率最优化,而市场机制是随着新公共管理主义的兴起,逐渐成为政府政策执行过程中的治理工具,这在一定程度上缓和了政府的信任危机和管理危机。政府的高度重视和政策支持是我国高校创新创业教育快速发展的重要力量,如今高校创新创业教育活动已上升为国家层面的普遍共识,并成为社会关注的焦点。"中国有着政府办学的传统,且其实践深深扎根于集体主义传统文化中,其自主权体现在政府管辖内的有限自主，其市场也是政府调控下的非完全市场。”[①]但在创新创业教育政策执行过程中，政府面临着多任务目标的选择和权衡，一旦政策任务有具体规定或者治理要求，这些任务便转化为高校特定时期的“中心工作”，需要调动一切可以调动的力量来完成政策任务的预定目标。政府可通过信息传递、需求感知和利益协调，形成自组织运作机制，逐步强化大学生的认知、情感和认同，这有助于提升目标群体的支持度和参与度，降低执行成本，保证政策执行的效率和效度。

2.融合知识创新的学术逻辑

为了进一步明确责任与权力，高校根据国家、高校、社会对创新创业教育的相关需要，对创新创业教育工作进行科学管理和学术治理。这集中反映了创新创业的学术逻辑，即大学要产出知识和传播知识，并将创新创业知识转化为直接的生产力，实现其社会经济价值。政策执行是政策作用于受众的过程，这一过程往往在利益相关主体及其关系运作的互动中发生。不过，创新创业教育是立足在学术传统的基础上而展开的，并逐步触及学科专业人才培养的深层问题，在其推行过程中仍存在着很多新旧制度、观念、教育模式等方面的矛盾和冲突。所以，创新创业教育重点在于培养大学生创新创业的意识和能力，提升人才培养质量，以缓冲不同背景下的利益冲突。但是，学术能力是大学生创新创业潜能激发的内在源头，他们凭借专业知识在创新创业过程中进行科技创新、解决特定技术难题，这一点足以说明创新创业教育政策的育人指向与学术逻辑。所以，创新创业教育活动必然遵循学术逻辑，受到学术权力的引导和规范，是学术力量基于自由地探索真理和学问的需要而建构起来的。

3.促进成果应用的市场逻辑

创新创业教育作为一种协同育人方式，在市场化洪流的推动下，它不可能置身事外，既会受到市场的多维影响，也会以相应的方式反作用于市场。市场化导向是高校开展创业教育的基本遵循，高校创业教育市场化导向的核心是人才培养的市场化[②]。然而，市场环境是一个比较复杂的因素，既包括国家对创新创业教育政策实施的重视程度，也包括各行各业对创新创业教育的投入与支持力度。它在一定程度上会受到政府政策的影响，但政府过度介入却不是创新创业发展的方向。坚持市场逻辑，并不意味着抛弃科学创新，而是要在

---

① 刘叶，邹晓东. 探寻创业型大学的“中国特色与演变路径”：基于国内三所研究型大学学术创业实践的考察[J].高等工程教育研究，2014(3)：44-49.

② 张士威. 我国高校深化创业教育改革的创新路径[J].江苏高教，2020(10)：97-100.

掌握学术创新基础上，将专业技术成果转化为现实产品，从而汇聚成为社会发展方式更新换代的重要动力。因为创新创业教育不只是校园里的一种教学活动，还要与外界社会、产业、市场产生联结，把创新创业放置于社会生产力进化的市场环境中。可见，一旦确立创新创业目标，接下来就要围绕目标去构建从属逻辑，寻求资源合作与技术创新的市场空间。

综上，在市场化不断涌动的新时代，创新创业的纵深推进体现和反映了学术逻辑、国家逻辑和市场逻辑的现代化，是这三种逻辑不断互动和耦合的外在结果。在这多维互动、联结转化的三重逻辑中，政府在政策执行过程中扮演着主导角色，但高校不能只是被动地遵照执行，还需要从自身实际出发探索资源与技术转化的长远思考。因此，创新创业教育政策执行中应采取常规化工具与市场手段交替使用的方式，营造一个能够促进大学生、研究者、创业公司、孵化器、商业伙伴等紧密结合起来的创新创业生态系统，进而形式高校、社会协同共促的良性态势。

第二节　创新创业教育的机制构成

随着创新创业教育的实施，高校不断打破学科壁垒，改变教学方式的同时也加速促进学科跨界合作与文化生产。大学生在参加高校创新创业教育的过程中不断吸收知识、积累知识并且不断进行反思从而创造独有的新知识。由此，高校创新创业教育的运行机制也不断被形塑。而构建有效的创新创业体系运行机制，关键在于通过机制设计，解决问题，疏通环节，提高效率。

一、目标机制

创新创业教育的目标机制要从大学生价值观和素质发展的目标整合与协同上突破。首先，目标整合。大学生创新创业价值观的生成离不开高校向他们传递创新创业教育的目标指向，通过目标整合机制，他们有选择地消化吸收、内生外化，进而形成个体创新创业目标和观念。从创新创业的历史进程和实践状况看，我国高校创业教育文化根基的演进基本实现了从自主创业导向到创新创业导向再到新时代德智体美劳导向的转变[①]。高校作为育人组织，不是要求所有人都能够实现创新创业。因为不是所有人都适合创新创业，但保证人才培养质量是其基本职责。高校应围绕人才培养目标进行卓有成效的教育实践，促进大学生德智体美劳全面而自由发展。

其次，目标协同。推进高校创新创业教育活动离不开大学生素质与外界环境等各方面因素的协同发展。创新创业教育要想实现真正意义上的成功，需要充分认识创新创业教育的作用机制，促进大学生综合素质的提升。高校创新创业教育目标具有复合性和普惠性，既要融合学校实际和社会需求，也要兼顾大学生个体发展的普遍需求。在人们的就业与收入乃至生活质量更多地依赖于市场竞争的情况下，个体的生存风险增加，在绝大多数人都以工作为主要收入来源的现代社会，知识与技能是个体生存竞争的关键[②]。这种竞争活动一般是以生产为目的的商业实践，在工作过程中通过产品获得商业价值和利润。目前，高校创新创业教育逐步打破原有的单一目的，不断突破创新创业教育的方式和内容，形成生产、经营、投资、管理、销售等多方面能力塑造的人才培养过程。创新创业教育需要一个战略性的指导目标，而不能短视地以当前的利益为主，这样才能真正地实现可持续发展[③]。因此，创新创业教育的目标设计应在贯彻创新创业教育观念的前提下，以培养大学生的创新创业素质为目标，紧密结合社会发展需要和依托学科优势，突出创新思维和创新创业能力的培养。

二、动力机制

创新创业教育确实能有效帮助大学生创业者获得关于创业活动的感性认知和理性实操。但是，如何将创新创业知识转化为自身所具有的兼具理论深度和实践可行性的创业能力，还需要通过有效的学习过程加以催化。诚然，高校创新创业教育不是搞运动，不能将创新创业教育形式化，而是要回归育人之本真。由于个体嵌入在群体之中，团队工作重塑被团队成员在心理上解读为

---

① 许启彬.我国高校创业教育的文化根基：学理诠释与夯实路径[J].高校教育管理，2020(1)：82-88.

② 姜尔林.全球化时代OECD国家高等教育扩张的社会动力研究：教育需求的视角[J].教育与经济，2015(2)：51-56.

③ 李喆.地方高校创新创业教育研究[M].济南：山东人民出版社，2020：144.

一种群体规范——个体认为团队希望自己从事工作重塑的感知程度[①]。对于创新创业教育的动力机制而言,可从内生动力与外在动力两个维度去理解。

首先,内生动力机制。内生动力机制主要是基于大学生内在价值追求,通过参加创新创业教育活动,在实践体验中形成对创新创业的直观感受、升华创新创业情感、深化创新创业价值认同,最后形成对创新创业行为的内在理解与动机唤醒。特别是帮助大学生在创新创业价值内化的过程中形成对创新创业坚定的理想信念,这种理想信念再进一步转化为持续开展创新创业的动力[②]。动力机制的建立有助于发挥价值观的价值标准和价值评价作用,有效激励大学生参与创新创业,提升大学生创新创业价值认知和价值追求。尤其要对各参与主体进行激励,发挥积极情感的激发作用,不断增强各参与主体的积极性、主动性。当正确的时机与环境来临时,有创新创业知识与能力的人才便会自然而然地脱颖而出。

其次,外在动力机制。创新创业的最终行动来源于创业者自身与环境的互动,而并非来源于外界环境的直接推动。创业实践过程的艰辛使大学生个体的身体极限受到挑战,创业过程的风险性和不确定性又使大学生个体的精神极限受到挑战,经历过创业的个体能够实现多种类型的理想[③]。因此,只有当所有外部条件内化为创业者自身内驱力时,才能实现真正的创业。创业行为自身的特征决定了创业教育价值的基础性和未来性,即创业教育不能像生产机器和建造房子那样立竿见影,而是通过开发受教育者的潜能使其具备未来生存和发展所需要的知识、技能和创造力[④]。在创新创业教育活动中,高校大学生不仅提高了创新创业的热情,也感受到国家和学校对创新创业的高度重视,从而由被动变为主动地开展创新创业教育实践。创新创业教育的外在动力机制除了赛事项目上的物质激励,还体现在从事创新创业所需的人脉、平台、实训等资源的软性激励上,促进创新创业资本转化。有研究表明,大学、孵化器、创业竞赛和创业辅导等对于创业意向的潜在积极作用,作为环境因素可能影响了经验建构的来源,从根本上改变了感知行为规范,从而改变了个体创

---

① 陈建安,阮氏梅璎,陈武.规范激活与社会学习:团队工作重塑驱动个体工作重塑的双路径[J].中国人力资源开发,2020(11):6-21.

② 盛红梅.新时代大学生创新创业价值观研究[D].长春:东北师范大学,2020:95.

③ 王慧颖,詹明.新时代大学生创业教育的理论与实践研究[M].成都:电子科技大学出版社,2019:159.

④ 李家华,卢旭东.把创新创业教育融入高校人才培养体系[J].中国高等教育,2010(12):9.

业意向[①]。否则,大学生很难充分享用高校丰富的科技资源和研发平台,参与到教师的科研项目以及科技成果转化中的学生更是极少数,也难以获取适合大学生创新创业的项目资金。在高校大学生创业教育体系中,利益和需求以及激励和竞争等不同的因素建立起相应的作用关系,最终共同实现了对高校学生进行创业教育的目的[②]。与学科性的院系、教学管理机构、其他承担行政事务的高校内部组织相比,创新创业教育的组织结构更强调能及时地对不确定、不可测的环境变化做出反应[③]。

三、实施机制

高校作为一种理性组织,本身具有文化批判功能,这就使得高校人才培养具有高度的自组织性,创新能力和自我调节能力也很强。但是,受既有体制机制的影响,高校创新创业人才培养存在能力规格与市场需求缺乏有效衔接、企业需求动力不足、创新创业实体成果成熟度不高等问题,导致高校科技成果转移转化水平较低。由此,构建高校创新创业人才培养实施机制,促进人才效能发挥和培养成果转移转化能力成为高等教育改革亟须解决的重要问题。可见,创新创业教育实施机制是高校创新创业教育体系的必要外延和有益补充,是素质教育的深入与发展。

首先,平台建立。创新创业教育平台的建立,有助于对接产业机构并引入公司化运行模式。在创新创业教育与平台对接的过程中,要注意资源的有效共享和充分利用,增强创新创业教育对大学生的影响。在创新创业教育实施过程中,高校可以利用网络平台,及时有效地推广创业相关信息,传播创新创业正能量。目前来看,高校一般是通过开展大学生创新创业赛事,如举办“互联网+”大学生创新创业大赛、“挑战杯”全国大学生课外学术科技作品竞赛等校级、省市级、国家级及国际级创新创业比赛来营造创业氛围,让更多大学生参与到创业实践中。

其次,推动创新创业教育与专业教育的有机融合。在高校专业教育体系

---

① 李兴光.创新创业教育对大学生创业意向的影响机制与路径研究[D].北京:对外经济贸易大学,2020:136.

② 袁芳逸.我国大学生创业教育研究[D].武汉:武汉理工大学,2016:70.

③ 王志强.从“科层结构”走向“平台组织”:高校创新创业教育的组织变革[J].中国高教研究,2022(4):44-50.

中，要融入创新创业教育思想，而不是单纯的专业教育。只有这样，才能起到强化创业教育效果的作用。毕竟，创新创业教育是一项实践性非常强的教育活动，它需要将大学生在校所学同社会需求与实践有机连接起来，产生一定的社会效果。因此，高校创新创业教育的落脚点在于创新创业实践。创新创业实践作为创新创业教育关键环节，在很大程度上决定创新创业教育的成败，因此创新创业实践环节必须得到高度重视。例如，一些理工院校运用科技创新优势实现创业的目的与科技成果产业化、专利和产品之间的有机联系。推动创新创业教育与专业教育融合，为大学生创新创业教育注入专业元素，同时承担起服务社会实践的任务，落实创新创业教育目标。

最后，课程体系。创新创业课程体系的建设是推动创新创业人才培养的重要支撑。高校在创新创业教育课程体系建设中，一是要质量为重，建立科学规范的创新创业课程运行机制；二是从学生为本，通过学生座谈会、问卷调查、电子邮件等形式了解企业、学生对课程、管理等方面的意见和建议，让课程内容贴近学生、贴近实际。既要立足于大学生需要，又要符合社会需求，实现个人成长与社会发展的良性互动；三是从实践为基，加强创新创业教育实践设计。创新创业教育实践设计需实现理论探讨到实践成果的质变，实现课内课外两个课堂相贯通、理论教育与教学实践一体化。

四、评价机制

完整的创新创业教育体系还需要有评估机制，否则难以保证高校有效开展创新创业教育。2019 年 9 月，我国教育部发布《关于深化本科教育教学改革全面提高人才培养质量的意见》（教高〔2019〕6 号），强调将质量意识、质量标准、质量评价、质量管理等落实到高等教育教学各环节。高校创新创业教育评价机制既是高校人才培养系统的一部分，也是整个创业教育生态系统的子系统。但是，目前还没有一套有效的制度来约束和考核高校创新创业教育的实际效能，没有约束和考核，就很难保证大学生在创新创业教育过程中对创新精神、创业知识、创业能力、机会意识等的有效掌握，也就无法真正实现高校对创新创业教育的实效。

首先，重视高校创新创业教育自主评价机构的设立。评价机制的建立，首先要形成创新创业教育质量管理专门机构，建立高校、课程和教师认证制度和管理平台，将创业教育质量管理纳入整个高等教育教学质量管理体系中。评价体系的构建要考虑到人才培养是一个动态过程的特点，一个学生是否能成为创新创业型人才，往往需通过校内学习与活动的检验，校外实践的反馈，毕业后的绩效，才能反映出来[①]。创业教育评价是价值评价、过程评价和结果评价的综合，其中价值评价发挥导向作用，既包含体现创新创业教育经济效益和现实社会效益的现实价值层面，也涵盖创新创业教育内在精神追求的精神价值层面[②]。据悉，高校创业教育实施过程的质量并无保障，目前国内还没有高校聘请第三方评估机构对本校的创业教育进行绩效评估，也无从对创业教育过程的质量进行掌控，这些都增加了创业教育过程的非对称性[③]。

其次，加强高校创新创业教育评价的外部评价机构。在创新创业人才培养上，应摒弃模糊的评估体系，借助人工智能、大数据等手段形成科学、高效、精准的创新创业教育评估体系。创新创业教育质量评估和监测，应由教育管理部门主导研发创业教育质量评估工具。政府、高校、社会组织和第三方评估机构等作为生态系统的基本元素高效互动，共同保障高校创新创业教育的教育质量。据悉，一些高校对专业教师参与大学生创业管理经营、指导大学生在本专业学科开展创新创业活动等方面的考核指标体系不够明确。因此，要让师生感受到自身在创新创业教育中的独特地位，这有利于完善创新创业教育生态。有研究表明，创业教育可以明显提高学生的创业兴趣，改变外界对于学生从事创业活动的支持度，提高学生的创业能力。[④] 以往针对高校创业教育效果评价的研究主要关注大学生毕业后的自主创业比率，然而，许多在大学期间接受过良好创业教育的学生毕业后并不会立即自主创业，而是在所就职的企业工作一段时间后进行内部创业，可见高校创业教育效果具有明显的滞后效应[⑤]。有创业教育教学，就应有相应的教学评价机制，而大部分学校没有科学完善的创业教育课程考核机制，多以创业比赛、书写创业计划书或考试等形式来检验课程效果，不仅无法科学检验其效果，而且不能培养学生在实际创业中解决问题的能力。

为此，加强高校创新创业教育评价的外部评价应摒弃重技能、轻素质的痼疾，改变单一的考卷制，采用多元化的评价方式，如以创业实践、实物展示、调

---

① 王占仁.中国创新创业教育史[M].北京：社会科学文献出版社，2016：163.

② 徐小洲.创新创业教育评价的 VPR 结构模型[J].教育研究，2019(7)：83-90.

③ 张士威.我国高校深化创业教育改革的创新路径[J].江苏高教，2020(10)：97-100.

④ 孙洪义，梁波，卢彩彤.大学生通识型创业教育有效性的理论模型和实证研究[J].清华大学教育研究，2017(5)：118-124.

⑤ 张印轩，余璇，唐炎钊.高校创业教育对内部创业行为的滞后效应[J].科技管理研究，2020(16)：149-156.

查报告、答辩等考核方式，促进考核评价体系的改革。同时，还可以建立课程监督管理系统，对教师的授课情况、学生的学习情况进行跟踪式调查，从中找出教学过程中的问题，教师及时制定解决方案，改善课程教学和教学辅助手段。总而言之，高校创新创业教育评价既要重视经济价值也要重视育人价值，科学引导创新创业教育的发展方向。

第三节　创新创业教育的行动载体

创新创业教育不只是鼓励大学生开公司、办企业，更重要的在于培养大学生的创新创业精神和能力。而创新创业精神激发和能力培养，本质上就是一个通过学习推动实践转化的过程。这个过程是在育人主体、课程体系和教育实践等行动载体基础上完成的。

一、服务大学生素质发展的育人主体

创新创业教育是大学教育的一部分，其目的在于培养出一批具有创业意识、创业能力、创业精神、社会责任感的高素质人才，更好地服务社会发展。大学教育的对象是大学生，是为了培养德智体美劳全面发展的人才，创业教育的目的不是创业，而是为了培养学生的创新意识和创新精神，丰富和发展学生的人格素养[①]。创新创业活动从创意的产生、创业孵化到成果形成和转化是一个系统过程，需要教师、学生、管理者、服务者等不同类别主体要素的密切协作。因此，在促进大学生素质发展的过程中，要吸纳不同领域具有创新创业理论与实践的育人主体，形成创新创业教育共同目标、活动机制和共享平台。

首先，面对日新月异的技术革新和瞬息万变的市场环境，创新创业往往具有不确定性。因此，他们必须储备多学科的知识和技能，并表现出较强的适应性。正如约翰·亨利·纽曼所言："一个人一旦学习过如何思维、推理、比较、鉴别、分析，一个人一旦提高了品位，形成了独立的判断力，擦亮了心眼，那么他诚然不会即刻变成一个律师或是辩护人、雄辩家、政治家、医生、精明的地主、生意人、士兵、工程师、化学家、地质学家、文物收藏家，但是，他的心智状态

① 谢芳，伍丽.大学创业教育的再思考[J].江苏高教，2020(4):91-95.

却允许他从事我所提到的任何一种学科或专业，或者从事任何别的他所喜好的或要求他具备特殊才能的专业，而且一旦他干起来会干得很轻松、优雅、灵活、成功，而这一切对于另一个人而言却一窍不通。”[①]可见，在面对创新创业的不确定时，大学生能否把握机会、主动创新，是存在个体差异性的。例如，面对不同年龄层次的大学生应该采取不同的教育方式，以提升创新创业教育的受众面和受益面。针对低年级大学生，重点是激发他们的创业兴趣和创新意识；针对中高年级大学生，重点是鼓励他们参加创业课程和各种创新计划竞赛；针对毕业生，可以引导有创业意向的大学生实施创业行动，让他们将所学专业知识和职业发展相结合[②]。因此，创新创业要在关注学生群体差异性的基础上，依据学生的个别差异性，提供个别化的指导与帮扶，以提升创新创业人才培养的针对性和实效性。

其次，在服务大学生发展过程中，高校内部各主体要素具有不同的功能和作用。开展创新创业人才培养，在教学组织上需要教务部门的统筹安排，在学科建设上需要科研部门、二级学院的参与，在活动安排、经费投入、设施场地等方面需要学工部门、财务部门、后勤部门提供保障。以教学组织为例，创新创业人才培养融入人才培养过程的重要体现是通过修订各专业培养方案，在人才培养目标和学生毕业要求中体现创新创业能力。这就需要教务部门合理统筹学校各专业的课程体系建设，将创新创业教育内容和实践实训融入高校课程体系，形成创新创业教育与专业教育有机结合的培养机制。每位学生通过选修创新创业类课程，培养其创新创业意识和能力。不过，为了保证课程实施的有效性，教务部门需从整体上统筹好各专业的学籍管理和学分认定政策，将创新创业学分与本专业相关课程学分合理兑换，解决大学生的后顾之忧。

最后，创新创业教育还应重视塑造大学生的伟大品格，方能更好地承载改良社会的使命。如果创新创业教育重谋财不重塑人，即便培养出百万富翁，也难以惠及苍生。当前，根据高校创业教育的目标要求，创业教育要成为人才培养的必要环节，突出并强化创新意识、创新精神和创新创业能力的培养，以实现引导学生在创业过程中全面成长并促进社会可持续发展的价值旨归。比如在目标上，高校应探索如何培育大学生通过创业等活动成为具备道德性和创

---

① 约翰·亨利·纽曼.大学的理想[M].高师宁，何克勇，何可人，等译.贵阳：贵州教育出版社，2006：153.

② 陈才烈，陈涛，林鉴军，等.“双一流”建设背景下西部高校创业教育治理研究[J].重庆大学学报（社会科学版），2021(2)：278-288.

新性的公民。在实践模式上，高校应将创新创业教育贯穿于人才培养的全过程，特别是要通过创新意识、创业精神和创新创业能力的培育实现学生德智体美劳的全面发展。个体的创业学习会通过影响创业自我效能感而间接影响创业意向。例如，创业园区大学生创业者通过实践性学习，可将过去的经验转化为创业知识，并激发大学生的创业想法。然而，个体各异的创业素养水平导致不同个体对创业教育的需求各不相同。由此可见，个体通过创新创业实践和学习，可以极大地增强其创业意识和个人内在的自信和勇气。

二、指向创新创业的课程体系

课程是创新创业人才培养的核心要素，课程体系建设也成为创新创业教育的重要内容。我国自开展创新创业教育以来，许多高校相继成立了相关创新创业教育中心或机构，从创新创业教育的机制建设、课程建设等方面进行了卓有成效的尝试，逐步形成创新创业课程体系。创新创业教育适应了时代的发展要求，为人才培养模式变革发挥了重要的作用。

一方面，在创新创业人才课程开发与建设的过程中，要善于发现和尊重大学生的学习需求和发展志趣。高校创新创业教育的内容应首先着眼于学生创新意识的启蒙，培养学生的想象力、好奇心及批判性思维能力，为学生创新创业提供土壤[①]。尽管目前学界对真正的创新创业是否可以像其他学术领域一样进行教授还缺乏共识，但创新创业教育正以有序推进的方式持续运行。近年来，高校对与创新创业有关的课程和培训的需求不断增长。但是，从当前高校创新创业课程体系的设计来看，其更多地关注创新创业基本知识、创新创业技巧以及创新创业过程等方面知识的传授，但课程开设方面也存在很大的随意性。现代教育对标准化知识的传输和标准化行为模式的塑造，对人的个性的摧平，都反映出对人的消费物化，把人变成消费品，以适应社会的选择。[②]创新创业教育的课程设置应避免过度标准化和物化，否则就偏离了教育的本真。合理的课程体系是创新创业人才培养的核心，没有科学合理的课程体系做支撑，创新创业教育则无法落到实处。因此，建设创新创业课程体系要回应学科设计和融合的现实要求，也要重视各个学科之间的互补性和综合性，提升

① 宫福清，郭超华，闫守轩.创业教育的实践迷失与推进方略[J].国家教育行政学院学报，2017(9):29-34.

② 金生鈜.资本主义教育精神:教育的现代性困境[J].教育研究与实验，2014(6):1-7.

创新创业教育的整体效能。

另一方面,创新创业课程体系的建设具有覆盖面广、多样化、实践性等特征,在课程实施中宜侧重实践导向的教学方式。创新创业课程体系的构建需要确立创新型人才培养的目标,在课程设置和课程内容设计上强调与专业教育和跨专业知识的融合。创新创业课程的数量越多通常意味着课程体系在设计层面的递进性、专创融合性上的展现更为完善,能为学子提供更为丰富的选择匹配,是促进校内创新创业教育发展的基石[①]。注重将创业教育的目标、内容等与学科专业相互渗透、相互融合,使学生了解专业发展前景,识别并把握创业机会,寻找行业内部的技术创新点和创业生长点,准确把握行业转型发展及消费结构的升级趋势,促进专业成果的转化和应用,实现创业教育与专业教育的融合共赢[②]。此外,创新创业实践是开展创新创业教育的有效载体。有研究者认为,创新创业教育的关键在于大学生如何参与创新创业实践[③],因为这最终会影响学习者积累、开发和应用创新创业知识的过程。通过创新创业实践,为学生提供更便捷的创新创业咨询服务、培训等援助,提升大学生的创新创业技能。

三、孵化就业创业的项目化试验

虽然大学生可能因为缺少必要的社会历练而存在失败的可能,但通过创新创业学习,在一定程度上可以帮助他们获取更多的实践经验和创业知识,促进个体职业选择与发展。个体层面的学习主要围绕知识转化过程,因而其对创新创业育人效应的影响更多表现为通过知识溢出影响大学生的思想转化和技能生成。从这个意义上讲,创新创业人才培养过程中所隐含的实践逻辑和转化功能,将直接影响人才培养成效。为此,完善创新创业人才培养模式,关键在于通过孵化就业创业的项目化实践推动创新创业教育深入发展。

首先,与其他社会创业主体依托融资和相应技术进行创新创业所不同的是,大学生在创新创业学习过程中主要依靠自身专业背景展开创新创业学习。通过直接经验学习社会行为固然重要,但人类还发展出了一项更先进的技能

---

① 胡玲,杨博.高校创新创业教育效果的影响因素研究:基于2016—2018年我国150所创新创业典型经验高校的数据[J].华东师范大学学报(教育科学版),2020(12):64-75.

② 吕胜男.科技创新:创业教育的重要使命[J].人民论坛,2020(1):42-43.

③ 梁春晓,沈红.基于体验学习视角的大学生创业学习维度探析[J].湖南农业大学学报(社会科学版),2020(4):83-92.

即观察学习，观察学习使得个体可以通过模仿有影响力的榜样而获得知识、技能、态度、价值观等[①]。在各类高校广泛开展的创新创业实践活动中，例如各类实践训练、各项创业实践以及社会实践、各类学科竞赛等，让学生享受创新创业乐趣的同时，也激发了有效地推动学科专业知识的项目化实验。对于大学生而言，学业学习是在校期间的主要任务，但对于有创新创业意向的大学生，他们在课余时间可以去发现市场热点，结识更多有专长和资源的朋辈或师长，在资源整合中参与创新创业活动。书本上的学习是最常态的学习，创业需要的则是在生活中学习，在校园中学习，在奋斗的过程中学习与成长[②]。高校在人才培养工作中将开展创业比赛活动作为常态化举措，以创新创业活动反哺创新创业教育，帮助创新创业成果向市场转化，使创新创业教育落到实处。

其次，创新创业教育不同于社会上以解决生存问题为目的的就业培训，也不同于其他专业学科教育，其能力提升主要源自商业实战。创新创业赛场是获取创业经验，最终成功融入市场、引领市场的关键。构建创新创业教育载体，应该立足于创新创业教育的基本目标，遵循教育教学规律，突出能力本位的原则，为培养创新精神、提高创业能力提供形式多样、层次丰富的支撑平台[③]。高校每年为社会提供大量的本科毕业生进入各行各业，培养质量的高低也因此而影响着各行各业的发展。对于大学生创新创业者，除了在创新创业方面给予一定的资金与场地支持外，还可以完善一站式服务平台，为大学生提供全天候、全方位的就业信息和创业指导、法律援助以及政策咨询、免费工商注册、财务税务代理等服务，帮助大学生解决在创新创业过程中遇到的各种困难和问题，提升创新创业实效和整体创业能力。

再次，项目化试验活动可以有序引导学生开展创新创业学习和实践活动，有力地引领和带动个性化创新创业人才培养模式的与时俱进。商业模式是企业在给定的行业中，为了创造卓越的客户价值而将自己推到获取价值的位置上，运用其资源执行什么样的活动、如何执行这些活动以及什么时候执行这些活动的集合[④]。大学生的创新创业实践，除了直接创业外，还有与创新创业相关的社会实习实践活动、创新创业社团活动、创新训练与创业实

---

① BANDURA A. Social cognitive theory: an agentic perspective[J]. Annual review of psychology, 2001,52(1):1-26.

② 张利.第一桶金:大学生创业篇[M].北京:中国纺织出版社,2015:49.

③ 曹望华.高校创新创业教育与人才培养研究[M].北京:北京工业大学出版社,2021:155.

④ 邓汉慧.创业基础[M].北京:北京大学出版社,2016:196-197.

训、创业大赛等多种形式。由于很多大学生并没有真正地接触过市场，缺乏相关行业的实际经营经验，因此在制定创新创业计划或项目时需要调研相关市场情况，完善实施方案，以减少可能的失误或风险，保证项目的正常运行。

最后，学术资本的生成与应用是项目化试验的主要目的。创新创业教育主要依赖于必要的学科背景和学术资源，在系统环境下积累、孵化、聚变而成学术资本。学术资本的转化应用需要通过高校与市场的契合对接，将有价值的学术产品投入市场之中，产生利润和社会效益。一方面，学术资本转化是一种以市场为导向的知识生产和转化方式。不只关注科技成果的转化，同时也关注人文社会科学的转化，更要研制推动两者转化的激励机制、转化平台与差异评价。由于不少创业教育的开展都需要创业人员组成优势互补的团队，那么创业教育对培育研究生的团队合作精神同样有益。研究生通过创业教育还能产生学位论文的选题。从受教育者个体来看，“在接受教育提升劳动能力之后，他能获得更优厚的职位，对自身的受益是最大的，哪怕他对社会的贡献巨大，也从那里获得了相应的回报，从而在教育过程中理应实行教育成本分担”[①]。学术资本转化是建立在明确学术资本这一基本概念的基础上而提出的，它不是个体行为，而是作为经过严谨学科训练的准研究人员的一种自觉行为。没有学术资本的积累，即使有创业机会也难以把握住机会，实现学术资本的转化；如若没有学术资本的突变性，即便有长时间创业教育知识的累积，学术资本转化也很难出现。因此，学术资本转化的实践特性要求面向市场培育大学生的创业精神与创业能力，而且要尽最大可能实现知识的社会化、市场化。学术资本是在学术性实践应用中获得的，因而学术资本转化的基本逻辑要从学科建设的视角出发，通过学术资本推动开发新产品新工艺；注重从生产实际应用的视角出发，通过市场驱动实现服务社会与发展科学的双重目标。学术资本的积累是以学术自由的符号话语自行发展的，市场则在现实利益驱动下寻求具有利润价值的科技创新产品，双方之间的对话天然地存在隔阂。要克服隔阂去实现这种对话，还需通过掌握系统的知识让研究生掌握创业的技能，了解创业的过程，提升创业意愿，塑造企业家精神。

---

① 付八军．创业型大学的学术资本转化[J]．中国高教研究，2016(8)：32-34．

第四节　高校创新创业教育的影响要素

高校创新创业教育的组织与实施不是凭空捏造或闭门造车，而是要面向社会实现以知识为基础进行创新思维培养和创业能力锻炼。作为立足高校、面向大学生群体而开展的教育模式和过程，创新创业教育受到内部和外部因素的影响。

一、高校创新创业教育的内部影响因素

（一）创新创业者个体因素

参与创新创业的大学生首先要明确自己的优势和需求。在创业者擅长的领域内，能够最大限度地发挥出自己的能力或挖掘出更深层次的潜力，将自己的自信心和勇气提升到最高的程度，增加创业成功的概率①。大学生作为从事高深知识传播、创新、开发的实践者，通过学科学习和研究创新等活动，将高深知识以商品的形式与外界进行交换，从而实现价值增殖。创业意愿水平、创业学习意愿水平是基础，如果学生内心对学习创业不感兴趣，则无论外部教学质量多高，都不会形成学习需求②。对于自我认同尚在发展阶段的大学生而言，创业者身份的建构显得尤为敏感而重要。面对创业的挑战，创业者不仅要具有创业精神，还要有相应的素质与能力去解决创业过程中遇到的各种问题与挑战，保障创业活动的顺利推动与目标的实现③。就学科专业而言，在同一历史时期内，因高校所拥有的学科专业不同，导致学术资本拥有量各异，即使在同一高校内部，因各院系所在学科不同，也导致高校内部学术资本的非均衡性。那些与市场或社会密切联系的学科，往往较为容易将学术转化为资本；反之，那些与市场或社会较远的学科，因缺乏外部吸引力，往往比较难以将学术转化为资本，导致学术资本转化能力相对困乏。

---

① 徐庆福.创赢人生：大学生创新创业教育[M].哈尔滨：哈尔滨工业大学出版社，2022：83.

② 董青春，庞少召. 我国大学生创业学习准备现状、特征与矛盾[J].高等工程教育研究，2017(2)：148-150.

③ 董鹏中，韩强.创新创业教育与技能实践[M].北京：科学出版社，2021：45.

（二）创新创业教育实施者

创新创业教育是大学生获取创新创业知识的持续动态过程，旨在积累创新意识和创业经验，实际上是一个涉及创业者身份塑造和能力发展的过程。创新创业教育实施者不能把创新创业教育仅仅当作促进学生就业的工具，更需关注创新创业教育的结果是否促进大学生的素质发展。由于参与这些项目的学生往往热情有余而在创业心理和知识技能方面基础薄弱，指导这些项目的教师团队在高校科技成果资本化方面缺乏校内系统支持，这些教育项目实际运行与市场脱离较远，自我想象式的模拟成分较多[①]。而大学生自主创业主要担心的是自身缺乏企业管理经验，以及资金短缺且市场推广困难。“因为他们没有真正理解创新创业教育的内涵，在他们的印象中认为创新创业教育就是创业实践，而不是融入人才培养体系中的一个系统性构架。”[②]为此，要推动个体与团队建立较强的信任关系，促进创新创业教育实施者内外有效交流和信息共享，充分获取资源、发挥优势。

其次，高校要立足自身办学特点，根据自己的办学目标、文化特色及资源禀赋情况，建立创新创业教育课程体系。课程是影响创新创业教育效果的核心内容，为此，高校应积极将最新技术向产业转化，根据院校特点和学生实际开展不同类型的创新创业行动。当然，大学创业教育教师素质越好，越会使学生理性思考和理性对待创业，而学生的创业教育学习效果越好，也越会驱使其减少盲目创业的冲动[③]。除了加大在创新创业课程、导师等方面的供给以外，高校尤其要注重引入企业、科研机构、海外高校等差异化创新资源，为大学生创新创业提供全方位支持。

二、高校创新创业教育的外部影响因素

创新创业教育与社会环境、政策、法规、市场等因素密切相关。外部环境的开放化程度，直接影响着大学生对创业者身份与所处的外界情境的理解和认同。高校创新创业教育作为一个开放系统，与外部环境存在着物质、能量和信息的交换。它既是内部各要素之间非线性交互作用的结果，同时也要受到

---

① 严毛新. 高校创业教育功能认知偏差与应对[J]. 教育发展研究，2014(1)：63-68.

② 袁晶，田贤鹏.新常态背景下高校创新创业教育的发展现状与路径选择[J].现代教育管理，2018(6)：35-41.

③ 李静薇.创业教育对大学生创业意向的作用机制研究[M].北京：中国经济出版社，2016：215.

外部因素的制约，呈现出明显的复杂性。

(一)宏观政策

政府的新政策和行业的新标准也是影响高校创新创业教育的因素。创业过程必然面临多种风险，例如财务风险、竞争风险、环境风险、声誉风险以及经济风险等[①]。假如创业者选择国家政策扶持、鼓励的行业，那么将来创新创业项目发展起来后获得支持的机会就很大。我国创业教育的制度供给主体是各级政府部门，特别是中央政府在创业教育制度供给中的话语权较大，非政府组织和个人在创业教育制度供给中的作用有限[②]。为此，政府、创投机构通过既定的政策为大学生创新创业教育提供支持，尽可能降低创新创业的实践门槛，为大学生走向创新创业铺路架桥。同时，政策制定之后关键在于执行。相关部门及高校本身如何看待和落实创新创业教育政策，直接影响着创新创业教育的效果。高校应积极发挥政策作用，坚持精准施策。高校在履行人才培养、科学研究、社会服务、文化传承与创新等基本职能的过程中，与政府、企业产生直接或间接的关联，它们关联的形式在增加、范围在扩大、程度在加深[③]。从这个意义上讲，高校要主动瞄准大学生创新创业过程中的堵点和难题，在优化大学生创新创业环境、加强服务平台建设、落实财税扶持政策、加强金融政策支持、促进大学生创新创业成果转化等方面狠下功夫。

因此，要加大对创业失败的大学生的政策扶持力度，鼓励有条件的地方探索建立大学生创业风险救助机制。加强大学生创新创业信息服务，及时收集国家、区域、行业需求，为大学生精准推送行业和市场动向等信息。服务地方经济的创业项目，还能够更好地获得地方政府和企业的关注和投资。例如，浙江省杭州市举办的“创客天下·杭向未来”海外高层次人才创新创业大赛，优秀的创业项目不仅能获得高额奖金和专家指导，还有机会直接获得企业投资，加快项目落地。创业成果走向市场，转化为社会生产力，实现国内、国际市场和创业主体的互利共赢。所有构成创业教育过程的环节和参与主体，涵盖了彼此的关联与交互活动。这些主体通过创新和创业形成一种稳定的分布态势，彼此具有互动、竞争、互利共生、动态平衡的关系，并且在外部环境压力的

① 陈从军，杨瑾，姚健，等. 大学生创业风险认知影响因素分析[J]. 高等工程教育研究，2018(1)：176-181.

② 刘文杰.从“背离”到“融合”：高校创业教育与专业教育的困境及其消解[J].内蒙古社会科学，2021(5)：185-191.

③ 吴刚，薛浩.高校众创空间制度“碎片化”问题及其对策：整体性治理理论视角[J].高校教育管理，2020(5)：76-82.

影响下进行自我演化。

（二）社会环境

高校创新创业教育在落实的过程中，会自然而然地在大学校园里形成一种创业文化，孕育创业思想，激发创业热情，丰富创业知识。但地域文化是其发展的重要基础，需要从地方经济和人文环境中汲取有益养分。创新创业与市场化程度是相关的，只有在更相信和依靠市场、经济成分和市场主体更加多元、社会环境更具包容的地方，双创才会有生长的土壤[①]。“创业精神离不开创新，创业是在竞争环境中成长的，必须有很强的生命力和竞争力，而唯有创新才是创业走向成功的不竭动力，通过新产品、新服务、新的商业模式等形成竞争力。”[②]因此，开展创新创业教育不可忽视这些因素的考察与调研。这有助于创新创业决策，减少失误，增加成效。市场竞争的发展变化日益激烈化，而促使市场发生变化的原因有很多，包括产品、价格、分销、广告、推销等市场因素和政治、经济、文化、地理条件等市场环境因素[③]。

创新创业教育的开展受到内外部因素的影响，基础和条件的差异直接影响着创新创业教育的质量。例如，一些拥有较好的经济学、管理学等学科的院校，始终与行业企业保持着较好的联系，这有助于为创新创业教育提供较好的教育资源和实践机会。反之，则难以保证相应的教育质量。根据新人力资本理论来看，家庭在子代早期的能力形成以及未来的社会经济表现中发挥关键作用。随着人格心理学和人格经济学的发展，以能力为核心的新人力资本理论框架逐步确立。能力的形成具有特定规律，大学生的认知和非认知结果很大程度上是在生命周期早期就决定的，并且会随着时间的推移而持续存在。从这个意义上讲，除了要关注大学生个体的家庭环境之外，还要看大学生的创新创业榜样、创新创业氛围以及社会网络关系等，因为创新创业作为具有较高环境敏感度的社会行为，其身份建构的过程需要有良好的创新创业空间为其作保障。

---

① 王慧颖，詹明.新时代大学生创业教育的理论与实践研究[M].成都：电子科技大学出版社，2019：71.

② 郭必裕.大学生机会型创业研究[M].南京：东南大学出版社，2015：29.

③ 徐庆福.创赢人生：大学生创新创业教育[M].哈尔滨：哈尔滨工业大学出版社，2022：58.

第四章 高校创新创业教育发展演变与实施现状

大力发展高校创新创业教育，培养大学生的自主和创新意识，既是建设创新型国家的现实诉求，也是经济社会发展的要求。高校创新创业教育的发展历程是什么？其实施过程遇到了哪些困境？在实施过程中存在哪些需要完善的路径优化？针对以上问题，笔者通过对国外和国内有关高校创新创业教育的政策文件和已有文献进行分析，结合珠三角高校目前创新创业教育的实施情况，进一步提出发展和改进高校创新创业教育的相关建议。

第一节 高校创新创业教育发展历程

一、国外高校创新创业教育的肇始与演变

自第三次科技革命以来，世界迈入以高科技产业为支柱、以创新人才资源为依托、以教育为基础的主流状态。经济全球化浪潮和新科技革命，向高等教育提出了诸多新的挑战。为了应对社会发展新格局，各国纷纷掀起创新创业教育改革的浪潮。国外高校在构建创新创业教育体系方面起步较早，它们提供创新创业课程与实践培养大学生创新创业的思想理念与技能方法，并积极鼓励和支持学生创新创业实践探索，形成了较为成熟的创新创业人才培养体系。

(一)美国高校创新创业教育发展概况

欧美国家高校在创新创业教育体系建设中，不仅力求从宏观层面完善政策框架以及在办学规模、市场认可、法律制度保障和师资队伍建设等环节构建完善的创新创业教育体系框架，在课程内容设置方面也从单一的学科教学模式转变为跨学科的综合素质培养。这些举措不仅加强了对学生理论知识的指

导和培训，也促进创新创业教育综合化发展，这正是欧美高校创新创业教育体系得以不断推进和取得成效的重要保证。其中，美国的创新创业教育起源于商业教育，其创新创业教育普及度较高，并与科学教育、生涯教育、商业金融与管理教育和STEM教育等多种教育形式有机融合。随着终身学习理念的普及，创新创业教育已经覆盖了学前教育、K12教育、高等教育等阶段。

首先，创新创业教育机构与研究者成为美国高校创新创业教育的重要力量。一大批创新创业教育研究者相继涌现，一些扶持创新创业教育的基金会创建运营，甚至有服务创业的行政管理部门创立。这些要素又推动美国其他大学纷纷加入创新创业教育的阵营。随后，美国多所大学陆续设置了相关的创新创业教育课程以及企业家培养教育计划。美国麻省理工学院被誉为第一所创业型大学，从创立开始就以迎合美国国家战略需求为目标，其没有套用传统大学发展模式，而是积极平衡教学、科研和经济发展三者之间的关系，从而拥有独有的竞争优势。二战之后，麻省理工学院的教育模式得到进一步发展和完善，大学与区域经济发展之间的联系更加密切，并由此产生了“大学—产业—政府”三位一体战略模式，并再次引领了信息化革命的技术创新，带领其他高校为美国应对前所未有的挑战提供了宝贵的技术支持。此外，哈佛大学、斯坦福大学、百森商学院等高校也是最早一批开设创业教育课程的学校，而且还积极引入先进的教学技术和方法，共同促进了美国创新创业教育模式的发展。先发优势使得这些高校能够较早地总结出创新创业教育的规律，最先发现创新创业教育教学过程中存在的问题，因而能够主动地对创新创业教育教学模式进行变革。

其次，由政府部门、非政府组织、企业组织及教育机构等多重利益相关者构成的创新创业教育生态系统也逐渐形成并发挥其辐射效应，推动人才培养、技术转化、科学研究等多个方面的发展，反过来又促进创新创业学科的合法化与成熟度。联邦教育部和各州教育行政管理部门主要负责出台创业教育相关政策，宣传创业教育相关资讯，并通过资源分配和质量监测机制对创业教育质量进行干预。各州教育管理部门在门户网站设立创业教育专题，发布创业教育资源和质量评估工具等。其他政府机构则通过立项、合作或资助等形式积极参与高校创业教育的质量管理活动。例如，美国小企业管理局下设的创业教育办公室(office of entrepreneurship education)通过培训项目和管理工具来提高创业教育质量，促进和协助教育参与者创业[①]。不同行业领域的创业者、企业管理人员、风险投资人、技术专家等实践类教师把积累多年的创业实践知识和智慧带到创新创业课堂。高质量多类型师资体系是落实培养理念与目标、实施各类整合课程、保障组织运行的基础[②]。不少高校工程创业、艺术创业等综合性创新创业课程由相关行业领域企业家和创业者参与设计或授课，有力地推动了创新创业教育融入高校人才培养体系的全过程。高校里面的创业教育活动与学术研究也吸引了不少新创企业的支持，鼓励技术创新和财富创造成为创业教育的专业导向[③]。多元化的创新创业师资由于在创业经验、资本支持、社会资源、新创企业发展等方面具有优势，最终成为支持大学生创新创业能力培养的重要力量。

最后，美国高校创新创业教育体系日趋完善。虽然不同的高校有着不同的创新创业教育办学理念，其创新创业人才培养计划也各具特色，创新创业教育教学模式也各有千秋，但是总体来看成效显著，逐渐成为推动美国创新发展的一股重要力量。当前，美国许多高校都已陆续开设了有关创新创业教育的课程，大多数高等院校还专门成立了专职的创新创业教育机构，使得创新创业教育逐渐被纳入到美国的整个国民教育体系之中，从而形成一个较为完善的教学研究体系[④]。美国的创新创业教育已经全面覆盖了各个教育阶段，良性的创新创业教育生态体系已经形成。创业教育在美国得到社会各界全方位的支持，从私人捐助创业教授席位的增长到公益机构的全方位支持，从企业家的创业教学到社会机构的在线资源服务，共同推动了创业教育的体系化和专业化发展进程[⑤]。2016 年，为了适应小企业的发展需求，促进其化解难题，美国修订《小企业法》，着重解决小企业的经营、管理、税收、环保等细节问题，在具体层面上提供及时且定向的支持。从美国创新创业领域的政策发展历程来看，政府及时适度的支持的确为企业的发展提供了重要的保障作用，从法律和

---

① 刘海滨.高校创业教育质量管理体系的国际比较研究[J].比较教育研究，2020(5)：53-62.

② 尹向毅，刘巍伟，施祺方.美国高校创业教育与专业教育整合实践体系及其启示[J].高等工程教育研究，2021(1)：162-168.

③ 倪好.美国高校社会创业教育研究：基于创业教育三分法的视角[D].浙江：浙江大学，2018：96-97.

④ 裴小倩，严运楼.高校创新创业教育协同机制研究[M].上海：上海交通大学出版社，2018：41.

⑤ 夏仕武，毛亚庆.美国创业教育体系化建设：历程及启示[J].江苏高教，2020(8)：69-75.

管理机构方面对创业公司的方方面面进行了规定，呈现出完善的支持体系[①]。

（二）英国高校创新创业教育发展概况

与美国的创新创业教育相比，欧洲的创新创业教育起步相对较晚。2016年6月欧盟委员会发布《创业胜任力框架》（Entre Comp：The Entrepreneurship Competence Framework），提出3类15种创业能力和442个学习效果指标，作为创业教育标准供成员国使用。因此，欧盟委员会一直主导和推动着创业教育的发展，是创业教育质量管理体系的主体。各成员国政府、教育行政管理部门、高校以及服务于创业教育质量管理的社会组织在欧盟委员会的主导和推动下共同参与高校创业教育质量管理。

从1980年开始，英国政府逐渐意识到创业教育的重要性，并将其作为提高国家经济发展水平的重要推动力。因此，在后续的40年间，英国政府和高校积极推动创业教育体系的构建与完善。起初，英国创业教育的功利性明显，创业教育并未取得实际效果。后期，英国诸多高校开始对创业教育进行变革，从理念开始转变，重点培养学生的创业精神与专长，保证学生在未来的创业中，有足够的实力来支持其发展。英国高校特别重视大学生开展创业实践，通过多种途径加以实现。2000年，英国政府将商业与创业发展列为英国高校的四大战略目标之一，鼓励高校从创新驱动到项目设计来开展创业教育。据悉，英国各高校设有学生创新创业服务中心，提供系统收费的创业服务[②]。英国政府除了在政策方面为大学生创新创业提供支持外，还专门设置机构为初创企业提供帮扶。如英国国家创新创业教育中心（National Centre for Entrepeneurship in Education，NCEE）于2004年成立，该机构专门负责引导监督英国大学生创新创业教育的发展，其前身为英国国家大学生就业创业指导委员会。随后，英国政府积极推进创新创业教育，不断扩大扶持资金来源，建立多维评价体系等。经过多年发展，英国高校创新创业课程体系愈加完善，将不同学科联系起来，实现深层次发展。英国具有丰富多样的课程类型，学校间课程安排和课程类别也不尽相同，既包含创新创业、创业管理和技术转移管理类课程，也有学校开设专门课程鼓励女性、少数民族、残障人士等加入创新创业队伍[③]。

为了促进大学生创业以缓解就业压力，英国政府出台政策促进高校创业

---

① 郭秀晶.我国高校创新创业教育政策评估研究[M].北京：经济日报出版社，2022：133.

② 张项民.创业教育与专业教育耦合研究[M].北京：科学出版社，2013：86.

③ 郭秀晶.我国高校创新创业教育政策评估研究[M].北京：经济日报出版社，2022：137.

教育发展，政策驱动使得高校创业教育模式和体系日趋健全，接受创业教育的大学生群体迅速扩大且创业活动参与率显著提高[①]。2018 年，英国高等教育质量保障署(QAA)发布了最新版《创新创业教育指南》(以下简称《指南》)，认可创新教育与创业教育的区分和衔接，并通过"创新创业教育"这一概念将创新教育和创业教育有机整合起来。它还重点分析了创业教育的教学方法及其改革趋向，明确提出应在创业教育中开展情境式教学。围绕创业师资发展，英国高校创业教育政策重点关注了三个方面的措施。英国高等教育质量保障署(QAA)在《指南》中，针对创业教育师资队伍建设也提出要吸引源自企业的人才，提倡企业家和商业顾问参与创业课程理论和实践教学[②]。倡导大学积极邀请校友、聘请企业家以及其他相关的专业人士作为兼职创业教师，提升大学生的创业实践或创业体验及其反思能力，促进其创业学习进程及相关能力的发展。

英国政府认为，高等教育改革与创新的目的是"一切为了学生的成功"，但大学生的成功是个性化和多样化的，其中就业能力是确保学生未来成功的前提条件，而实施创新创业教育有助于提升学生的就业能力。2019 年，英国政府发布了《创新创业教育框架》(Enterprise and Entrepreneurship Education Framework)提出学校层面应当采取的策略是：第一，学校要理解创新教育与创业教育的内涵，并明确其定义，这将体现院校文化，强化学生完成创业学习后的身份认同，也有助于学生接触企业雇主；第二，规划与评估学校的创新创业教育项目，并参照其他高校的同类项目确定适当的基准和绩效指标；第三，确定实施多种创业教育类型的优先级，并配置所需的资源，开展教师培训；第四，评估创新创业教育对内部和外部利益相关者的影响，如对学生、雇主等相关者的影响；第五，根据评估结果对已有项目加以改进，使创新创业教育的有效性持续增值[③]。针对师资素质要求，《创新创业教育框架》着重强调教师要善于激发学生的创新创业精神，培养学生的创新创业技能并鼓励学生采取创新创业行动，主动开发、设计和教授创业课程，探索不同的创业教育教学方法

---

① 胡瑞，张焱，冯燕.英国高校创业教育政策：变迁、特征与反思[J].现代教育管理，2021(2):55-62.

② Quality Assurance Agency. Enterprise and Entrepreneurship Education: Guidance for UK Higher Education Providers[EB/OL].(2018-01-09)[2023-05-18].https://www.qaa.ac.uk/the-quality-code/enterprise-and-entrepreneurship-education.

③ 崔军.英国高校创新创业教育国家框架：理念更新与思路借鉴[J].比较教育研究，2020(5):63-69.

等，并具备良好的领导力和人际交往能力，能够与学生和企业家等利益相关者建立融洽的合作关系，并对教学实践和结果做出客观评价，从而提升自身的创业认知及创业教育教学水平。

（三）日本高校创新创业教育发展概况

日本高校创新创业教育形成了一系列独特的教学特色，包括高度重视对企业家精神的培养，充分发挥产、学、官协作体系的支撑作用，以及不同学校结合其定位形成了各具特色的课程体系和培养模式，如九州大学围绕创业过程的课程设计、大阪商业大学面向地方发展的教学实践、庆应义塾大学以培养商业商务策划能力为核心的教学安排[①]。许多高校根据自身特点发展出了独特的创新创业教育与创业实践紧密结合的培养模式，极大地促进了创新创业教育的发展，在日本高校中产生了深远影响。

以东京大学为例，它不仅在每一门课程中都设置了类似商业计划训练的内容，而且还找来创业者和东京大学先端资本等风投机构参与指导，让学生模拟和演练创业的过程。同时，东京大学还安排了大量与课程相关的教育实践环节，打造各类平台来支撑学生进一步的创业学习和培训。东京大学还积极推进创业文化与校园氛围的营造与发展。2015 年，东京大学提出了“协创”的口号。在不断加强与产业界协创的大背景下，东京大学进一步推进创业教育的发展，有效促进了校园创业文化的形成和创业土壤的培育。政产学结合，将政府和产业的相关资源注入课堂。在教学过程中，东京大学不断将产业界的精英引入课堂，同时也密切配合政府对于战略性产业的规划方向。具体而言，东京大学不仅邀请创业成功的校友返回课堂分享知识和经验，而且还邀请他们与东京大学技术转移组织、东京大学先端资本、东京大学协创平台等技术转移组织和风投机构一起直接担任课程或项目中的创业导师，从而保证学生能够得到最专业的指导。东京大学“直通得州计划”（Todai To Texas）于 2014 年启动，支持创业团队参加每年在美国得州举办的世界知名科技大会西南偏南大会（SXSW Conference）。备赛过程中，学校也会组织相关专家对参赛队伍进行参赛培训和创业辅导。东京大学“直通得州计划”和北京大学交流等海外派遣项目类似，为前期参加各类创业课程和培训的创业团队提供了进一步提升和展示的机会，而大多数参赛队伍都正式发展成为创业企业。

① 王路昊.日本东京大学创业教育的培养模式及其发展经验[J].比较教育研究，2021(8)：95-103.

总体来看，日本高校创新创业课程建设方面主要分为两类：一类是教育型课程，主要面向具有实际创业意向的学生；另一类是教养型课程，这类课程是普遍性地向所有学生开放。日本的高校基于自身基础设施，通过创办校园孵化器、创新创业辅导机构、校友沟通网络等方式促进创新创业教育的发展。日本政府为了鼓励年轻人创业，简化了新公司的申请程序，要求公立银行加大对大学生创业的融资力度，并且给予创新创业公司政府补贴等[①]。日本的创新创业教育以政府为主体，高校和社会作为重要的支持力量协同推动创新创业教育体系的发展。日本开设的创新创业课程紧跟时代需求，以服务民众、回馈社会为目的，为大学生创新创业成果转化为现实生产力奠定了良好的基础。日本高校创新创业教育的繁荣发展，使人们逐渐摆脱了对传统大学的刻板印象。

其他国家如德国、澳大利亚等国，在高校创新创业教育方面也有丰富的经验。1956 年，德国高校在经济类专业中首次推出“模拟公司”的创业教育方式，后来被认为是德国创业教育体系的开端。1970 年，德国科隆大学首先设立了与创业教育有关的课程和研究计划，同时逐步将创业教育与各类专业课程相融合。此外，德国政府还不断完善相关税收法案，确保大学生创业类型公司的税收标准维持在较低范围，从政策方面激发大学生的创业热情。澳大利亚的创新创业教育兴起于 20 世纪 80 年代。经过 40 年的发展，澳大利亚高校创新创业教育实现了从商业教育到融入式教育，再到专业教育，最后到学位教育的多次跨越。目前，创新创业教育在澳大利亚已经发展至学位教育阶段，完成相关学业的学生可以被高校授予创业学士、创新与创业学士、管理与创业学士等学位门类。

二、我国高校创业教育的发展历程与挑战

自 20 世纪 90 年代初以来，国家一直在推动创新创业教育发展，协调有序地指导推进高校创新创业教育的跨越式发展。1998 年清华大学举办了中国最早的学生创业计划竞赛，标志着我国创业教育的开始。近年来，教育行政部门实施了一系列强有力的举措，立课标、开金课、建基地、办大赛、强实践，完善人才培养质量标准，创新人才培养机制，健全创新创业教育课程体系，强化创

---

① 王慧颖，詹明.新时代大学生创业教育的理论与实践研究[M].成都：电子科技大学出版社，2019：131.

新创业实践，创新创业教育改革取得显著成效。

(一)深化创新创业教育理念在高校的育人作用

把“培养什么人、怎样培养人、为谁培养人”融入创新创业教育全过程，充分地体现了创新创业教育的“育人”本质。教育部为进一步推进高校创新创业教育工作，自2012年8月开始要求在全国普通高等学校开展创业教育，将创业教育作为高校必修课，出版统一教材，并纳入学校人才培养体系和教育教学评估指标。为发挥创新创业教育的育人作用，教育部于2016年7月发布《教育部关于中央部门所属高校深化教育教学改革的指导意见》，提出将创新创业教育改革形成制度化成果的目标，要求深入推进高校创新创业教育改革。这些举措有力地推动了创新创业教育的科学化、制度化建设。创新创业教育不再只是针对少数有创业潜质的学生的技能性教育，而是面向全体学生的素质教育，其宗旨是为学生终身可持续发展奠定坚实基础。

高校实施创新创业教育的目的不仅是培养大学生就业创业的能力，更在于立德树人，培养真正具有家国情怀的创造性人才。2017年，麦可斯研究院发布的《2017年中国大学生就业报告》数据显示，近5年来，大学生毕业即创业连续从2011届的1.6%上升到2017届的3.0%。即使在浙江等创业环境较好的省份，大学生创业成功率也只有5%左右，这与欧美国家大学生成功创业的20%相比，仍有较大差距。教育部数据显示，2015届—2020届毕业生中共有创业大学生54.1万，其中毕业生44.4万人，在校生9.7万人①。尽管我国大学生创业成功率偏低，但是，通过创新创业教育可以把这种教育理念扩大到各个专业，让不同专业的学生都能具有创新创业精神并具备基本的创业知识，贯通思政教育、专业培养、科研实践、产业转化等各方面。例如，浙江大学在长三角、珠三角、京津冀等重点区域设立研究院10个，在全国设立技术转移分中心近百个，推动研究院与企业共建各类联合研发中心60个，进一步构建起广辐射、高能级的产创融合体系。东北师范大学高度重视就业指导课程建设，成立了就业创业教育研究院作为专门的课程教研机构，提出了“观念驱动、融入专业”的广谱式就业创业育人模式，打造了能讲课、能咨询、能研究的“三师型”教学团队，出版了《职业生涯规划和就业指导十三讲》《百名校长谈就业》《百名毕业生谈就业》等系列教材，促进了毕业生更充分、更高质量就业创业。

---

① 教育部.全国2015届至2020届大学生中共有创业学生54.1万[EB/OL].(2021-10-09)[2023-05-30].http://edu.people.com.cn/GB/index.html.

(二)面向国家战略需要和科技前沿深化创新创业教育

深化高校创新创业教育改革,是国家实施创新驱动发展战略、促进经济提质增效升级的迫切需要,是推进高等教育综合改革、促进高校毕业生更高质量创业就业的重要举措。2015 年 10 月,教育部联合国家发改委、财政部发布《关于引导部分地方普通本科高校向应用型转变的指导意见》,指出高校要把办学思路真正转到服务地方经济社会发展上来,转到产教融合校企合作上来,转到培养应用型技术技能型人才上来,转到增强学生就业创业能力上来,全面提高学校服务区域经济社会发展和创新驱动发展的能力。

随着政策的层层落实,政策内容也得到深化和拓展。从倡导以技能培训为主的创业指导到建立综合性的创新创业教育体系,从单方面资金支持和税收优惠到提供全方位的创新创业服务,创新创业教育不断深入,有力地推动了创新驱动发展战略的实施。从高等教育发展历史来看,主动服务国家需求往往是大学迅速崛起的重要条件。高校比以往任何时候都更需要创新,通过完善创新创业,有利于解决高校改革发展"短板"问题,在服务国家的过程中实现自身发展模式的创新。2016 年 5 月,国务院办公厅发布了《国务院办公厅关于建设大众创业 万众创新示范基地的实施意见》,提出建设高校和科研院所创新创业示范基地,实施大学生创业引领计划,构建创新创业教育实训体系,加强创业导师队伍建设。2018 年,教育部先后印发《高等学校人工智能创新行动计划》和《教育信息化 2.0 行动计划》,把优化高校人工智能领域科技创新体系和推进"互联网+教育"发展作为高等教育人才培养的重要方向。这些政策无疑为高校创新创业人才培养提供了有力的政策支持。许多高校正着力打造环环相扣的创新创业教育模式,努力推动科研成果向现实生产力转化。例如,江苏省推动各类创业示范园和高校结对共建,为大学生提供孵化、培训、研发、投资等支持。募集一批拉动就业强、市场前景好、科技含量高的大学生优秀创业项目,并给予最高 10 万元的一次性补助①。高等院校除举办传统的科研创新竞赛、创业交流和创业讲座等校园活动外,积极同相关企业合作,开展创业实践活动,使学生了解社会、融入社会、适应社会,将学习与社会实践更好地结合。有条件的高校更是积极建设大学生创业园或孵化基地,为大学生提供创业实战平台。

由此可见,创新创业教育已经成为当前我国高校创新人才培养教育教学改革的一项重点工作,而基于教学内容、教学方法、课程体系、师资队伍、质量

---

① 潘玉娇.江苏开展创业就业服务高校行[N].中国教育报,2022-04-18(1).

保障等方面的创业教育教学模式的改革更是其中的重中之重，同时也是一项迫在眉睫的重要任务。但是，由于不同高校的专业布局、学科特点、科研优势、师资力量、生源特点等存在差异，其开展创新创业教育的目标任务、重点内容以及内外部可调配资源等各有不同[①]。推动创新发展，形成要素多元、资源集聚、知识流动的共生效应，不能只聚焦建设世界一流大学，也不能局限于建设若干配备了先进基础设施的创新创业平台，需要路径引导。在这些方面，国内大学做了大量探索。清华大学提出完善和发展大学创新体系，深度参与国家区域发展战略实施，浙江大学、上海交通大学、同济大学、西安交通大学等"双一流"高校提出了创新型大学的建设目标，南方科技大学、西湖大学、中国科学院大学、上海科技大学等高校积极探索新型研究型大学的发展道路，福州大学、浙江农林大学等则明确提出了创业型大学建设目标。结合国外典型创业型大学，如斯坦福大学、加州大学伯克利分校等的实践基础，还可以尝试创新平台建设、有效学术生产、人才生态构建、体制机制改革等转型路径。

(三)不断完善创新创业教育政策保障

创新创业教育已形成了各部委协同、地方逐级落实、高校多方位培养的立体格局。大学生创新创业政策涉及范围广，除了国务院和教育部外，越来越多的国家部委和地方政府对大学生创业问题给予高度关注，例如人力资源和社会保障部、科技部、工业和信息化部、中华全国总工会、共青团中央、财政部、国家工商行政管理总局[②]、中华全国工商业联合会、国家税务总局等。自 2014 年起，教育部发布的《关于做好全国普通高等学校毕业生就业工作的通知》，更名为《关于做好全国普通高校毕业生就业创业工作的通知》，体现出教育部对创新创业教育工作的高度重视。当前，高校正以发展创新创业能力为导向推动人才培养供给侧改革，从而实现毕业生高质量就业，进而加快推动高等教育高质量内涵式发展。例如，我国通过成立专门机构，有效服务创新创业教育。全国层面上成立了各种创新创业的学术机构和投融资平台。例如中国高等教育学会创新创业教育分会、中国高校创新创业教育联盟等机构(见表 4-1)。高校的部门设置、条件保障、政策支持等都要紧紧围绕人才培养，为创新创业教育工作提供支撑保障。例如，相关高校依托大学生双创园和创新创业学院，着力构建融创新创业教育、研究、实践和社会服务为一体的创新创业生态系统。经过多年的发展，中国的创新创业教育已经形成了比较鲜明的特色与发

---

① 周光礼，罗闻.以"双创"推动人才培养供给侧改革[N].中国教育报，2022-05-23(5).

② 2018 年 3 月后，国务院机构改革方案实施后调整更名为国家市场监督管理总局。

展模式，在全球创新创业的舞台上从跟跑到并跑，乃至在个别领域实现领跑，为构建人类命运共同体、为全球的经济发展与繁荣贡献应有的力量。

表 4-1 有关创新创业教育的代表性机构

成立时间	机构名称	机构定位
2009 年 12 月	中国高等教育学会创新创业教育分会	开展创新创业教育研究和实践工作的全国性学术团体
2010 年 5 月	教育部高等学校创业教育指导委员会	推动创业教育的理论与实践研究，将创新创业教育融入人才培养全过程
2015 年 6 月	中国高校创新创业教育联盟	致力于打造一个公共平台汇集众多高校和各行各业的力量，最大限度为社会提供优质的创新创业教育资源
2016 年 3 月	全国高校创新创业投资服务联盟	为高校创新创业教育提供实践平台与产业资源支撑，为全国大学生创新创业提供投资融资、产业对接、专业咨询、项目孵化等全程深度创业指导服务
2016 年 9 月	中国高校创新创业孵化器联盟	联盟主要为中国“互联网＋”大学生创新创业大赛项目提供对接联盟成员单位的服务，为中国高校创新创业者提供落地支撑和平台服务支撑
2016 年 6 月	粤港澳高校创新创业联盟	充分利用地理、政策优势和资源优势，促进三地大学生校际交流和高校协同发展，实现资源共享、优势互补、互惠互利
2017 年 6 月	全国大学生创新创业实践联盟	致力于深入探索高校创新创业教育实践教学体系，建立产教融合的协同育人新机制
2019 年 6 月	中国高校创新创业产业投资联盟	着力提高制造业资本活力和竞争力，促进先进制造业发展
2019 年 12 月	中国高校众创空间联盟	助力高校众创空间实现更高质量、更快速度发展，为广大高校师生提供良好的创新创业环境

注：以上创业教育代表性机构相关信息均参照相应新闻报道整理而成，时间：2020-01-25.

近年来，各级政府积极响应中央的政策，纷纷制定了金融方面的创业支持政策，包括拓宽直接融资渠道，建立多层次资本市场，发展创业投资引导基金，丰富创业企业融资手段等。国家颁布《关于在部分高等院校开展“创办你的企业”(SYB)培训课程试点通知》等文件明确创新创业教育教学内容和教学目标，颁布《关于深化高等学校创新创业教育改革的实施意见》等文件更加细化和明确规定创新创业教育基地建设管理、课程开发、教学活动和教育理念等内容。在地方层面，首先是小额担保贷款，其次是创业基金，还有政府对大学生创业投资资本市场的培育和创业基地的财政补贴(见表 4-2)。教育行政部门与有关部门协调配合，争取当地政府和社会支持，通过财政和社会两条渠道设立“高校毕业生创业资金”“天使基金”等资助项目，重点扶持大学生创业。

表 4-2　主要省份/城市对大学生创新创业政策扶持的比较

省份/城市	政策扶持内容
北京	1.税收优惠政策；2.工商减免；3.可住宅经商；4.提高贷款额度；5.小额担保贷款和贴息；6.信息、咨询支援
上海	1.场地扶持政策；2.税收优惠政策；3.鼓励科技创新；4.开业专家指导政策；5.非正规就业孵化器；6.工商减免；7.设立创业基金；8.创建创业公共服务平台
南京	1.税费减免；2.鼓励创业带动就业；3.资助优秀创业项目；4.创业载体扶持；5.创业场地优惠；6.创业培训；7.融资倾斜；8.小额担保贷款和贴息
广东	1.实行市场准入负面清单制度；2.港澳青年与广东青年同等享受创业补贴；3.提供创业培训、租金、创业孵化等多种补贴；4.提供贷款融资；5.初创企业经营者素质提升培训
河北	1.重点支持在孵企业和创客项目；2.免收行政事业性收费；3.自主创业税收优惠；4.个人创业担保贷款；5.初次创业社会保险补贴
辽宁	1.建立创业孵化基地；2.税收减免；3.小额担保贷款和贴息；4.放宽市场准入条件；5 发放困难大学生创业补贴；6.零注册资本额

(四)创新创业教育有机融入人才培养体系

各地区及高校推动了专业教育与创新创业教育的深度融合，建立了创新创业教育协同育人新机制，完善了大学生创新创业训练新体系，建立了国家、省、校三级竞赛管理新机制。首先，创新创业教育已延伸到课程、教法、实践、教师等人才培养的各重要环节，取得了可观的新突破。各高校通过修订人才培养方案，把创新创业能力列入人才培养规格要求，制定体现创新创业教育内涵的专业教学质量标准。各高校重新修订人才培养方案，把创新创业工作纳入学校建设、学科发展、人才培养的整体规划，把创新创业教育提升到学校发展战略高度。例如，清华大学于 2016 年开始，开设了全国首个针对本科生的技术创新创业辅修专业，专业学习时间为一年半，修满 25 个学分，成绩合格者获得清华大学辅修专业证书。合肥工业大学以修订 2019 版本科生培养方案为契机，明确创新创业教育在课程体系中必修学分达到 4 个(创新创业教育通识必修课程＋专创融合课程)。山西大学建立创新创业档案(成绩单),制定创新创业学分的计算标准与办法。北京邮电大学重新制定了全校所有本科专业的培养方案,要求所有专业的培养方案都是面向创新创业教育的系统方案,提出了创新创业课程最小学分的要求,实行基于创新创业实践的提前毕业设计制度。该校连续 8 年举办“大学生创新创业实践成果展示交流会”,累计参展作品 1000 多项,参与学生 80000 多人次,引起了广大师生的高度重视,营造了创新创业的良好氛围。

其次,创新创业教育融入人才培养体系,推动人才培养机制发生了新变化,打破了学科专业之间的壁垒、产业与学校之间的壁垒,产生了令人欣喜的“破壁效应”,实现了多学科交叉融合、跨学科学习、校内外协同。总体上看,目前各大学创新创业教育的实践和探索主要表现为以下 4 种形式:一是以“挑战杯”及各类创新创业类竞赛和项目为载体,开展创新创业教育;二是以创新创业课程为依托,聘请创业家、成功人士等来校教学,开展创新创业教育;三是以创新创业基地为平台开展创新创业教育;四是创新人才培养模式,在人才培养方案中融入创新创业元素,培养创新创业人才。目前,创新创业教育模式也从单纯的竞赛形式转化成了典型试点教育模式和非试点高校特色教育模式并存的人才培养格局。具有代表性的有以清华大学为代表的深度聚焦模式、以中国人民大学为代表的课堂扩展模式、以黑龙江大学为代表的实体体验教育模式和以温州大学为代表的岗位创业教育模式。

中国“互联网＋”大学生创新创业大赛的持续开展,产生了社会、经济、教育效益三丰收,树立了高等教育人才培养新的质量观,引领了世界高等教育质量观的深刻变革。把大赛作为深化创新创业教育改革的重要抓手,引导各地各高校主动服务国家战略和区域发展,促进“互联网＋”新业态形成,助推科研成果转化应用,促进高校毕业生更高质量创业就业。有关高校还结合企事业单位科研开发需求、对人才培养的要求,借助各类校企联合实验室、教师科研项目研究成果的技术支持,转化创新创业成果。大赛有力弘扬了创新创业文化,激发了全民创新创业的热情,掀起了创新创业的热潮,打造推动经济发展和转型升级的强劲引擎。习近平总书记指出:创新决胜未来,改革关乎国运。对于高等教育发展来讲,改革是第一动力,创新是第一引擎,要成就伟大的教育,教育创新就不能停顿。而创新创业教育作为一项系统工程,需要构建起以政府为中心,高校、企业、社会、大学生紧密配合的治理机制,以更好地发挥双创教育在激发高校人才培养活力上的时代价值。

第二节 我国创新创业教育政策执行的现实考察

我国创新创业教育政策已完成从试验探索到全面落实的演变。相关政府部门和高校作为贯彻落实创新创业教育政策的关键主体，在遵循政策执行的逻辑意蕴中凸显了创新创业教育的实践向度。根据托马斯·史密斯的政策执行模型分析框架，结合与创新创业教育相关的3180份文本资料归纳和分析政策目标导向、政策执行机构、政策执行环境、目标群体等制约因素，并在此基础上选取4所高校进行调研。结果显示，创新创业教育政策目标聚焦创新创业人才培养导向，有力提升了人才培养质量，但仍存在着政策目标评估工具贯通性不足、执行机构联动性不足，以及目标群体认同度有待提升、资源投入相对有限等制约因素。为此，应进一步优化创新创业教育政策设计，理顺政策执行的府校关系，提高目标群体参与的积极性和政策认同感，建立“政产学研用”协同机制，以保证政策的有效执行。高校创新创业教育是国家创新驱动发展战略的重要部分，对优化人才培养模式具有积极作用。在政府主导下，创新创业教育政策通过鼓励和支持大学生开展创新创业活动，形成有利于大学生创新创业能力发展的一系列制度安排。其目标在于满足服务创新型国家建设、培养学生创新精神和实践能力的需要。

不过，再完美的政策，也缺乏自我实现的内在机制，若要实现其预期目标，必端赖于教育行政部门和相关院校的有力执行。此外，能否实现政策目标，关键看政策导向和制度安排在大学生群体心目中的认同程度。毕竟这是一项面向大学生的重要政策，需要多部门协同联动才能充分发挥育人作用。从这个意义上讲，创新创业教育政策执行需要执行者依据政策精神，结合政策要求和环境，采取积极措施以实现预期目标。创新创业教育政策执行采用自上而下的方式，由教育部统筹制定政策并推广。地方层面由各省、市教育行政部门建立专门工作机制，负责创新创业教育相关细则的制定、课程指导、师资保障等工作，高校积极开展创新创业教育活动，最终完成政策执行过程。政府、社会及高校在各自职能范围内采取相应举措，对大学生的创新创业能力发展和未来职业选择产生积极影响。不过，我国高校创新创业教育起步晚，基础较薄弱，成效较慢，这些无疑会在一定时间内影响各个主体对创新创业教育的理解和认识。当然，理论研究是建立在实践基础之上的，只有通过执行实践才能有效检验理想化政策的科学性和可行性。为此，本研究在借鉴已有研究成果的基础上，结合史密斯的政策执行模型及其基本框架，参照政策文本和高校创新创业教育典型资料，分析政策执行的实践样态和制约因素，试图呈现创新创业教育政策执行的结构关系及运行机理，以期为调适政策执行过程提供路径参考。

一、创新创业教育政策执行的制约因素

创新创业教育成为一种国家宏观教育导向，及时获得政策支持和资源投入，是创新创业教育政策有效执行的外在体现。为全面把握高校在创新创业教育方面的经验和做法，有效反映创新创业教育的实施现状，笔者收集了全国31个省市自治区和新疆生产建设兵团教育行政部门以及各高校发布的相关总结报告、典型经验、政策文件和会议材料3180份（见表4-3），在此基础上选取典型高校进行调研，审视政策执行的实践样态。其中，2012年至2020年，中央各部委出台与创新创业教育相关的政策法规或实施意见共82份，其中由教育部出台的政策文件就有30余份。这些政策紧密关注现实发展需求，引导相关部门创新现有机制，突破原有障碍，整合资源，鼓励包括高校师生在内的各类群体积极创新创业，为高校开展创新创业教育提供了保障（见表4-4）。创新创业教育政策执行过程有其自身的行动逻辑，也伴随着一些不可回避的问题或因素制约政策执行的效率和效果。例如，在政策演化与具体实践的互动中，容易出现政策目标与现实执行的紧张状态、预期目标与实际结果之间的落差等。

表4-3 文本资料数据分布

来源	总结报告	典型经验	政策文件	会议材料	总和	占比/%
省级教育管理部门	28	20	34	32	114	3.58
部委直属高校	99	87	102	95	383	12.05
非部委直属高校	635	689	703	656	2683	84.37
总和	762	796	839	783	3180	100
占比/%	23.96	25.04	26.38	24.62	100	

表 4-4 创新创业教育政策执行过程要素概念化及信息例证

要素名称	要素概念化	信息例证
理想政策	合理、正确的政策，是政策制定者试图追求的理想表现方式。	国家级大学生创新创业训练计划重点支持直接面向大学生的创新创业训练和实践项目
执行机构	负责政策执行的具体组织。	我国创新创业教育改革不断深化，以10余个国家部委机构共同主办的中国国际"互联网+"大学生创新创业大赛为抓手，各高校普遍成立由校长担任组长，分管校领导担任副组长的学校创新创业教育工作领导小组，形成了多部门齐抓共管的工作机制
目标群体	政策的直接影响者。	截至2021年底，1000多所高校的数百万名大学生参与了大学生创新创业。仅2021年度，全国共有2586所院校的40万个创新创业团队、181万名大学生扎根革命老区、城乡社区创新创业，共对接农户105万户、企业2.1万多家，签订合作协议3万余项
环境因素	影响政策执行的外部因素。	高校以多种形式向自主创业的大学生提供资金支持，全国80%以上高校设立大学生创新创业奖励基金；创新创业平台多，如北京拥有中关村大学生创业一条街、良乡高教园区、中关村软件园、北京理工大学创业园等"一街三园"，为大学生成果孵化和创业奠定坚实基础；创业带动就业的氛围好，如成都大学2018年立项创业团队133支，新增技术专利81个，提供就业岗位98个

资料来源：根据《国家级大学生创新创业训练计划管理办法》(教高函〔2019〕)，调研院校相关文本资料等整理而成。

(一)政策目标对地方差异性关注不够，评估工具缺乏连贯性

国家有关部门负责政策制定工作，其他层级政府负责政策落实任务，而高校既是政策的落实者，也是政策执行的信息传递者。从2015年开始，党中央、国务院从全局出发提出高校创新创业教育改革工作要求，拉开高校在创新创业教育领域改革的总序幕，此后几乎每年国家都出台新的文件持续推进。为深入推进国务院《关于深化高等学校创新创业教育改革的实施意见》，教育部先后出台《国家级大学生创新创业训练计划管理办法》《普通高等学校本科专业类教学质量国家标准》等文件对创新创业教育目标提出明确要求，全面推进高校创新创业教育深化改革。教育部官网显示，为贯彻落实中共中央、国务院关于做好大学生创新创业工作的决策部署及相应要求，推动创新创业教育的引领示范，全国共建立了19个高校双创示范基地，建成了200所示范高校。

其中，中央部门所属高等学校占比24.5%，省属本科院校占比59.5%，高职高专院校占比16%，形成了中央与地方协同推进创新创业教育的良好局面。

从表4-4可知，各省市在政策执行过程中普遍做到方案衔接与措施落地，资金投入和参赛成果成正比例增长。2019年7月，教育部印发《国家级大学生创新创业训练计划管理办法》（教高函〔2019〕13号），支持内容新颖、具有一定创造性和探索性的训练和实践项目。各省依据要求制定细则，如山西省《关于印发山西省推动创新创业高质量发展20条措施的通知》（晋政办发〔2019〕87号）、河南省《关于推动创新创业高质量发展打造"双创"升级版的实施意见》（豫发改高技〔2019〕272号）等。但因相关政策差异化较小，有些举措对大学生参与过程与成效的追踪和指导不够，未能结合地方实际情况进行创新。这反映了一些高校在服务国家创新驱动发展需求和人才培养上还缺乏清晰的图景。其次，从现有高校创新创业教育培养方案和经验总结来看，创新创业人才培养与学科专业教学体系还需要进一步衔接与互补。目前我国高校普遍通过修订人才培养方案，把创新创业能力作为重要目标，制定了体现创新创业教育要求的教学质量标准。从所掌握的材料中发现，有70多所高校建立了创新创业教育评估体系，将创新创业教育工作的开展情况纳入人才培养方案和就业工作评估指标体系。尽管创新创业教育已延伸到课程、教学、实践等人才培养的各个环节，但还缺乏具体、可操作、测量性的方案描述和评估工具。不少高校如天津大学、新疆大学加强大学生创新创业全过程管理，形成质量闭环系统，但仍有个别高校未建立大学生创新创业信息跟踪系统，创新创业教育成为只针对少数有创业潜质的学生的技能性教育，尚未真正面向全体学生。

（二）执行机构联动性不足，职能发挥较为分散

理想政策能否取得预期效果，不仅要考虑政策的合理性和可行性，还要考虑政策执行的实际运作水平。首先，现阶段地方推行的创新创业教育政策缺乏一个专门机构进行管理，导致相关政策缺乏合力。为服务创新创业教育，从国家到地方再到高校，相应地建立执行机构和服务平台以落实政策目标。在政策推动下，全国高校创新创业教育机构组织的数量大幅增长，这为开展大学生创新创业教育奠定了良好基础。在全国层面，有中国高等教育学会创新创业教育分会、中国高校创新创业教育联盟等10多个代表性机构。而全国31个省市也均已形成了大学生创新创业训练计划"国家、省、校"三级体系和创新创业大赛"国家、省、市、校"四级体系。在各省教育厅领导下，高校纷纷成立创新创业学院作为专门平台，依托双创平台构建创新创业教育、研究、实践和社会服务四位一体的运行机制。不过，有些机构的运行过程与社会经济发展的

结合并不紧密。目前在科技成果转化市场上需要更多的技术经纪人，急需更多的创新创业导师培训和创新创业技术经纪人、经理人的团队培育。由此带来的影响是，一些执行部门难以真正领会创新创业教育政策的真实意图，导致高校创新创业人才培养信息与区域社会人才需求难以有效衔接。再加上不同部门间联动性不足，一定程度上影响了政策执行效率。

其次，政策支持导向明确但机构职能较为分散。从诸多案例中可以看出，当创新创业教育政策出台后，大多高校都能适时进行组织变革，制定行动方案及时回应政策要求。但是，有些高校未能借助校内外企事业单位科研平台、教师科研技术等资源协同共享，降低了执行效率。由此反映出高校对创新创业教育支持要素缺乏统筹建设，或仅限于校内某个职能部门负责推动。调研发现，某些高校的校、院、系各级部门在创新创业教育中的职责定位不够明确，更多的是原则性的描述，如何有效执行创新创业人才培养仍有待更新与融合。这是由于高校管理权属和院校文化传统存在差异，学科资源壁垒坚固，这不利于形成创新创业教育与学科专业之间资源共享和信息互动局面，影响教育功能的发挥。虽然自《关于深化高等学校创新创业教育改革的实施意见》颁布实施后，高校持续推进创新创业教育，但是大多数高校仍把提供课程建设、各类竞赛作为落实政策的主要内容。这些内容又多是停留在创业技能技巧、案例介绍和相关政策法规的解读上。理论传授式的课程在创新创业教育课程体系中占据较多席位，实践方式以各级各类竞赛为主，创新创业教育有待形成适应新发展阶段需要的课程资源体系。

（三）目标群体认同意识高低不一，教师专业规范有待提升

创新创业教育政策执行过程中的目标群体是指受政策影响的那些人，主要包括学校、学生、教师和家长，而他们对政策遵从与否主要基于对利益得失的权衡。大学知识生产活动越来越受到政府和产业界的影响，因而知识和学术的性质发生了重大变化——基于知识自身逻辑发展的象牙塔型知识转变为由社会需求逻辑主导的应用性和商业性知识[①]，高等教育及其利益相关者也成为知识经济发展中的重要力量。高校作为创新创业教育政策执行的主阵地，积极落实政策要求。校领导作为政策执行的决策者，更加希望通过创新创业教育改革扩大学校知名度，以提高自身利益或学校利益。高校修订了专业培养方案以适应创新创业教育要求，据笔者不完全统计，全国高校已开设创新

---

① 约翰·齐曼.真科学：它是什么，它指什么[M].曾国屏，匡辉，张成岗，译.上海：上海科技教育出版社，2002：94.

创业教育专门课程2.8万余门、线上课程4100余门,选课人数600余万人次;60%以上的高校每年开展100多种学科竞赛和创新创业活动竞赛,年均60%在校生参加各类学科竞赛和双创大赛[①]。一些高校如深圳大学、成都大学建立产业导向下的创新创业课程群,为大学生初创企业修筑起最重要的"第一公里",引入各领域高水平行业导师开展校内双创培训,实现企业、行业、高校的有机融合。但仍有不少大学生并不清楚如何有效利用相关政策和资源,缺乏政策理解与认同。再加上他们缺少经验和人脉,面临的竞争不仅来自同辈群体,还有相关行业和阶层,如果过度强调创新创业竞赛而忽视市场适应度,无形中增加了大学生的压力,背离了创新创业教育的初衷。

其次,高校师资队伍中具有行业和创业经验的人员仍然以兼职方式为主,专任教师大多缺乏创业实战经历。显然,作为培养大学生创新创业能力的教育者,现有的师资队伍尚不能全面满足高校创新创业教育的任务要求,制约着创新创业教育的有效展开。据悉,现有全国高校创新创业教育专职教师近2.8万人、兼职导师9.3万余人,并组建了全国创新创业导师人才库。此外,江苏、甘肃等省份将双创教育纳入教师专业技术职务评聘标准和绩效考核指标体系。调研发现,高校的职称评聘体系对教师在创新创业教育过程中的作用关注度不高,大多以获奖结果的等级高低作为主要依据。这样一来,除了商学院、管理学院、工程学院等少部分应用性强且与创业密切关联的学科,其他学科的教师对创新创业教育缺乏积极性。有的高校仅将创新创业教育视为项目性活动,未被认定为相关系科与学科的教学研究的核心内容;有的高校甚至"习惯性地认为只要鼓励老师学生创新创业,通过创新创业教育活动就可以提高学生的教育和就业水平"[②]。上述这些情况反映了目标群体之间的认知差异,而创新创业教育的教研团队建设也只是处于初步阶段,课程资源开发与共享亦尚未形成常态机制。

(四)政策环境较为复杂,资源投入相对有限

政策执行的顺畅高效,离不开外部环境的有力支撑,特别是充分的创新创业资源保障。政策执行一般发生在特定的情境之中,创新创业教育参与者和合作者理应具有共同的社会价值追求,嵌入于地方情境并受地方尤其是高校育人传统的影响。公益价值与经济价值之间存在着不可回避的现实矛盾,如

---

① 根据教育部官网公布的统计数据(http://www.moe.gov.cn/)进行整理而成(访问时间:2021年12月22日)。

② 秦小冬."双创"教育助推大学生理性就业[J].人民论坛,2017(32):94-95.

何寻找价值平衡点，破解制度障碍是吸引各参与主体积极参与创新创业教育的难题[①]。首先，一些高校受到既有的高等教育格局所带来的区域院校之间资源分布不均且难以共享的影响。例如在实践实习方面，有的高校的校外实习实训基地没有向创新创业者开放，容易造成师资、实训基地、孵化基地等资源共享不足，不利于把学科专业教育与创新创业有机统一。况且目前许多校际资源共享平台搭建尚未成型，省域、区域校际创新创业联盟也刚起步，再加上社会组织活动不发达掣肘了创新创业政策执行，导致粗放式执行方式成为权宜之举。

其次，除了外部资源链接不足外，高校内部资源投入也较有限，普及性的创业教育目标很难实现。虽然政府及社会各方面对大学生创新创业提供的资金总量能不能满足实际需求尚缺乏科学测定，但有关创新创业优惠政策分散于中央、教育部、社会保障部等诸多部门。个别地方仅仅停留在各级红头文件与会议之中，推行程度有待加强。由于学生需求与教育资源和服务供给方面出现错位，创业投融资、税收政策等没有得到充分宣传和落实，科技中介服务和平台相对滞后[②]。有些地方也已进行了一些积极探索，如辽宁省发放困难大学生创业补贴、四川省提供创业担保贷款及贴息、河北省设立大学生创业投资风险补偿资金等，引导社会资本支持创新创业。此外，企业的参与度较低，是制约政策有效执行的另一因素。现阶段的创新创业教育政策主要还是服务于自身拥有丰富教育资源和社会资源的国内知名高校，参加的企业多为校友企业或者大型上市公司等，还未能够有效普及至一般高校和企业[③]。当然，创新创业教育的有关成果需依托企业才能有效转化，但在校企交流合作方面一些企业还未具备类似的意识和行动。再加上政策引导力度不足，一定程度上削弱了企业的积极性和主动性。

此外，创新创业的专项资金申请门槛高，对申请项目和申请人资质也有较高的条件限制，借贷需要提供一定担保物。资金申请流程较多，创新创业的资金从审批到创业者手中时间滞后，严重阻碍了创新创业的进度。高校专项资金在实际管理中，资金预算流于形式，完成了创新创业的申报项目就算了事，没有根据创业项目的各流程花费进行科学合理的规划，缺少资金管理的有效

① 徐小洲，倪好. 面向 2050：创新创业教育生态系统建设的愿景与策略[J].中国高教研究，2018(1)：53-56.

② 王鑫.创客文化视域下高校创新创业教育的影响因素与内涵优化[J].思想理论教育，2021(2)：106-111.

③ 刘春湘，刘佳俊.创新创业教育政策演进与实施路径[J].大学教育科学，2017(4)：94-100.

认识，预算意识淡薄。没有合理的预算极有可能导致实际支出大于现有资金的额度。目前创新创业教育过程中的价值引领、知识传授的体系化和本土化、创业实践及创业生态的本土化和国际化等问题，全国高校都在持续地摸索与完善之中。

二、创新创业教育政策执行的完善路径

我国高校创新创业教育改革取得显著成效，并呈现全面发力、重点突破、向纵深推进的良好局面，但也面临着政策执行机构联动性不足、资源投入相对有限等问题。为保证创新创业教育政策有效落实，结合当前实践样态和关键问题，可通过优化政策内容、完善创新创业生态体系等进行调适。

（一）优化创新创业教育政策设计，保障政策内容精准化

创新创业教育政策目标应面向国际前沿和国家重大需求，遵循创新创业活动的基本规律，根据大学生的价值观和发展实际，探索制度创新，将创新驱动发展与大学生创新创业需求有机融合，加大对创新创业教育活动的引导和支持力度。为了保证政策的精准化，教育行政部门可制定高校创新创业教育质量监测制度，从外部考评高校创新创业教育教学组织实施状况与教学成效，动态监测其投入状况、课程设置、教学方式、教学效果和学生表现等方面；同时，从政策导向上，注重创新创业教育面向行业需求，激励行业企业参与创新创业教育活动；并着重从经济社会转型发展的实践出发，因地区和学校类型而异，规范高校内部创新创业教育制度建设。

（二）强化政策执行机制建设，明确执行机构的职能定位

目前，地方政府认真落实政策，提供制度支持，推动创新创业教育政策落地开花。为保证政策内容的完备性与操作性，首先要加强政策执行机制建设，这是创新创业教育能否顺利展开的重要基础和保障。教育行政部门可运用大数据平台完善创新创业执行机制，系统掌握高校创新创业教育优势特色、动态过程及育人成果，完善政府服务，提高管理效率。其次，高校要充分运用科研立项、挑战杯、“互联网＋”大学生创新创业大赛等赛事平台包装高校的科研成果，做好赛后的转化落地工作。大学需要超越教学、科研和社会服务的职能划分，重新审视其应完成的主要任务和核心使命，将能否胜任创新创业作为衡量办学绩效的标准[①]。这就需要高校提供更加精准的创新创业指导服务，尤其

① 王建华.大学的范式危机与转变：创新创业的视角[J].中国高教研究，2020(1)：70-77.

是在培养过程和质量监控等方面，与社会用人机构双向交流，积极构建校企合作教学平台，形成协同育人机制。

（三）提高目标群体互动参与积极性，增强政策认同感

目标群体对政策的认同程度和参与程度是检验政策执行效果的试金石。高校创新创业教育主要目标群体是大学生，因此，课程质量与项目指导水平直接影响到他们的创新创业热情与效果。因此，高校除了从教育教学上为大学生创新创业提供教育支持之外，还可凝聚高校行政部门、专任教师和学生等主体的教育共识，努力提高教育内容与创新创业实践的契合程度。比如由高校师资和具有行业企业经验的校外导师共同组建课程团队，让理论知识与行业经验在创新创业教育过程中协同发力。此外，针对创新创业指导教师职称评聘问题，如果不能有效解决他们在职称晋升、科研专利和岗位聘任等方面的“同等待遇”问题，将会影响教师的积极性和认同感。因此，要建立创新创业教育师资队伍发展的保障机制，确立职称晋升、绩效考核等方面的参照标准，形成适应创新创业教育发展需求的教师多元化考核方案。

（四）完善“政产学研用”协同机制，优化创新创业环境

新一轮的科技革命和产业变革给社会经济发展提出更多更高的要求，迫切需要“政产学研用”多方协同创新，塑造有利于大学生创新创业的良好环境。为此，地方政府在完善创新创业服务机能时，要利用资源推动双方“政产学研用”深度融合。通过扩大大学生创新创业企业的税收优惠范围和形式，充分发挥税收优惠政策的激励作用，为颠覆性创新创业、继承性创新创业、传统型创新创业等提供差异化支持。这样有利于提高企业参与创新创业教育的积极性和主动性，并借助产教融合载体让企业化被动为主动，形成对接和共享的协同机制。此外，高校加快创新创业基地建设，扩宽融资渠道，推动各类研究基地、实验室、仪器设备等教育资源按需有序向大学生开放。高校还可积极引入社会资本以充分盘活校内外实践资源，结合内外力量共同为大学生提供资金支持和设施环境。

创新创业教育政策执行的行动逻辑是创新创业发展内在规律的体现，而目前所面临的制约因素研究既具有现实迫切性，也有发展驱动性。在政策执行过程中，无论获得怎样的结果，都会对创新创业教育的发展造成客观影响。当然，创新创业教育政策从文本制定到执行，再到反馈与完善，必然经过一个长期、动态演进的过程。它的出台对于推进高等教育整体性改革、提高高校人才培养质量发挥了积极的作用，一定程度上顺应了时代发展的需求。随着我国“创新驱动发展战略”的推进，目前在创新创业人才培养的主体、载体、环境

等方面存在的短板，制约着创新驱动发展的速度和效率。当然，当前创新创业教育政策的目标、执行机制以及目标群体等方面存在的问题，为深化政策执行力提供了客观素材，也为如何从优化制度设计、完善执行机制、增强政策认同、建立互动格局等方面细化高校创新创业教育的具体措施提供了努力的方向。我国已将调整和完善创新创业教育列入高等教育人才培养改革议程，但还需要在培养机制、保障措施等方面形成更加稳健的政策共识，发挥创新创业教育政策集群合力。总之，在我国创新创业教育政策实施过程中，应遵循学术逻辑、国家逻辑和市场逻辑多向互动和融合的内在意蕴，及时处理政策与目标群体、环境等因素之间的紧张状态，使创新创业教育政策科学建制可以有效引导院校行动，反馈政策执行动态，完善政策建制，助力“政产学研用”协同育人效应在创新创业教育中充分释放。

第三节　粤港澳大湾区高校创新创业教育的兴起与升级

当前国家和地方有关持续创业优惠政策与创业环境对粤港澳大湾区高校新创业教育起到了一定的导向和激励作用，选择自主创业的大学生大幅增加。当前，粤港澳大湾区进入实质性建设阶段。2019 年 2 月，中共中央和国务院印发了《粤港澳大湾区发展规划纲要》，通过对该文件关键词进行仔细研读，其提及创新 139 次，创业 25 次，可见创新创业在高等教育区域发展中的巨大价值和潜在作用。2023 年，第一届粤港澳大湾区博士博士后创新创业大赛在广东省珠海市举行。广东省作为我国改革开放的窗口，在博士后人才引进、培养及平台建设等方面不断创新，博士后在站人数、博士后科研创新平台数等各项指标均位列全国前列，年平均招收增长率达 19%，尤其在博士后创新创业平台打造方面敢于探索创新，取得显著成效[①]。同时，粤港澳大湾区设有三地政府协同建立了一批港澳青年创新创业基地，广东已基本建成以粤港澳大湾区(广东)创新创业孵化基地为龙头的“1＋12＋N”体系，粤港共建 18 家青年创新创业基地，粤澳共建 5 家青年创新创业基地，吸引大批港澳青年来粤发展、创新创业。同时，依托各大高校资源在人才培养、知识转移、创新创业等方面

① 林洁.第一届粤港澳大湾区博士博士后创新创业大赛闭幕[N].中国青年报，2023-03-03(2).

的优势和粤港澳国际科技创新合作机制，打造面向大湾区青年的科技创新创业核心载体和人才聚集地。

一、珠三角地区高校创新创业发展概况

转型升级之中的湾区产业发展对创新创业人才有着更大的需求，而珠三角区域的产业集群优势恰好使创新创业成为大湾区发展的动力引擎。广东省一直高度重视产学研深度融合，促进教育链、人才链与产业链、创新链有机衔接，培养创新创业人才，促进高校毕业生更高质量创业就业。珠三角区域作为湾区核心地带，推动高校创新创业教育融入大湾区创新创业生态，成为我国区域高等教育融合发展的重要组成部分。为了能及时应对经济和社会发展新机会而采取行动，现在比以往任何时候都更需要具有创业思维和创业实践能力的行动者。当前珠三角地区高校基本上都能将创业教育教学纳入学校的改革发展规划和人才培养体系，制定了针对创业教育的专门政策、专项计划和专业团队，逐步形成推进创业教育工作科学合理的整体规划。随着高等教育体制改革的不断深入，高校创业教育也在发展中取得了显著的效果。然而，在创业教育过程中也面临诸多困境与瓶颈，例如创业教育的目标指向与大学各学科专业的人才培养方案缺乏有效对接，有关创业意识、创新精神和创造能力尚未有效融入人才培养的全过程等。

首先，在机制建设上，珠三角地区高校基本成立了相关创新创业教育学院或机构，投入到创新创业人才培养体系中。2019 年 5 月，为贯彻落实《粤港澳大湾区发展规划纲要》，加快港澳青年创新创业基地建设，广东省人民政府印发《关于加强港澳青年创新创业基地建设实施方案的通知》(粤府函〔2019〕号)，进一步拓宽港澳青年就业创业空间，优化港澳青年来粤创新创业良好生态，创造有利于港澳青年成就梦想的社会环境。高校单独建设的创业学院，无论是作为院系、教辅机构还是管理机构，都是高校内部的二级单位或二级单位的下设机构(参见表 4-5)。例如深圳大学新建了学生创业实践园，目前已完全投入使用，虽然使用效果有待评估，但对学校创新创业教育起到了重要的支撑作用。该校成立以分管校领导牵头，由校长办公室、人力资源部、监察审计室、计划财务部、后勤部、研究生部、学生部、团委、教务部、实验与设备部、科学技术部、社会科学部、校友会等部门负责人组成的创业园管理委员会，统筹协调创业园的发展和管理。

表 4-5 珠三角地区部分高校创业教育机构及其运行表现

序号	机构名称	成立时间	创业教育目标	创业教育机制	创业教育课程	备注
1	中山大学创业学院	2009 年	培养具有创新能力、创业精神、坚强的创业心理品质的复合型经济管理将才	形成了创业教育、创业社团、创业比赛、创业实践等一系列鼓励毕业生创业的机制	创业精神与创业故事教程、创业经济学、新创企业人力管理、会计学、当代领导学、创业哲学专题讲座等	成立了中山大学创业者联盟,依附于中山大学管理学院和创业学院,建立创业交流平台的学生群众性组织
2	深圳大学创业学院	2016 年	培养具有创新意识和能力的高素质人才	建设创新创业教育实训、初创企业公益孵化、成熟企业加速孵化、企业集群创新生态等四大平台,聚集创客、创意、创新、项目、资本、产业链和市场,集成创业教育、创业实训、创业孵化、创企融资、股权众筹、创客空间等功能	创业营销的精益策略和心理学应用、智能产品的设计思考与创新、VR/AR 技术应用与创业、"创业实战"课程、人工智能与智能语音应用和实操、阿里巴巴全球速卖通平台实战运营与创业、新零售运营推广实战等	2009 年以来陆续成立了深圳大学创业者联盟、深圳大学创业园、深港大学生创新创业基地
3	暨南大学创业学院	2011 年	以创业精神激发和引导未来创业行动	以青年科学家、毕业校友、在校生作为主力,以微孵化体系形成了创业项目生产链,将全校有志于创业的大学生通过创业训练营输送到微孵化之中。由创业学院联结,形成了一个相互支持的孵化器联盟	"创业基础"和"创新与创意"课程、"国情分析与商业设计"和"创业哲学"创业训练营,还有商业游学、新商业模型论坛、创业项目打磨会和项目路演等三创教育活动,为校内三创教育与活动提供咨询、指导和孵化服务	2003 年成立了创业经济研究与实验中心

续表

序号	机构名称	成立时间	创业教育目标	创业教育机制	创业教育课程	备注
4	华南师范大学创业学院	2009年	面向全体学生，结合专业教育，将创新创业教育融入人才培养全过程	形成了“创新学科化、创业整合化、政策系统化、服务社会化、价值市场化”的创新创业教育生态体系，以“理论建设为指引、课程建设为基础、实践平台为手段、团队培育为动力、社会服务为导向、机构制度为保障、科研项目为支撑”的创新创业教育发展道路	创业心理学、大学生生涯规划与管理、创业基础课、互联网时代的创新与创业、创业市场的进入和发展、商业模式的创新、市场分析与营销策略	广东省高校成立的第一所创业学院，探索和实践了“金字塔”式大学生创业教育体系
5	深圳职业技术学院创新创业学院	2012年	以营造校园创新创业文化、培养创新型复合人才、搭建校内外创新创业平台为己任，强调培养学生的职业变迁能力和以创新创业能力为核心的综合素质	创新创业学院负责全校创新创业教育的统筹协调和组织管理，下设创新创业教育教研室、综合管理办公室、学生创意创业园、创客中心（微观装配实验室）	围绕创新创业需具备的知识、能力来确定教学内容，侧重方法的掌握；淡化学科界限，注重学科的交叉性、渗透性和综合性。以创新思维的培养、创业实践性作为教学设计主线	有学生创意创业园、IT创客中心、电子精英创客空间等16个创业实践基地，总面积5431平方米，形成从创业苗圃到孵化器一体化的创业实践教育系统
6	广东财经大学创业教育学院	2012年	培养适应经济社会发展需要的基础扎实、实践与创新能力强、具有国际化视野和企业家潜质，并能反映区域经济和文化特点的“有创意、能创造、善创业”的复合应用型人才	打破现行的教学院（部）和专业界限，充分利用校内外资源开放式办学，构建良好的创新创业教育生态，实现创业者、导师、学校、政府、企业及投资机构协同发展	包括人文与科技素养模块、创业与管理理论教育模块、创业与管理能力培养模块以及创业与管理实践模块等四大模块	2015年成立广东财经大学学生创业园

续表

序号	机构名称	成立时间	创业教育目标	创业教育机制	创业教育课程	备注
7	广东外语外贸大学创新创业教育学院	2016年	培养创新精神，提高创新和实践能力，提高国际化人才的培养质量	构建创新创业实验基地、学院创新创业孵化中心、创新创业实训基地、创业孵化器、校外创业加速器五位一体的创新创业教育实践平台	探索构建学校创新创业教育GIOS模式，全面推动创新创业教育的开展，打造“通识＋核心＋特色”创新创业课程体系	内设广东大学生创新创业教育研究中心

注：以上高校创业教育机构相关信息均参照相应单位官网整理而成，访问时间：2019-01-07。

其次，加强创新创业教育基金扶持，孵化学生创新创业活动。2019年7月，深圳市人民政府印发《深圳市加强港澳青年创新创业基地建设工作方案》，实现港澳青年创业就业、人才服务、融资支持等政策全面覆盖，形成以前海港澳青年创新创业示范基地为引领，以南山深港青年创新创业基地等载体为支撑的孵化平台布局，港澳青年来深创业的基础设施、制度保障、公共服务供给到位。珠海市将港澳青年纳入创业担保贷款重点扶持对象，符合条件的港澳青年可申请最高额度500万元的贷款并享受贴息支持①。高校方面，深圳大学创业园首期规划场地为690平方米，学校于2010年加大投入力度，将创业园搬入校内并扩充园区面积为2000平方米，每年投入200万元人民币设立大学生创业专项扶持资金，通过由校外专家组成的项目评审委员会对申请资助的学生创业项目进行评审，入围企业可给予3万至20万元不等的资金扶持，每年可支持30家大学生创业企业。截至2014年底，在人员、资金、场地、水电、物业等方面的投入，折合人民币超过2300万，累计扶持大学生企业166家。但是，“高校创新创业教育的相关配套保障政策发展不平衡，很多优惠政策也因为一些行政部门权限和实际办理困难，提高了享受政策福利的门槛”②。嘉应学院占地面积2000多平方米的大学生创新创业孵化基地，设有

① 珠海市人民政府办公室.珠海市人民政府关于印发珠海市进一步稳定和扩大就业若干政策措施的通知[EB/OL].(2021-08-04)[2021-09-14].http://www.zhuhai.gov.cn/gkmlpt/content/.

② 张雅婷，姚小玲.高校创业教育模式的发展现状与路径优化[J].思想理论教育，2019(4):107-111.

创业培训区、创业路演区、创业孵化区、公共办公区、孵化休闲区等功能分区，为学校大学生提供更加良好的创业教学、创业实践和创业孵化环境。

再次，创新创业教育课程结构较为完整，有机嵌入专业教育，并涵盖创业理论、创业实践以及创业指导等内容。各学院将创业教育融入学科教育，根据专业的特征设计相关课程。例如广东财经大学创业教育学院开设了人文与科技素养模块、创业与管理理论教育模块、创业与管理能力培养模块以及创业与管理实践模块等四大课程模块。在融合专业教育与创新创业教育方面，例如暨南大学的"物理创新思维"、华南理工大学的"智能软件创业方案设计与分析"、中山大学的"旅游创新创意与创业管理"等。本科生修完课程可作为创新创业类学分予以认定，即在创新创业学习实践中所取得的本专业培养计划要求之外的学习成果，例如与学业相关的专业竞赛、论文发表、科学研究等方面，均可申请认定学分。据广东外语外贸大学创业学院 X 老师反映，课程的主要形式还是课堂授课的方式，活动形式采用线上线下相结合的方式。线上比如用比赛来讲，就是采用线上路演的方式，通过这种共享 PPT 的形式路演，包括讲座也是可以采用线上讲座的方式(访 X20220706)。

最后，初步形成了校内外紧密结合的创新创业教育开放体系。2021 年第七届中国国际"互联网＋"大学生创新创业大赛广东省分赛决赛，向学生植入创新创业"基因"，着力将教育融入经济社会产业发展，将创新创业教育及实践贯穿于高校人才培养的全过程，促进广东高校双创教育工作的交流与深入发展，以创新引领创业、以创业带动就业，推动形成高校毕业生更高质量创业就业的新局面。深圳大学创业园联合校内 10 个创业类学生组织和 46 个校外企业，共 56 个单位联合发起"创业者联盟"，以"鼓励创新，支持创业，互助共赢"为宗旨，通过大力扶持校内创业类学生组织发展，资助学生进行创业实践，对接校外企业、市场资源和社会资本，创造活跃的"创客流量"，形成有投资价值的创业氛围，为创业园孵化功能软硬件升级打下坚实基础。广东外语外贸大学立足国际化特色，持续推进"专业＋创新创业"改革，建立校内外紧密结合的创新创业人才培养体系，培育了一批批具有较强的创新精神、创业意识和创新创业能力的大学生。据广东外语外贸大学官网报道，广东外语外贸大学还与斯坦福大学合作建立"斯坦福创新创业师资课程中心"。通过联合设立师资课程中心，加强创新创业师资培训，进一步完善创新创业教育的开放体系，为"一带一路"倡议、粤港澳大湾区建设和广东经济社会的发展培养更多高层次的国际化创新创业人才。通过校内外紧密结合的创新创业教育开放体系，提高大学生的创新创业意识，在乐于探索、敢于尝试、大胆实践的创新创业活动中，突破自身的局限，寻找新的思维方式、途径，解决创业时遇到的问题，最终实现先创带动后创，达到共创的目标。

珠三角区域大学生创新创业氛围浓厚，高校正在积极推动创新创业教育的实践和服务工作。珠三角区域高校积极开展创业教育在为大学生成长提供良好的教育机会的同时，也在高等教育改革过程中发挥着积极作用，但因创新创业教育机制缺乏适宜的张力，逐渐出现与培养功能定位不相适应的困境，表现为教育功能偏差、专业定位模糊以及缺乏价值整合过程等问题。为消解这种知识与技术、主体与客体被动分离的困境，创业教育应回归价值理性，突破思维定式，赋予师生成长更多的选择空间，从而促进高校创业教育健康发展。一方面，高校创新创业教育支持要素缺乏统筹建设，区域院校之间互相孤立，或仅限于校内某个职能部门，或由某个学院负责推动。因为校内资源投入有限，加之外部资源链接不足，普及性的创业教育目标很难实现，而校际资源共享平台搭建不力，省域、区域校际创新创业联盟尚未形成，师资、实训基地、孵化基地等资源共享不足，明显存在资源压力。另一方面，高校内部学系设置和学科分布分散，学科专业缺少交叉性和综合化，一定程度上阻碍了创新创业教育与学科专业之间资源整合、资源共享、信息互动局面的形成。

二、香港高校创新创业教育发展概览

由于历史发展的特殊性，以及受到西方政治经济文化的影响，香港地区高校创新创业教育发展起步较早，大学生创新创业氛围浓厚。香港特别行政区政府通过颁布一系列创新创业教育政策、建立管理机构和加大财政支出，大力推动创新意识与创业素养的培养，积极营造全民创业的文化氛围。目前，从整体上看，香港形成了政府、高校与企业三方联动的创业教育模式，以高校创新创业组织为核心，竞赛项目为载体，政府和企业为支柱力量，建立较为完善的高校创新创业教育制度与人才框架。

（一）发展背景

在 20 世纪 90 年代末至 21 世纪初，受到亚洲金融危机以及高等教育大众化的影响，香港地区大学生就业形势严峻。在这一背景下，香港开始探索通过创业教育拉动经济增长及缓解就业问题，香港高校着力打造一系列具有国际和本土特色的创业课程，为培养创新创业人才奠定基础。

1.香港与粤港澳大湾区城市间联系日益密切

香港作为亚太区的国际金融中心，长期以来吸引了众多的国际资本到港运作。然而，自1997年亚洲金融危机以来，金融市场遭到多次冲击，许多公司撤资搬离香港，进而造成香港就业市场不振，失业率迅速上升。数据显示，香港1997年失业人口高达8万到11万，2月至4月的平均失业率高达2.6%。截至1998年3月中旬，香港失业率上升至2.9%[①]。由于经济增长速度放缓，市场不景气，绝大部分公司面临较大的财政困难，许多公司通过缩减业务和裁员渡过难关。在此背景下，香港地区经济市场不景气，大量的高校毕业生普遍面临就业问题。为扭转香港经济市场窘境，缓解毕业生就业压力，创新创业教育成为高校人才培养改革的重要举措。创新创业教育是经济新常态发展产生持久动力的重要环节，以创业带动就业成为香港解决大学生就业难的重要举措。从1997年到2022年，回归祖国的香港经济蹄疾步稳，香港与内地尤其是珠三角地区经贸交流与合作进入快车道，香港经济社会开始焕发出新的生机活力。

2.高等教育规模扩大加剧就业压力

在20世纪90年代初期，香港高等教育实现大规模扩张，大学毕业生人数迅速攀升，从而加剧了就业市场供需矛盾。1987年，香港高等教育仍处于精英阶段，适龄人口(17至20岁)的高等教育入学率仅为3%，1993年，适龄人口入学率达到了15.3%。1987年至1993年这6年间，高等教育规模增长了约12%，香港地区高等教育从精英阶段迅速到达了大众化阶段[②]。香港统计年鉴显示，2004年高等教育在校生人数为91865人，截至2022年，已上升至191302人[③]，增加了将近10万人。由此可见，香港地区高等教育规模在过去20年经历了高速发展。尽管高等教育规模的大幅度扩展并未带来教育质量的下降，却给大批香港毕业生就业带来了新挑战。2008年起，香港赞助香港社会企业挑战赛，目的在于让青年人有机会通过讲座和工作坊学习，参观社会企业的创新创意计划，在开阔视野的同时服务社会需要。为缓解大学生就业压力，高校开始针对毕业生需求展开一系列创新创业教育模式的探索，培养和提升学生的创业精神与创业能力，鼓励毕业生投身于创新创业中。

3.创新创业教育政策催生基础平台

在21世纪初，为复苏经济与缓解毕业生就业压力，香港陆续出台全民创业教育政策，加大财政支出，设立专门的创业教育工作部门，同时催生了众多

---

① 失业率连续三月上升，逾11万人望天打卦[N].新报，1998-01-20(A2).

② 吴玫.规模扩张背景下的香港高等教育质量保障[J].华南师范大学学报(社会科学版)，2011(4)：144.

③ 政府统计局.香港统计年刊(第12节-教育)(2022年版)[EB/OL].(2022-10-28)[2023-01-20].https://www.censtatd.gov.hk/tc/EIndexbySubject.html? pcode=B1010123&scode=370.

高校创新创业中心，为大学生创新创业提供基础平台。首先，在财政上，早在2002年，香港立法会财务委员会在黄皮书中明确提出要协助求职人就业，通过启动创新科技基金、小型企业研究资助计划、应用研究基金等资金投入政策，加大财政支出鼓励居民创新创业。目前，香港为青年创业者（18至35岁）提供多种创业启动服务，包括创业预算分析、创业规划以及成立“中小企业支援与咨询中心”（英文简称SUCCESS）为创业者提供免费咨询服务[①]。大学生还可以通过“创新意念　汇聚香港”网站认识香港顶尖研究人员的应用研发成果，与相关科研机构联系，并探讨其研究成果如何促进企业升级转型。其次，在机构上，香港设立了相关的政府部门，专门针对创新创业工作提供科学、系统的指导与管理。例如，由教育局提供创业教育方案，商务及经济发展局提供协助，劳工与福利局提供保障等。在此基础上，各大高校也建立了相关的创新创业中心，如香港大学技术转移处、香港科技大学创新中心、香港大学创业研究中心等高校创新创业组织，成为高校创新创业人才培养的孵化基地。

（二）主要举措

香港地区国际化水平较高，具有中西文化兼容的特殊背景。创新创业教育作为香港高等教育培养人才的重要组成部分，受到这一独特文化背景的深刻影响，体现出多元、自由的西方文化特色，又兼备中国传统文化价值取向，以及“全人教育”的本土教育理念[②]。从21世纪初以来至今，香港地区高校逐步探索创业教育实施的途径，不断完善创新创业理念、创业模式与课程设置，为培养创新创业人才提供专业、全面与个性化的指导。以香港大学与香港中文大学为例，这两所学校根据自身特色，结合香港的地缘优势，较早地建立起专门创业中心作为创业人才的孵化基地，并做出了较为成功的探索与实践，取得了突出的成效。其具体措施主要包括了以下四大方面：

1.成立创新创业教育组织机构，开设多元化创业项目

香港大学最早于2006年成立“香港大学技术转移处”（technology transfer office），主要负责组织创新创业教育活动，与校外企业合作，协助创新成果的转化。目前，其主要的创新创业教育机构为“香港大学创新及创业中心”，成立于2017年，目的是孕育校园内的企业家和创新精神，培植香港大学

① 香港政府一站通.对本地及外地企业的支持[EB/OL].[2023-01-20].https://www.gov.hk/tc/business/supportenterprises/businesstopics/financialplanning.htmx.

② 商应美.香港高校创业教育实践对内地高校创业教育的启示[J].中国青年研究，2014(5):86-90.

早期初创企业，建立跨学科合作，引入社区参与，推动研究成果的社会应用。该机构与“香港大学技术转移处”共同承担创新创业教育工作，推动香港大学的创新，支援港大团队创业。香港中文大学的创业教育中心为“香港中文大学创业研究中心”，成立于2005年，该机构通过创业课程培训，开展创业项目及比赛，帮助学生养成创业思维，并加快创新成果的整合与孵化（见表4-6）。以上两所机构在运作的过程中，把“跨学科”思维作为根基，促进学科间资源的灵活运用，通过与政府、校外企业合作，创办多种形式的创业项目，例如“港大创业种子基金孵化计划”“中大创进坊”“香港社会企业挑战赛”等，协助学生开拓与把握商业机遇，走上创业道路。同时，这两所高校均通过本校的创业教育机构平台为学生提供创业工作空间、创业咨询、孵化设施与启动资本，开设创新创业教育课程，培养与提高学生的创新创业素养。

表4-6　香港高校主要创新创业教育工作部门情况

高校名称	创新创业教育组织机构名称	机构职能	主要创新创业项目
香港大学	香港大学创新及创业中心[1]（iDendron）	该机构通过跨学科合作学习，设立创新创业项目，联合校外企业家共同培养校内创业氛围，提高学生创新创业能力，帮助学生对资源进行整合孵化	“创业指导课程”（entrepreneurship academy class） “创业孵化”计划（iDendron inclubation programme） “种子计划”（seed programme） “港大创业种子基金孵化计划”（HKU startup seed fund incubation programme） “大学科技初创企业资助计划”（TSSSU @ HKU）
香港中文大学	香港中文大学创业研究中心[2]（Center for Entrepreneurship）	该机构通过研究、教育、社会服务及举办比赛等途径推动创业活动，与校内知识转移处、创新科技中心及其他创业相关机构合作，实施知识转移策略，同时与校外企业、投资者共同推进创业教育工作	“香港社会企业”挑战赛（HK-SEC） “校长杯”学生创业计划比赛（VCCE） “杰出青年企业家”计划（EY-PLE） “中大创进坊”项目（ACE hub）

注：[1]香港大学.香港大学创新及创业中心[EB/OL].[2023-05-22].https://www.weventure.gov.hk/.

[2]香港中文大学.香港中文大学创业研究中心[EB/OL].[2023-05-22].https://entrepreneurship.bschool.cuhk.edu.hk/.

2.探索出基础与学科相结合的创新创业课程，针对性培养创业人才

有研究表明，根据实施主体及面向群体的不同，国内外高校创业教育的主要实践模式主要分为以下两种：一是“专业模式”，创业教育由该学校的商学院或管理学院承担，其所需要的教师、课程、经费等均由学校统一承担，受众群体限定在学院内；二是“普及模式”，创业教育工作向商学院或管理学院以外拓展，面向全校学生进行开展[①]。目前，香港地区的高校主要实施的是“基础+学科”创新创业教育培训模式。以香港中文大学和香港大学为例，这两所学校的创业课程主要分为两类，包括创业基础知识课程和学科性创业课程，主要由商学院负责，主体面对全校学生，同时为来访学者开设 MBA、EMBA 等创业课程。其中，创新创业的基础知识课程包括商业机遇识别、企业融资途径、企业管理等入门性课程。同时，基于学生自身的学科专业，开设专门的创业指导课程，协助学生将专业知识有效转化成创新成果。这种创新创业教育模式能够针对性地培养创业人才，不仅让学生掌握创业基本知识，同时更好地结合自身学科实际发挥相应优势。

3.借助创新创业竞赛项目为载体，搭建专门的创业指导平台

长期以来，香港地区高校主要以“创业挑战赛”作为载体，逐步建立起集创业项目、顾问服务、整合校内外资源与投资机会于一体的创新创业教育实践体系。例如，香港中文大学通过举办“香港社会企业挑战赛”“校长杯”等竞赛，香港大学通过开设一系列创业项目，如“创业孵化”计划、“种子”计划等，加深学生对创新创业知识的理解，启发学生对于创新创业项目的积极构思，从而助力创办初创企业。近年大湾区内的青年创新创业基地发展迅速，为创新创业活动提供大量软硬件支持。比如，香港民政及青年事务局发布“粤港澳大湾区青年创业资助计划”“粤港澳大湾区创新创业基地体验资助计划”，为青年提供创业支持及孵化服务，以及资本资助，并加强香港青年对位于大湾区内地城市的青年双创基地，以及内地相关双创政策和配套措施的认识，从而有助于他们日后考虑落户相关双创基地创业；进而推动香港与大湾区内地城市创业基地的发展，为不同行业和城市创业的青年提供各种创业支持及孵化服务。同时，成功落户双创基地的香港青年除了可受惠大湾区各市政府出台的优惠政策措施外，亦可享受基地提供的孵化及辅导服务，降低创业面对的风险。在青年发展基金支持下，各资助机构与近 70 个位于香港及大湾区内地城市的双创基地合

---

① 王占仁.“广谱式”创新创业教育导论[M].北京：人民出版社，2012：187.

作，为在不同行业和城市创业的青年提供各种创业支持及孵化服务[①]。香港大学依托这些外部支持，将创新创业项目逐步扩大范围，原来大部分活动的参赛者仅限于本校学生，但现在部分活动已经开放至全港大学及大专学生，包括职业训练学校学生、硕士生、博士生均可参加。此外，主办方不仅在比赛初期开展创业教育培训活动，而且在竞赛后期还发展出相应的创业辅导项目，搭建系统的创新创业指导体系，形成一个完整的创新创业生态圈，以促进竞赛获奖项目、创业资源进行孵化并转化成实际成果。

4.树立先进的创新创业教育理念，培养学生社会责任意识

香港地区高校在实施创新创业教育过程中，十分注重对学生社会责任感的培养，反映出“全人教育”的办学理念，旨在让接受创业教育的学生都能意识到一个企业想要实现长远发展，必须承担起社会责任来回馈社会与他人。具体而言，即香港高校创新创业教育的实施以培养学生社会责任感为导向，注重培养学生对自己、对社会的责任意识。例如，香港中文大学在对学生的社会责任感的培养上，做出了诸多积极的探索，推行了一系列教育计划。在2011年，推行以“博斯明志、群育新民”为理念的“I·CARE博群计划”，鼓励学生到发展中国家进行实习，帮助学生建立对社会问题的认识，以培养学生的公民责任感与社会服务意识[②]。同时，香港中文大学在与校内外机构进行合作交流，举办各类创业比赛的过程中，始终注重对师生、创业人员等进行人文关怀教育，贯穿创业教育活动整个过程。为了支持港澳青年融入大湾区进行创新创业，深圳出台多项支持政策，如积极推进港澳青年创新创业基地建设，出台税收优惠、创业担保贷款等扶持政策，发布《粤港澳大湾区深圳指引》，出台实施进一步便利港澳居民在深发展18条措施，在全市推广“深港通注册易”“深澳通注册易”服务，支持港澳居民社会保险享有“市民待遇”等。

（三）经验启示

香港高校创新创业起步早，经过多年的发展，目前形成了较为全面、系统、专业化的创新创业教育发展体系。以香港大学和香港中文大学为例，它们较早地建立起专门的创新创业教育工作部门，成为创新创业人才的孵化基地，以“德育为先”为发展理念，把“竞赛育人”“课程育人”作为创新创业教育的基本

---

① 香港民政及青年事务局.粤港澳大湾区青年创新创业[EB/OL].[2023-05-22].https://www.weventure.gov.hk/tc/index.html.

② EDGEWORTHFY. Equal pay to men and women for equal work[J]. The economic journal,1922(32):431-457.

途径，逐步构建起一套完善的专门化创新创业教育体系，为高校创新创业教育实践提供了值得借鉴的经验。

1.推动创新创业教育组织专门化，为学生创新创业提供系统服务

专门的创新创业教育部门是促进创新创业教育工作、培养创新创业人才的重要基地。香港地区的高校在推进创新创业教育工作过程中，坚持把建设专门的创新创业中心作为基础工作，例如成立了香港大学创新及创业中心、香港中文大学创业研究中心、香港科技大学创新中心等，承担起"孵化培育""外援咨询""资金支助"等职责，为学生创新创业提供完善的、系统的、全面的服务。创新创业教育具备理论与实际相结合、学校与社会相联系的特点，需要通过专门的创新创业教育组织整合校内外资源，提供专业的咨询服务、培育服务，以支持学生更科学、高效地进行创新创业活动。一方面，创新创业教育平台能够发挥在创新创业教育中的助推作用，如邀请校内具备创业经验的师资以及校外知名企业家为有意愿创业的学生提供专门的教育及咨询服务。另一方面，专注创新创业教育教学方法开发及研究工作，如开设个性化创业课程、推出不同类型的创业项目、开设创业专题讲座等，为推动创新创业教育提供新动力。

2.设置多元创业教育项目，分阶段系统化培育创业人才

香港高校创新创业教育注重以"竞赛"作为主要载体，注重通过实践方式培育学生的创新精神，例如推出各种类型的创新创业项目，并予以丰厚的奖励金作为获奖者的创业启动金，激励学生加入创新创业项目。2021 年 9 月，人力资源社会保障部发布的《关于支持港澳青年在粤港澳大湾区就业创业的实施意见》(人社部发〔2021〕75 号)指出，根据港澳青年创业意向和创业领域，推荐合适的创业项目，提供咨询辅导、跟踪扶持、成果转化等"一条龙"创业服务。获得支持的创新创业项目有利于塑造学生的创业自信与创业能力。首先，高校创新创业教育应该以多元化的创业教育项目为"起始点"，通过挑战赛、竞赛形式鼓励学生参加创新创业项目，针对学生的学科背景及参赛作品，分阶段推出"赛前""赛中""赛后"课程指导服务，针对性、系统性地培养起学生的创新创业能力，助推获奖成果的实际转化。其次，通过设置多元化的创新创业竞赛奖项，体现出对学生养成创新精神及创新创业能力的重视，激发学生对创新创业活动的兴趣。

3.发挥地区优势整合校内外资源，开发特色教学课程

创新创业教育作为一门实践性较强的学科，仅靠校内教师传授基础知识是不够全面的。成功的创业者不仅要具备基本的商业理论知识，更需要具备

宽广的眼界、善于抓住商机的能力、团队合作的意识，同时还需具备敢于冒险的精神。创新创业理论可以从校内课程获得，但创业者的基本素养却需要基于大量的课外实践课程。高校创新创业教育要发挥地区优势与校本特色整合校内外资源，大力开发特色教学课程。例如，深圳地区可借助互联网科技企业发展的优势，邀请知名互联网企业家开设研讨会，通过沙龙形式与行业龙头企业家们面对面接触，帮助学生了解行业最新动态、培育创新精神等。

4.重视品德教育，夯实创新创业人才素养基础

香港高校在创新创业教育过程中，坚持把"全人教育"作为基本理念，强调培育学生的社会责任感，把培育正直、具备社会意识的企业家作为创新创业的首要目标。"全人发展"的理念将创业教育与学生所学的专业课程进行了准确定位，深刻地揭示了创业教育的本质属性，从而使得创业教育完全从学生学习和接受的视角出发，充分尊重和体现学生的主体地位，有效地激发学生的潜能，收到事半功倍的效果[①]。创新创业教育不仅是培育优秀企业家、改善就业问题的重要途径，更是正确引导学生世界观、人生观与价值观的重要过程。因此，创新创业教育应该始终把"德育为先"作为发展理念，通过实施创业教育，以推动学生形成优秀创业者应具备的基本素养，及养成勇于挑战、善于创新、积极实践等优秀品质。

三、澳门高校创新创业教育发展状况

随着澳门地区高等教育制度体系不断革新与完善，逐渐形成了以政策发展为导向、外引内培的创新创业人才培养模式。与此同时，澳门作为一个典型的微型社会，由于受到自身规模和经济结构等因素的制约，呈现出地域特征所带来的局限性，其本土化创业项目及孵化基地比较欠缺，高校创业教育的主阵地呈现出"向外延伸"趋势。因此，深化创业教育体制改革、打造独立完善的创业孵化基地成为澳门高校创业教育未来发展的重要着力点。

(一)发展背景

1.单一经济结构刺激高校人才培育模式革新

澳门地区经济结构单一，产业结构失衡，呈现出博彩旅游业单极化发展的经济局面。除了博彩旅游业以及具有本地特色的食品加工业以外，澳门地区

---

① 王占仁，区玉辉.香港中文大学创业教育的实践创新与启示[J].中国高等教育，2016(12)：:57-59.

缺乏具有国际竞争力的其他企业，财力雄厚的国际化博彩企业成为澳门经济增长的主要动力与政府财政收入的重要来源。然而，由于受到博彩行业特性的影响，其丰厚的获利性对其他产业发展所需的资源和要素产生虹吸效应，对制造业、建筑业、金融业等其他产业的发展产生了较为明显的抑制作用[①]。澳门地区单一的经济结构，不仅给澳门经济可持续发展带来较大的经济隐患，同时也给澳门大学生就业带来了较大的压力。在此背景下，澳门地区高等教育面临转型发展的需求，要调整学科结构，改进人才培养的目标与模式，重点扶植创新创业教育。一方面通过启动“通识教育”“研习教育”“专业教育”“社群教育”四位一体的全人教育模式，在实践中培养创新人才，以此催生新兴企业，改善脆弱的产业结构；另一方面通过搭建创业就业教育平台，给大学生提供就业创业指导，以缓解大学生就业难的问题。

2.政府主导力量引领高校创业教育发展走向

澳门回归祖国以来，高等教育规模与结构发生较大变化，尤其在规模上实现了大幅度扩张。一方面，高校大学生数量迅速增长。1999 年，澳门高校生人数为 7527 人，截至 2022 年，增至 44052 人[②]。另一方面，高等教育实现普及化，从 1999 年不足 20%的入学率到目前的 80%以上，高等教育已进入普及化阶段。在高等教育大规模发展的基础上，政府为改善当地产业结构，开始大力扶植高校创新创业教育，并采取了一系列措施。首先，在经济与科技发展局下设立“青年创业孵化中心”，与地方各大高校创业教育工作保持密切联系，为澳门青年提供多元化创业支持。该孵化中心的服务包括创业培训课程咨询、创业咨询服务、设立公司一站式服务，并且为澳门青年提供临时办公处，并定时开展创业交流会等。其次，为鼓励澳门青年在传统就业取向以外开拓新的选择和机会，实践创业理想，并为澳门的经济发展注入新的动力，特区政府在工商业发展基金下设立了“青年创业援助计划”，为拥有创业理想但缺乏资源的本地青年提供一笔免息援助款项，协助他们减轻创业初期的资金压力。其中，该计划强调，21 至 44 岁有意愿创业的公民可以通过该计划申请最高 60 万的

---

① 陈广汉.澳门的二元经济结构与政府在产业适度多元发展中的角色[J].港澳研究，2020(3)：33-38.

② 澳门特别行政区政府教育及青年发展局.教育统计数据概况 2022[EB/OL].[2023-05-30].https://portal.dsedj.gov.mo/webdsejspace/internet/Inter_main_page.jsp?id=85814&.

免息援助款项作为创业启动金，还款期可长达八年[①]。作为创业教育的主导者，政府不断加大财政投入，通过建立创业教育的法定机构，推动和改进澳门创业文化氛围，进一步加强对高校创新创业教育的辅助与引导工作。此外，中央政策对澳门高校创业教育发展走向发挥着引导作用。随着2019年《粤港澳大湾区发展规划纲要》，明确提出支持港澳青年在内地创新创业发展的政策举措后，澳门地区高校更加深化了创新创业教育的意识与行动。譬如，为配合国家“粤港澳大湾区”建设战略，澳门各高校注重与内地高校联系，积极丰富完善创业教育课程设置，对学生进行创业教育培训。

（二）主要举措

在政府、企业及内地高校等外部力量援助下，澳门地区高校采取了一系列措施，逐步探索出一个系统完善且具有本土特色的创业教育发展体系。以澳门大学和澳门科技大学为例，高校创新教育在发展过程中主要采取了以下举措：

1.借助特区政府力量，打造“复合＋开放”式创新创业教育组织中心

澳门高校在创新创业教育上具有鲜明的地区特色，与政府密切联系，借助政府设立的创业教育平台，成立起集就业与创业服务为一体、打破学院与学科壁垒的开放式创业教育组织中心（参见表4-7）。目前，政府创办的“青年创业孵化中心”是澳门高校创业教育外延服务、资金赞助的重要基地。通过与其合作，各大高校不断完善自身内部的创业教育组织中心。因应科技创新的发展机遇，配合《粤港澳大湾区发展规划纲要》，进一步制定新的发展计划，澳门大学成立“协同创新研究院”（英文简称ICI），在政府资金援助下，与“青年创业孵化中心”合作，开设各种类型的创业项目，积极推进“跨学科”科研合作，探索科技研发创新途径，提高学生的创新能力。澳门科技大学在2010年成立“创业就业发展中心”，集就业培训、创业培训服务于一体，通过开设专题课程、提高学生就业竞争力、提供咨询服务以帮助学生挖掘自身才能、树立健康的就业意识，为进入人力市场做准备。区别于传统的、以培养学生创业能力为主的单一化职能创业组织中心，以上两所创业教育中心体现出多功能特性，不仅发挥传统的创业教育服务职能，例如开设创业比赛项目与跨学科创业课程等，而且还为学生提供就业服务，开设就业技能培训及提供内地就业资讯信息，帮助学

---

① 澳门特别行政区政府经济与科技发展局.青年创业援助计划[EB/OL].(2021-02-01)[2023-05-30].https://www.dsedt.gov.mo/zh_TW/web/public/pg_ead_lsye? _refresh＝true.

生更好地就业，实现创业就业功能一体化，同时，还具备创业教育研究功能，专注于跨学科创新研究。

表 4-7 澳门创新创业教育组织机构情况

机构名称	主办方	成立时间	机构简介
青年创业孵化中心①	澳门经济与科技发展局	2015 年	该机构为创业青年提供创业顾问辅导服务，创业空间、路演推介、投资对接服务，课程培训、中葡青创互动合作等服务，与澳门各高校密切合作，共育创新人才，推动澳门经济适度多元发展
协作创新研究院②	澳门大学	2019 年	该机构旨在为开发创新技术和服务社会创造一个肥沃的教育和研究环境。该机构下辖的创新创业中心致力于帮助师生将其创意理念转化成实践，为其提供一个创新创业的支持平台，定位为创新创业教育以及在孵化前期支持创业起步的“跑道”，以及协助对接校外资源
创业就业发展中心③	澳门科技大学	2010 年	该机构旨在提高学生整体竞争力，协助学生找出个人优点与特长，挖掘自身潜能，树立健康、良好的就业意识，建立对生涯发展的核心认识，为进入人力市场做好准备

注：此表格根据澳门特区政府经济与科技发展局、澳门大学官网及澳门科技大学官网提供的信息整理所得。

2.充分整合地区资源，走出创新创业教育开放化发展模式

澳门高校注重发挥“背靠祖国，外联葡语系国家”的背景优势，与政府、企业、高校进行深度交流合作，促进外部优质创业项目“引进来”，推动内部优秀创业青年“走出去”，助力创新创业者实现梦想。目前，澳门大学与澳门科技大学探索出“两条腿走路”的创业教育发展模式：一是通过项目合作培养，引入优秀创业项目，借助外部平台把学校内部的创业者“养大”；二是通过搭建桥梁，把优秀创业者引到内地甚至欧洲的优秀企业，让学生放眼外部市场，寻求更多发展机遇。以澳门科技大学为例，由于本校为主办方的创业项目较为欠缺，主

① 澳门青年创业孵化中心[EB/OL].[2023-05-30].https://www.pfm.com.mo/myeic.

② 澳门大学.澳大协同创新研究院促跨学科研究[EB/OL].(2019-08-12)[2023-05-30].https://ici.um.edu.mo/about/introduction/.

③ 澳门科技大学.创业就业发展中心简介[EB/OL].[2023-05-30].https://www.must.edu.mo/cecp.

要是借助内地各类创业比赛平台，积极鼓励学生参与校外创业比赛，把优质学生引到内地进行合作培养，如"中国国际互联网＋大学生创新创业比赛""挑战杯中国大学生创业计划大赛""广东众创杯创业创新大赛"等创业比赛项目①。澳门科技大学创业就业发展中心为推动校园创新创业氛围，培养具有创新能力的人才，积极鼓励学生参与各项创新创业比赛并屡获佳绩。澳门大学在2016年与内地中山大学发起"粤港澳高校联盟"，在"港澳与内地高等学校师生交流计划"的支持下，澳门大学与深圳大学、暨南大学、中山大学和华南理工大学等多所高校合作，开展多项创业教育项目，以校外平台为依托，孵化创新创业人才。目前，澳门大学和澳门科技大学充分利用内地优质创业教育资源，与内地平台深度合作，探索出一条"内融合作"创业教育实施途径。

3.以创新发展为理念，贯彻"实践型"高等教育人才培养模式

创新创业教育的实施对培养学生创新意识、提高学生创业能力具有重要意义。在澳门地区，众多高校以"创新"为理念，把培养实践型人才作为高等教育人才培养的主要方向，在各类教学中，融入创新理念，以培养高素质实践型创新人才②。例如，澳门大学把培养创新人才作为目标，启动"四位一体"的创新创业教育模式，将"通识教育""专业教育""研习教育""社群教育"相结合，促使学生将课内知识与生活学习全面结合。与此同时，澳门大学强调学生的学习体验感，采取课程化的规划方式，为本科生提供体验式的书院学习，在实践中培养学生的创新意识。

（三）经验启示

通过分析澳门大学与澳门科技大学创新创业教育的发展情况，可知主要有以下经验：

1.打造多功能复合式创新创业教育发展中心

区别于传统的创新教育机构，澳门高校创新创业中心不仅提供创业教育服务，还为学生提供就业指导以及对创新教育模式进行研究，集创业、就业与研究功能于一体。创业教育发展中心从政府、企业等各种力量入手，通过多方位配合，建成一个多功能复合式的孵化基地，针对学生群体的不同特质与需求，提供相应的服务。其次，以本校创业教育平台为依托，自主开展相关的创

① 澳门科技大学.创业比赛[EB/OL].[2023-05-30].https://www.must.edu.mo/cecp/startup/match.

② 商应美.香港高校创业教育实践对内地高校创业教育的启示[J].中国青年研究，2014(5):86-90.

新创业项目。在师资上，适当引入一些校外成功企业家、专家及校友等作为创新创业教育中心的校外师资团队，为创业教育与创业研究提供强大的“智囊团”。

2.探索以创新创业发展为核心理念的教学模式

澳门大学协同创新研究院结合认知与脑科学研究中心、人工智能研究中心、数据科学研究中心及创新创业中心，对创新创业教学模式进行跨学科探索，把创新理念全面贯彻融入到育人活动中。创新创业教育的主要目的在于激发学生的创新意识，形成创新思维与提高创新能力。高校应该基于人才培养目标，将创新创业教育融入到各学科的课程体系中，将培养学生的创新精神作为价值取向，持续开展创新创业教育教学工作。

3.设计以实践活动为主体的创新创业教育课程

创新创业课程是实施创新创业教育的主要载体，澳门高校创新创业课程特色鲜明，不拘泥于简单的传统创业基础知识，而是注重打造实践教育课程，让学生“在做中学”，引导学生参与各级别、各层级的创业论坛，为学生提供广阔的创业实践学习空间，激发学生的创业意识。创新创业教育应以开展实践活动为主要途径，因为学生在参与创业实践活动的过程中才能更好地形成创新思维、提高创新能力，积累经验。如果仅通过在课堂上传授创新创业知识，学生难以对创新创业产生更为深刻的体验感。因此，高校开设创新创业课程，应该要根据学校的优势与发展定位，针对性地为学生开展创新创业实践活动课程，把实践活动作为创新创业教育的主要方式。

4.积极向外开拓创新创业人才孵化基地

受经济结构的影响，博彩业“一业独大”，当地缺乏具有国际竞争力的高新科技企业，导致澳门高校创新创业人才孵化工作主要依赖于外部资源，缺乏本土优势资源。澳门高校在实施创新创业教育的过程中，充分意识到地域特性所带来的局限性，积极向外开拓创业基地，让学生参与内地创业比赛项目，带领优秀创业人才“走出去”。作为实践性、体验感较强的学科，高校创业教育在实施过程中，尽量开拓本地市场，也需要充分调动外部资源，与外部创新创业孵化中心合作，鼓励学生深度参与到校外优秀创新创业比赛项目中、广结优秀企业家。创新创业教育作为一个生态系统，在发展的过程中需要充分整合各类资源，与其他高校和社会进行深度衔接与互动，积极向外拓展优良的创新创业教育孵化空间。

四、深圳创新创业文化最新进展

创新创业文化是深圳这座因改革开放而生、因改革开放而兴的城市的基因。它赋予移民城市海纳百川、充满活力、多元共生的文化特质，并为城市发展提供了持续的强大动力。深圳也充分发挥移民文化优势，并抓住经济特区政策支持的发展先机，着力通过高新技术优化产业结构，孵化创新创业人才，以"深圳速度"打造具有国际影响力的创新创业高地，促进城市竞争力不断提升。

（一）移民城市应有的文化特质

深圳作为移民城市，其文化特质体现在以下三个方面。

一是海纳百川的文化精神。作为一个主要由移民组成的年轻化城市，深圳的本地人口相对较少。虽然本省人口所占比例较大，但是总体人口来源覆盖范围相对较广。据第七次全国人口普查公报，截至 2021 年末，深圳人口平均年龄约 33 岁，15 至 59 岁人口为 13965964 人，占 79.53%。由于广东潮汕、客家和广府人的历史渊源，这部分群体在城市人口中占有较大的比例。这也使得这座城市富有年轻特质和移民特色，市民不受地域或族群限制，来了就是深圳人。这种海纳百川的文化精神，善于接纳各种人群、文化和经济形式，在兼收并蓄中达成多元融合与推陈出新。

二是充满活力的市场环境。深圳在经济特区成功创办了 40 年之后，建设粤港澳大湾区、中国特色社会主义先行示范区的使命再次赋予其重任。开放包容与内部活跃的文化特性在政策和市场的双重导向下，持续催生社会创新活力。这也意味着其在政策创新和改革方面具有更大的自主性和试验空间。此外，深圳作为粤港澳大湾区的核心城市，享受到了更多的政策支持和资源倾斜，也因此拥有了更广阔的市场和合作机会，尤其在创新创业方面具备了更强的竞争力和吸引力。深圳还通过与其他城市的互补合作和人才交流，推动了整个大湾区创新创业资源的错层发展，形成了良性的协同效应。

三是多元共生的文化生态。文化不仅是沉淀的成果，也是流动的产物。在"深圳速度"背后，这座城市的人们也通过多元丰盈的文化生活创造高质量的精神生态。世界知识产权组织发布的《2022 年全球创新指数报告》显示，深圳、香港、广州科技集群综合实力位列全球第二。深圳位于改革开放前沿，毗邻港澳，多元共生的文化生态使其在创新创业文化方面具有得天独厚的优势。据统计，2021 年深圳市文化产业增加值为 2566 亿元，年均增速超过同期全市

GDP 增速，占全市 GDP 的比重提高到 8.37%。产值连年高速增长的文化产业，成为城市文化繁荣背后的重要支柱。变动不居的文化资源不仅让城市精神有了传承的土壤，也为文化交融创新提供了养分，由此催生城市发展更多新的生长点。

（二）创新创业文化在移民城市发展中的作用

正是这种移民城市独有的文化特质，使创新创业文化落地生根结果，为深圳的高质量发展提供了不竭动力。

1.创新创业文化驱动社会协同发展

自改革开放以来，深圳始终坚持以创新促进城市可持续发展的理念。近年来，深圳科技产业稳步迈入创新引领的时代，众多龙头骨干企业积极发挥创新带头作用，生长出一批又一批高水平文化科技企业。2020 年初，科技部、发展改革委、教育部、中科院、自然科学基金委五部门印发的《加强"从 0 到 1"基础研究工作方案》（国科发基〔2020〕46 号）明确"北京、上海、粤港澳科技创新中心和北京怀柔、上海张江、合肥、深圳综合性国家科学中心应加大基础研究投入力度，加强基础研究能力建设"。值得注意的是，深圳超前布局原创性基础研究重点方向，逐步构建起包括各类高水平实验室、科研机构在内的实验室体系，锚定基础研究持续发力。截至 2022 年 3 月底，深圳已累计建设国家重点实验室 6 家、广东省实验室 4 家、基础研究机构 12 家、诺奖实验室 11 家，各类创新载体总计超 3100 家。这些有利资源将对深圳经济社会发展起到积极作用，也有助于为创新创业文化与社会协同发展注入更强劲、更持久的动力。

2.创新创业文化提升城市竞争力

文化资源的开发利用与发展离不开城市经济、人口和教育等要素所提供的支撑。近年来，深圳高等教育持续高质量发展，再加上深圳的创新企业和科研机构密集，吸引了大量的高端人才和资本，由此逐渐形成了一个开放而稳定的创新生态系统。据统计，2021 年深圳市专利授权量 27.92 万件，连续 4 年位居全国榜首；PCT 国际专利申请量达 1.74 万件，连续 18 年领跑全国；商标注册量 46.44 万件，蝉联全国城市首位。科技创新发展成就的取得，离不开政府对创新创业的大力支持，也离不开高密度、高质量的创新要素集聚。2023 年 2 月 14 日，深圳市政府工作报告中强调，抓创新就是抓发展，谋创新就是谋未来，要苦练"深圳原创"内功，勇攀"硬核科技"高峰，打造高质量发展的澎湃动力。随着城市发展与移民社会特色和资源禀赋紧密联系起来，以创新创业文化为代表的综合性力量也成为深圳建设质量强市、提升城市竞争力的重要手段。

（三）移民城市的创新创业文化发展方向

当前，建设创新型国家和建立文化自信已成为重要导向。在创新型国家建设和中国式现代化的双重驱动下，移民城市将持续释放更大的创新创业力量。

一是坚持以制度创新持续推动创新创业文化繁荣。相比北京、上海、广州等超大城市，深圳是一个资源短缺型城市，土地资源相对有限，这可能会对城市未来的可持续发展产生一定制约作用。就目前来看，深圳若想抢占未来发展机遇，必须依靠一流的文化环境。而制度层面积极创新，对繁荣创新创业文化具有促进作用。《深圳市科技创新"十四五"规划》提出，到2025年，深圳原始创新能力实现较大提升，关键核心技术攻关取得重要突破，产业创新能力跻身世界一流，高新技术产业整体迈向中高端，建成现代化国际化创新型城市，成为粤港澳大湾区国际科技创新中心的重要引擎。制度上的改革创新和配套完善，有助于释放创新创业潜力，推动产业的持续发展，并在国际舞台上取得更加稳固的领先地位。

二是以技术创新促进产业转型升级。人工智能、云计算、物联网、大数据等是如今正在快速兴起的概念。以人工智能为例，ChatGPT发布后，两个月活跃用户过亿，其火热的重要原因是引入新技术RLHF，以高度拟人化的对话问答方式产生良好的交互体验和表达效果。面对生成式AI所带来的冲击和挑战，深圳作为中国计算机行业的龙头城市，未来更应与国外人工智能发展保持同步甚至超越。而高新技术产业、物流、金融等领域也与AI产业发展具有密切的内在联系。可以预见，深圳在科学技术领域将展现出更多的创新能力，在做好风险防控的情况下让城市因创新创业而受益。

三是以优质教育满足创新创业文化发展需求。深圳不仅拥有优越的地理位置、领先的高新技术，其高等教育整体实力也在不断提升。就目前来看，已有高等院校15所，其中包括哈工大（深圳）、深圳北理莫斯科大学、北京大学深圳研究生院等，到2025年预计达到20所。在高等教育快速发展进程中，深圳市基于城市发展的需要，除推动科教深度融合、不断产出新的科研成果外，也培养了大量优秀硕博研究生，为积蓄人才优势和促进创新发展发挥重要作用。接下来可加强"产学研用"一体化建设，结合自身高等教育发展实际促进创新创业文化建设。例如加强对高校创新创业教育的扶持措施，营造良好的创新创业环境，培养更多更好的创新创业人才。

第四节　珠三角区域高校创新创业教育的现实状况

全面和深入理解新时期中国高校人才培养导向的变化，是应对高等教育进入普及化阶段的挑战、改进人才培养方式的重要前提。当前，创新驱动发展在经济社会高质量发展中正发挥着重大作用，对于创新创业人才的需求更加迫切。党的二十大报告指出："坚持为党育人、为国育才，全面提高人才自主培养质量，着力造就拔尖创新人才，聚天下英才而用之。"大学生作为最具创新、创业潜力的群体之一，面向他们开展创新创业教育，鼓励创新创业，是服务创新型国家建设、提高人才自主培养质量的重要举措。在我国已经实现高等教育普及化的背景下，高校作为支撑人才自主培养的重要支点，应着眼于社会发展的新阶段，为拔尖创新人才创造更加合适的培养体系，既有利于各类英才不断涌现，也让更多的大学生因为创新创业教育而获得历练和成长。高等教育通过创新创业教育培养社会所需人才，有助于保持创新创业人力资本存量的稳步增长。从社会学习理论和场域理论构建个体、行为及环境三重维度的分析框架考察创新创业人才培养质量现状，为高校人才自主培养体系提供了新的解释机制，具有一定的理论与实践价值。

一、调研设计与工具

为有效把握广东省各高校创新创业教育改革与发展的整体情况，我们选取3种类型的10所高校作为样本高校（其中教学研究型大学4所，包括广东金融学院、广东财经大学、深圳大学、广州大学；研究型大学3所，包括中山大学、华南理工大学、华南师范大学；高职院校3所，即深圳职业技术学院、广东轻工学院、番禺职业技术学院）。2021年广东教育厅的统计数据显示，广东174所高校普通本、专科生共253.98万人，其中，普通本科在校生128.57万人，占50.6%；高职（专科）在校生125.41万人，占49.4%。本次调查定向选取具有创新创业经历的大学生作为对象，共发放580份调查问卷，收回554份，其中有效问卷554份，最终有效率达到95.5%，见表4-8。其中，男生291人，占52.5%；女生263人，占47.5%。经数据处理及分析，分析创新创业教育现状，并结合实地观察作为参考。

表 4-8　受调查样本的院校和专业分布情况

院校类型	样本数	百分比/%	专业类型	样本数	百分比/%
高职院校	185	33.4	经管类	225	40.6
教学研究型	190	34.3	理工类	162	29.3
研究型	179	32.3	其他	167	30.1
总计	554	100	总计	554	100

（一）问卷设计

本研究结合访谈提纲对部分高校大学生进行了开放式和半结构化访谈，并制定大学生创新创业培养状况调查问卷，主要维度包含身份特征、学科差异、体验情况等，把握创新创业人才培养的基本情况。经过多次试测后确定具体条目，编成《高校大学生创新创业培养状况调查》，对创新创业学习体验的调查采用 5 级单项选择题，以李克特量表五点式递增计分规则赋值。经过专家评测、不确定性回答的检出率等信效度检验，表明该问卷可以用于大学生创新创业教育状况调查，然后从样本个体特征、就读学校特征、创新创业参与频率、培养条件等四方面选取自变量和影响因素变量（见表 4-9）。结合调查数据，运用 SPSS22.0 统计分析软件进行描述性统计、卡方检验、方差分析等。

表 4-9　变量的定义

变量名称	题项	定义
样本个体特征	性别	虚拟变量，男性赋值 1，女性赋值 2
	就读年级	包括大一、大二、大三、大四
	所在学科	包括经管类、理工类和其他类，分别赋值 1～3
就读学校特征	学校类别	包括教学研究型大学、研究型大学、高职院校，分别赋值 1～3
学习关系	大学生所学专业与创新创业之间的关系	包括密切相关；有关系，但是不大；无关；说不清
参与频率	创新创业课程	包括从未，有时，一般，经常，很经常，分别赋值 1～5
	创新创业竞赛	
	创新创业讲座	
	创新创业社团	

续表

变量名称	题项	定义
学习条件	创新创业教育教学体系	包括非常符合，有点符合，说不清，有点不符合，很不符合，分别赋值5～1
	创新创业活动形式	
	创新创业实践平台	
	创新创业导师指导	
	创新创业实践基地功能	

（二）访谈设计及编码整理

本研究采用半结构化访谈方式收集数据，根据研究目的选取S高校具有代表性的11位不同专业、参与过创新创业教育的大学生作为对象（见表4-10），分别在2019年9月至2022年2月期间进行深度访谈。S大学以“创新创业”为教育特色，将“敢闯会创、改革创新”的理念融入培养过程之中，在创新创业人才培养体系建设上具有较好的典型经验和示范效应。需说明的是，具有创新创业体验的大学生其自我对比和学习力感知比其他学生更为深刻。每位受访者访谈时间范围为27至73分钟，平均访谈时间为42分钟。访谈共有16道问题，主要涉及大学生选择创新创业教育课程的目的是什么，怎样在专业教育中有效参与创新创业学习，遇到创业问题时如何请求帮助，参加了创新创业课程之后有何感受与收获，专业学习与创新创业实践如何平衡等。先由研究者引导，编制访谈提纲，收集访谈对象的语言资料，了解大学生对创新创业教育及自身学习行为的所思所想和他们的行为所隐含的意义。然后，将访谈的录音材料转录成逐字稿，并保持访谈资料内容的完整性。经过整理，最终形成6.7万字的访谈资料。

表4-10 受访者基本情况

编号	院系	专业	性别	年级
A	医学院	生物医学工程	男	大四
B	机电学院	机械专业	男	大三
C	高尔夫学院	高尔夫管理	女	大三
D	数学与统计学院	数学与应用数学	男	大二
E	光电学院	光电信息科学与工程	男	大四
F	计算机学院	网络工程专业	男	大四
G	传播学院	广告设计	女	大三

续表

编号	院系	专业	性别	年级
H	光电学院	光电信息科学与工程	男	大四
I	管理学院	人力资源管理	女	大四
J	数学与统计学院	数学与应用数学	女	大四
K	艺术学部	环境设计	男	大四

随后，笔者对资料进行编码，具体编码依序为：第一码是资料来源（访谈＝访），第二码是受访对象（学生 A＝A、学生 B＝B，以此类推），第三码的数字代表资料收集时间。最后对资料进行整理分析，思考资料类属之间的关系并呈现相应主题。根据扎根理论，运用 Nvivo 12.0 软件对访谈资料逐级编码（见表 4-11），建立类属关系。然后，从中随机选取三分之二的访谈资料（7 份）进行编码分析和模型建构，提炼出大学生创新创业学习力的驱动因素和行动逻辑，在此基础上形成对学习动因、学习资本、惯习表征等方面的理解。同时将另外三分之一的访谈资料（4 份）做了理论饱和度检验，尚未发现新的类属及范畴，说明现有各维度符合既定的逻辑要求。由此说明这一理论框架通过饱和度检验。需要强调的是，“学习动因、学习资本、惯习表征”理论分析框架并不是一套放之四海而皆准的理论体系，而是根据场域理论的解释逻辑做出优化与整合后的阐释模式。

表 4-11　文本逐级编码过程

主题式编码	聚焦式编码	开放式编码（示例）
B1 学习动因	A1 学习意愿	A11 在创新创业上，真正做的和听说的是不一样的 A12 丰富自己的一些知识，多了一条创业的思路 A13 不能等着老师分配任务才采取行动
	A2 价值追求	A21 创新创业课程对我来讲是一个理论知识的补充 A22 创新创业学习重在积累本领，而不是一定要去创业
B2 学习资本	A3 学习经验	A31 我就是为了混得两学分，课程实践缺乏操作性 A32 担心参与实践体会的时间比较有限
	A4 知识网络	A41 有些时候创新创业课程内容较宽泛 A42 创新创业教育没告诉你怎么去做，更多是提供一种思维
	A5 协同关系	A51 更多要靠自己找机会运用专业优势去实践 A52 课程本身偏理论化，我需要自己去学习其他的课程

续表

主题式编码	聚焦式编码	开放式编码(示例)
B3 惯习表征	A6 资源依赖	A61 我觉得学校能不能建设好的课程还是要看学校有没有这样的专业资源 A62 我现在的创业包括我之前的创业,都和专业没有太大的关系
	A7 行为影响	A71 我现在创业做家教,我将课堂上学的知识用在家教经营管理上 A72 你不能说你完全不了解就盲目地去创业,这样失败率是很高的

二、调研结果与讨论分析

按照马丁·特罗的理论,高等教育普及化阶段在入学机会、人才培养、高校与社会的关系等方面将发生质的变化,这就要求高校人才培养模式在培养观念、培养过程等方面作出适应性变革。正如潘懋元先生所指出的,现在中国高等教育正进入普及化阶段,每个人都有机会上大学,存在的是大学、专业和学生之间的相互适应问题[①]。换句话说,适龄青年入读大学已然是适应社会发展的基本需要和自然选择,而不是少数人享有的特权。同时,那些在高等教育精英化和大众化阶段难以进入高校的学习者入读大学后,在一定程度上重塑了大学生群体的结构和特征,也对既有的人才培养方式产生影响。高等教育普及化有力地推动了我国教育体系的现代化水平,再加上高新科技的迭代更新速度加快,为创新创业人才培养注入了强大的活力。普及化高等教育的规模前所未有,高等教育为社会各行各业培养专门人才,是社会各行各业高层次人力资源的源泉[②]。尽管产业转型升级、关键领域技术突破都需要优化人才结构,但是,高校人才培养层次还不能完全满足高端产业发展需要,专业设置和课程体系与经济社会发展结构对接还不够充分,特别是创新创业人才培养仍是高等教育人才培养的短板,无论数量还是质量,都未能满足国家的需求。同时,许多大学生在就业观念上仍停留在“精英岗位”的选择上,对大多数

① 潘懋元,贺祖斌.高等教育普及化背景下的大学治理:访著名教育家潘懋元先生[J].广西师范大学学报(哲学社会科学版),2021(5):120-128.

② 别敦荣.高等教育普及化背景下研究生教育发展的特点、要求和战略重点[J].学位与研究生教育,2022(2):16-27.

人从事的普通岗位和职业类型缺乏热情，导致就业难问题愈演愈烈。尽管有些实证研究反映创新创业人才培养特点，但对创新创业学习投入在学习者的群体差异和成效表现方面尚缺少关注，从而限制了研究结论对创新创业教育实践的指导价值。如何兼顾学科差异、提高培养质量成为人才培养体系中不可回避的新问题。

（一）不同学科创新创业人才培养的差异化特征及影响程度

本部分着重分析不同学科创新创业人才培养的差异化特征及影响程度，探寻优化创新创业人才培养的合适路径。我国创新创业研究渐趋成熟，学界对高校创新创业人才培养的研究在创新创业教育的课程体系、培养模式、支持体系以及评价机制等方面均有探讨，有关研究成果亦呈快速增长态势。社会学习理论主要研究社会因素如何影响和改变人的思想、情感与行动，重视个体、行为及环境三方面因素之间的循环交互作用，其核心观点与创新创业学习内在契合，为创新创业学习实践提供机理参照。为此，从社会学习理论角度将学习条件和参与频率作为调节因素，通过调研分析大学生在创新创业学习行为上的社会交互作用，试图构建一个适用于创新创业人才培养的交互影响的理论模型和优化系统。

1.创新创业课程体系同质化对大学生创新创业行为的影响

普及化阶段的人才培养模式呈现多样化、个性化等特征，为推进创新创业人才培养提供了良好的现实基础。创新创业人才培养目标与实践的有效衔接是促进人才培养与教育资源良性互动的关键环节。目前，高校创新创业课程逐步形成统一的教学大纲和培养要求，但不同学科专业之间的同质化现象比较明显。如此一来，大学生在课程选择上容易产生消极对待行为。如表4-12所示，经管类经常参与创新创业课程学习的样本比例占11.9％，其他专业类占3.7％，理工类占2.6％。诚如有学者所言，课程结构上忽视学生的个性特点及课程内容上忽视知识的多样化等现象，直接降低了创新创业课程体系的专业化程度[①]。从大学生参与创新创业课程的情况来看，根据卡方检验结果，Sig.值为0.016，其概率小于0.05，说明不同专业之间存在显著差异，经管类专业的大学生比理工类和其他类专业的比例更高。在创新创业课程中，超过一半的大学生在科学研究中实现创新创业，主动结合专业优势增强创新创业的科技含量。

① 孙石群.双创时代大学生创新创业教育的融合发展研究[M].北京：中国水利水电出版社，2019：127.

表 4-12 不同学科大学生参与创新创业课程学习情况

学科	统计方式	从未	有时	经常	很经常	总计
经管类	样本数/个	65	109	34	17	225
	在学科内的占比/%	28.89	48.44	15.11	7.56	100
	占样本总数的比例/%	11.73	19.68	6.14	3.07	40.61
理工类	样本数/个	75	69	16	2	162
	在学科内的占比/%	46.30	42.59	9.88	1.23	100
	占样本总数的比例/%	13.54	12.45	2.89	0.36	29.24
其他类	样本数/个	77	65	13	12	167
	在学科内的占比/%	46.11	38.92	7.78	7.19	100
	占样本总数的比例/%	13.90	11.73	2.35	2.17	30.14
汇总	样本数/个	217	243	63	31	554
	占样本总数的比例/%	39.17	43.86	11.37	5.60	100

受调查的大学生普遍认为学校的创新创业教育活动形式丰富并长期开展，学校能提供的创业指导比较及时有效。调研发现，有56%的大学生认为高校偶尔在专业课程中渗透创新创业内容，但仍有38%的大学生认为从未渗透创新创业知识，尤其在实践方面欠缺与创新创业密切相关的实战环节。相比理工类专业和其他类专业，经管类专业在专业课程中渗透创新创业内容的意识和行动比较强①。如表4-13所示，根据卡方检验结果，Sig.值为0.039，其概率小于0.05，可见不同专业在专业课程中渗透创业内容上存在显著差异。这与高校某些学科专业对创新创业活动的简单化认识有很大关系。超过60%的大学生认为所学专业与创新创业之间存在关联，但关系不大，其中17.1%的理工类大学生认为两者是密切相关的。可见，大学生在忙碌的学习之余大多不愿意增加学习负担，导致创新创业行为参与率不高。当然，创新创业教育不是简单引导学生毕业即创业，而是要帮助其累积智慧与才能，适应就业创业市场的形势和需求。

① 虽然大学生实际创业比例较低，且创业失败率很高，但创新创业教育对大学生综合素质的发展和未来就业创业能力的形成具有积极作用。因此，笔者认为创新创业意愿的激发非常重要，尽管创新创业意愿的产生受到多方面影响。

表 4-13　在专业课程中渗透创新创业内容的学科差异

专业	统计方式	从未	有时	经常	很经常	总计
经管类	样本数/个	69	139	13	4	225
	在学科内的占比/%	30.67	61.78	5.78	1.78	100
	占样本总数的比例/%	12.45	25.09	2.35	0.72	40.61
理工类	样本数/个	69	87	6	0	162
	在学科内的占比/%	42.59	53.70	3.70	0.00	100
	占样本总数的比例/%	12.45	15.70	1.08	0.00	29.24
其他类	样本数/个	82	79	2	4	167
	在学科内的占比/%	49.10	47.31	1.20	2.40	100
	占样本总数的比例/%	14.80	14.26	0.36	0.72	30.14
总计	样本数/个	220	305	21	8	554
	占样本总数的比例/%	39.70	55.10	3.80	1.40	100

2.创新创业人才培养方式有助于增强大学生创新创业的参与意愿

随着社会对复合型人才、拔尖创新人才需求的增长，以及高等教育普及化对学生个性发展的推崇，创新创业素质越来越被重视。在创新创业学习中，最理想的状态应是在个体、行为、环境三者交互影响中，使大学生对创新创业的身份认识得以强化，并产生良好的育人效果。首先，受调查的大学生对校内创新创业活动的形式比较熟悉，但大学生主动参与创新创业项目的积极性有待提高，且实际参与过创新创业活动的人相对较少。有 14.56% 的男生和 20.18%的女生从未有过创业的想法，在参与创新创业教育方面男生的意识比女生强烈；相比经管类和其他类专业，理工类专业在创新创业过程中对自身专业发挥优势的认同感比较强。如表 4-14 所示，根据卡方检验结果，Sig.值为 0.023，其概率小于 0.05。可见不同专业在主动参与创新创业方面存在显著差异，经管类专业的大学生在获得创业指导机构或教师指导的机会比理工类、医学类专业要多些。

表 4-14　大学生主动参与创新创业导师项目情况的学科差异

学科	统计方式	从未	有时	经常	很经常	总计
经管类	样本数/个	175	43	5	2	225
	在学科内的占比/%	77.78	19.11	2.22	0.89	100
	占样本总数的比例/%	31.59	7.76	0.90	0.36	40.61

续表

学科	统计方式	从未	有时	经常	很经常	总计
理工类	样本数/个	111	43	6	2	162
	在学科内的占比/%	68.52	26.54	3.70	1.23	100
	占样本总数的比例/%	20.04	7.76	1.08	0.36	29.24
其他类	样本数/个	121	44	2	0	167
	在学科内的占比/%	72.46	26.35	1.20	0.00	100
	占样本总数的比例/%	21.84	7.94	0.36	0.00	30.14
汇总	样本数/个	407	130	13	4	554
	占样本总数的比例/%	73.47	23.46	2.35	0.72	100

其次，一些高校创新创业教育教学模式仍然以课堂讲授为主要教学形式，多停留在技能培训的层面，并没有将创新创业人才的不同发展阶段和专业教育、行业发展有机融通，导致学生被动地进行创新创业学习。虽然受各级政府各种优惠鼓励政策影响及高校的宣传教育，大学生创新创业意识显著增强，而且在当前日益严峻的就业形势下，越来越多的大学生认为自主创业是一条较好的出路。但是，在专业相关性程度较低的情景下，大学专业背景与后续创业实践领域的专业相关性过低，大学创业教育学习模式对大学生创业自我效能的作用也将受到限制①。调查发现，受调查对象中有68.9%的大学生从未参与校内外创新创业竞赛，40.4%的大学生从未参加创新创业讲座或培训活动，更有71.8%的大学生从未参加学校的创业社团。不过，有25.1%的大学生有时会参与创新创业竞赛，54%的大学生有时会参与创新创业讲座或培训活动，18%的大学生有时会参加学校学生创新创业社团。从表4-15可以看出，年级的F统计量为9.020，相伴概率Sig.为0.000<0.05，可见大学阶段的年级高低对学生参与创新创业活动有显著性影响。学科类别的F统计量为3.285，相伴概率Sig.为0.039<0.05，因此学科类别对学生参与创新创业活动同样有显著性影响。但两者的交互作用(相伴概率Sig.为0.071>0.05)对学生参与创新创业活动的意愿没有显著性影响。

---

① 周必彧，池仁勇.大学生创业学习影响创业自我效能的调节效应研究[J].高等工程教育研究，2016(2):80-85.

表 4-15　不同年级、不同学科及两者交互作用对学生参与创业社团活动的影响

项目	平方和	自由度	平方差	F	Sig.
方差	24.341[a]	11	2.213	4.070	0.000
截距	547.965	1	547.965	1.008	0.000
年级	14.713	3	4.904	9.020	0.000
学科类别	3.572	2	1.786	3.285	0.039
年级 * 学科类别	6.384	6	1.064	1.957	0.071

注：a. R Squared＝0.116(Adjusted R Squared＝0.087)；b. p＞0.05 *

3.大学生缺乏利用自身资源禀赋参与创新创业的社会基础

创新创业教育已逐步纳入高校发展规划和人才培养体系，逐步形成较为完善的创新创业教育体系。首先，高校创新创业教育形式丰富并持续开展，实践基地功能较为完善，对创新创业教育起到重要的支撑作用。调查结果显示，有 53.7％的学生认为学校具备完善的创新创业教育教学体系，但 14.1％的学生认为学校目前尚未形成完善的创新创业教育教学体系。大学加强对能力培养的重视，无疑有助于提升毕业生在当前经济社会环境中的适应性，进而加强人才培养与社会需求之间的关系①。但由于高校传统治理结构规约、资源相对不足等因素的制约，导致高校创新创业平台(如创客空间、创业园等)市场化程度较低。例如，有些高校因学校是教育用地不能用作商业用途、不能作为注册地、繁杂的手续和责任归属等原因导致无法令校内孵化器进一步发展②。如此一来，这些高校在为学生提供实践支持方面只停留在平台内部，这容易导致某些创新创业项目虽然在比赛中获得奖项但却很难转化为市场应用。

其次，创新创业人才培养已形成较为系统的模式，但大学生缺乏利用自身资源禀赋参与创新创业的社会基础。有学者认为，高校创新创业教育与实体经济结合不够紧密，高校科技成果向现实生产力转化的力度不够，创新创业教育对促进新技术、新业态加快发展与传统产业结构优化升级的作用不强③。创新创业知识转化为具体经验的过程将决定学习方式的选择以及相应的学习

① 宋齐明.普及化阶段大学人才培养的价值逻辑：能力话语的盛行及其省思[J].江苏高教，2022(1)：66-72.

② 孙石群.双创时代大学生创新创业教育的融合发展[M].北京：中国水利水电出版社，2019：132.

③ 贺腾飞，刘文英.创新创业教育高地建设的现实困境与发展策略[J].国家教育行政学院学报，2022(8)：43-49.

效果。调研发现,大多数学生认为创新创业富有挑战性,认可创新创业的精神影响和社会意义,对创新创业教育的培养效果持正向肯定的态度。可见,大学生学习方式的合意性直接影响着创新创业态度,当这种合意性感知较高时,有利于激发其创新创业学习动力。此外,榜样示范在个体社会化过程中具有重要作用。高校创业社团活动在大学生中有积极影响,他们选择在课余时间不同程度地参与创业社团活动。调查显示有20%的大学生表示萌生过创业想法,但随着时间的推移,由于对创业的认识发生变化,创业风险意识增强,又有超过一半的大学生逐渐消退了创业的想法。可见,创业失意者也会影响同辈群体的创业观念及行为方式。

4.师资结构未能完全满足创新创业人才培养需求

大学生创新创业竞赛是当前创新创业学习实践的重要载体,但满足社会经济发展需求的、具有普适性的创新创业教育运行机制尚需完善。普及化高等教育发展局面来之不易,适应人口规模巨大的中国式现代化建设要求,释放普及化高等教育红利,不但要重视规模增长,更要重视提高办学水平,培养更高质量的高级专门人才①。引导大学生立足自身专业与实践,将创新创业融会贯通并在真实市场中尝试和体验才是提升创新创业人才培养质量的旨趣所在。从目前来看,高校创新创业教育发展处于初期,创新创业人才培养经验尚不成熟,特别是还面临大学生创业成功率低②、师资结构不够合理、创业学院难以支撑创新创业型人才培养等问题。以师资为例,高校在创新创业教育课程体系中普遍采用专兼结合的师资力量,但专任教师大多以原从事思想政治或经济管理教育的教师为主,兼职教师大多以缺乏教学经验和学术涵养的企业家为主。此外,大部分高校创新创业课程隶属于就业指导中心、教务处或创新创业学院,课程负责人多以业务部门管理人员为主,任课教师以部门管理人员、学院副书记和辅导员为主。数据显示,在学校定期邀请创业者或企业家讲授创业经历和经验方面,超过一半的大学生表示“有时邀请”,其中,“经常邀请”要数经管类专业的频率最高(26.5%),理工类专业占24.4%,而其他类专业较少举行此类活动(18.4%)。此外,部分授课教师对创新创业教育抱着观望态度,这是由于他们缺乏对创新创业教育的理解,大多从个人经历角度主观

① 别敦荣,邵剑耀.普及化高等教育与中国式现代化[J].高等教育研究,2022(11):25-32.

② 假如创新创业课程未能从高校传统课程设置中证明其能够对大学生成长与创新创业实践产生积极影响,那么再丰富的教学形式也只能沦为精美的装饰而已。这是笔者考察10余所高校创业教育课程教学现场后的切身感受。

判断优劣，同时也由于面临职称晋升的巨大压力，他们无暇顾及与其学科专业关联性不大的活动。

(二)基于创新创业学习力的访谈分析

本部分着重探讨学习动因、学习资本、惯习表征这三个维度所构成的行动网络如何影响创新创业学习力的形成与发展。从S高校中选取11位具有创新创业经验的大学生进行半结构化访谈，分析访谈资料发现，追求实用的教育导向影响创新创业学习动因，具有创新意蕴和创业情感的课程体验有利于学习资本转化，创新创业实践经历有利于保持惯习表征的连贯性，资源依赖对创新创业学习力产生结构化影响。为此，高校创新创业教育需根据社会创新创业需求提升学习者认知水平，增强创新创业学习过程的体验性和挑战性，调整资源依赖方式开发创新创业学习资源，进而提高大学生创新创业学习力。

我国高校创新创业教育在探索与改革过程中取得了显著发展，已由"普及推广"转变为"质量提升"，为建设创新型国家提供了坚强保障。在新发展格局下，实现高质量发展无疑需要大量创新创业者，而高等教育则始终扮演着重要角色，为释放创新创业潜能积极探索更加多元的人才培养模式。与此同时，创新创业教育逐渐融入高校人才培养过程，通过课程、师资、实践平台等途径培养大学生创新创业能力，为国家和地方培养出了一大批高层次创新创业人才。与此同时，大学生创新创业学习从一开始的自发性、个体化状态走向当前的内生性、整体化阶段，并逐步显现出有效学习的场域特征。当然，高校创新创业教育不是简单地提供课程项目，而是以人才培养改革为导向，改变传统的知识传授方式，培养大学生创新精神、创业意识和创新创业能力，而这培养过程的关键在于提升大学生创新创业学习力。

创新创业学习力的概念，是基于目前学界对于学习力概念界定和研究背景形成的。也就是说，它是属于学习力的一个下位概念，是在创新创业教育中应具备的学习能力。学习力是客观且抽象的，它在动态过程和静态表现中与创新创业教育相互作用，是对大学生的可持续发展具有重要意义的一种素质或能力。从某种意义上讲，创新创业学习力是促进大学生创新创业行为发生、调节学习行为过程、保障学习效果的动态能量系统，也是个体获取、积累和应用创新创业知识的过程，其实践途径是学习行为。大学生是创新创业中最活跃的因素，但如果离开了创新创业教育的持续干预所形成的学习场域，大学生的活跃性就会受到抑制。大学生在场域中表现出来的学习状态和惯习表征，形塑着创新创业学习力的生成机理及发展路径。而创新创业学习力则是支撑其持续、主动、深层次开展创新创业学习活动的重要条件。一方面，创新创业教育质量与创新创业学习力水平密切相关，在实践体验中形成和发展并贯穿整个学习过程；另一方面，创新创业学习力为创新创业行为系统提供强劲而持久的内在支持，促进学习者创新创业素质的转化与生成。基于此，需着重探讨的问题是：创新创业教育带给大学生怎样的实践体验？大学生对自身的创新创业学习力是否有清晰的认识？如何增进大学生的创新创业学习力？为了丰富和充实这一方面的研究，接下来将依托针对11名具有创新创业经验的大学生的访谈分析，试图揭示创新创业教育对创新创业学习力的影响机理。

1.理论基础

布迪厄运用场域视角来研究社会结构，以惯习来分析个体行为，两者相互依存，统一于个体的行动体系中。场域可以被定义为在各种位置之间存在的客观关系的一个网络[①]，它是由一系列个体行为所组成的活动系统，以使个体行动不断地适应变动不居的社会环境。学习场域作为创新创业系统的子场域，是指学生以文化资本的获得为重点的主体间性关系网络。换言之，学习场域是在教育者、受教育者及其他参与者之间所形成的一种以创新创业知识的认识倾向与实践体验为依托，以大学生创新创业能力的培养、发展和提升为旨归的客观关系网络。它可以被看作一个学习空间，在这空间中各主体为了占有更多的文化资本、更大的创新创业能力及场域位阶，彼此竞争与合作，以便在创新创业中获得更多的能力和机会。而大学生创新创业学习正是存在于客观场域中，往往需具备一定的革新意识和创造能力来适应其所处的学习环境。当个体与学习场域真正契合之时，有助于激发其学习力，发挥学习者认识、判断和行动的作用，高质量完成创新创业学习任务。反之，创新创业学习力便受到制约甚至学习成效甚微。可见，创新创业学习力的培育过程是在学习场域中实现的。

综上所述，场域理论对于解释创新创业学习力的影响机理具有较好的适切性，为分析大学生创新创业提供了初步的分析框架。在大学生的成长过程中，他们的行为方式与认知结果往往依赖于其所处的场域。场域作为一个关系空间，在教育的影响下不断丰富内在结构，且不断生成与累积学习资本。创新创业教育的目的在于以引导、激发、生成的方式，将大学生进行创新创业的实践功能与作为更美善的个体的教育目的完整地契合在一起，最大限度地充

① 布迪厄，华康德.反思社会学导引[M].李猛，李康，译.北京：商务印书馆，2015：122.

分发挥出个体的创新创业潜力的同时，实现作为人的目的[①]。增进创新创业学习力，需要基于大学生的学习动因来激发其主观意愿，并通过一定的学习资本来选择学习行为和方式。在场域中，大学生通过学习积累相应的资本，并在这过程中形成创新创业学习的性情倾向系统，即“惯习”，它是以感知、思维和行为图式的形式储存于身体上的产物。在场域内外不同要素互动影响中，学习动因、学习资本、惯习表征这三个维度所构成的学习空间在复杂的行动网络中达到协同与融通。其中，学习动因是学习主体所形成的学习意愿、价值追求等内在驱力，反映大学生创新创业行为背后的主观认知和价值选择。学习资本作为大学生参与创新创业学习的知识网络，体现在学习者之间通过某种联系进而建立起来与校方、企业在行动上的资源支持和协同关系。而惯习表征则反映了个体之间通过彼此接触形成的教与学关系以及这种关系的倾向和质量。可见，创新创业学习力受到相关要素影响的同时，又促进大学生适应创新创业形势，通过获取信息转化为自身的能量，以解决真实世界中的诸多问题。

2.主要发现与讨论

(1)追求实用的教育导向影响创新创业学习动因

创新创业教育作为一种人才培养方式，坚守着高等教育价值与功能，并扎根于育人场域中。场域的影响力由依附于某种学习驱动要素如资本、权力等的一系列结构关系所构成。它在某种意义上作为一个空间概念，正是拥有了稀缺资源的大学生才具备权力的表征而决定着场域之中的位置关系。例如，有大学生认为把自己专业课学好有必要，对以后进行创新创业也是一种能力保障，但也不意味着把专业学好就一定创业成功(访 J20191115)。从知识生成和实践应用角度来看，学习场域乃生产、传播、习得文化资本之所在，且主要是以创新创造性知识为核心内容。但是，某些高校创新创业教育带有学术型人才培养的思想烙印，忽视教育过程中的场域塑造，大学生在经过创新创业教育之后却仍旧难以适应团队协作环境与创新创业实践要求。选修了“创业前沿”课程的 K 同学说:“由于我之前有跟着学长们创过业，所以对这个课还是比较上心的，因为我觉得我能把这个成绩做得很好。该课程作业是做一个创业项目，我们做了‘盒同学’的项目，老师还请了真实的投资人来现场指导。”(访 K20220218)《2019 中国大学生创业报告》显示，2019 年有超过 75%的受访在校大学生具有创业意愿。既然具有创新创业意愿的大学生群体具有较大

① 王志强，郭宇.“追求成功”还是“追求幸福”:对创新创业教育目的的伦理深思[J].教育发展研究，2022(1):77-84.

的比重，那么，大学生们在参与学习的过程中，促使自己掌握必要方式及时适时地作出自我调整与能力突破，以满足创新创业要求。这个过程充分彰显了创新创业人才素质结构向度的多元性。

大学生创新创业学习目标注重实用导向，一定程度上影响了学生的学习动力，以至于学生片面地认为专业课程才具有可学性。事实上，大学生凭借自己所拥有的资本进行创新创业学习，可谋求更多的资本。由此可见，大学生在创新创业场域中所形成的特定资本也是主动进取的产物。但由于一些大学生在课堂上倾向于教师教什么就学什么，课外主动探究意识较弱，存在认知上的依赖化倾向，再加上创新创业面临的不确定性和复杂性，以及日新月异的知识更新和技术迭代，这些因素在一定程度上制约着创新创业学习力的提升。已有研究证实，认知能力异质性的个体对经验会有不同的解读，从而导致不同的创业学习结果，特别是创业机会的识别、评估和利用等高度依赖个体的认知异质性[①]。据J同学反馈，有些授课老师是企业管理人员，包括企业高管，但实际上教授内容较宽泛，缺少可操作性，我就是去混学分（访J20191119）。在自主宽松的大学生活环境里，部分学生缺少吃苦耐劳精神和抵抗挫折的韧劲，遇到困难容易产生被动行为，这是造成大学生创新创业学习动力不足的原因之一。一位数学与应用数学专业的D同学在学完一门创业选修课后认为"在'程序设计基础'这门课上每个人都会有一台苹果电脑，让你自己去编代码，上课形式比较传统。学代码是因为比较实用，让自己多了一条创业的思路"（访D20191119）。受组织实施、活动安全等影响，创新创业学习过程多在学校和课堂中完成，这不利于创新创业动力的有效激发，也难以将理论知识与实践结合起来。这与当前高校过多强调知识测验而忽视对他们创新创业能力的培养息息相关。

（2）具有创新意蕴和创业价值的课程体验有利于学习资本转化

大学生作为创新创业教育的学习主体，是创新创业知识的发现者和建构者，而学习资本正是他们专业思维和深度学习的结构化体现，其作用在于帮助学习者采取合理行动，形成学习内容、学习场域与创新创业体验之间的互促共生关系。但是，一些学生仍然习惯于传统的学习方式，主要依赖课堂教学获取知识和掌握技能，自主学习和独立思考的自觉性不足，制约了创新精神的培养

---

① 梁春晓，沈红.基于体验学习视角的大学生创业学习维度探析[J].湖南农业大学学报（社会科学版），2020(4)：83-92.

和创新能力的提高[①]。据大学生反映，有些创新创业课程大多数属于陈述性知识，而程序性知识相对缺乏（访 H20200115）。假如教学过程中缺少创业情感和责任行动上的深层互动行为，无论支持条件多好都很难有效激起学生对创新创业行动的积极探寻与质疑辩难。"创新创业教育也没告诉你怎么去做，更多是提供一种思维，但是我觉得如果这两者进行结合的话，还是要因专业而异和因人而异。"（访 H20200115）否则，大学生的角色更像是观众，最终缺少对自身行为的理解和反思，创新创业动力也就难以获得释放的机会。就读工商管理专业的 C 同学认为"课程本身并没有办法落地，理论性太强了，更多的是需要我自己去学习其他的课程"（访 C20191215）。通过体验，学生逐渐明白创新创业学习不能拘泥于既有的知识边界，更要重视培养质疑批判能力与创新精神。

其次，高校的教育者和管理者是学习场域中文化资本和经济资本的主要支配者，他们通过权力控制调配资源。在创新创业学习的结构关系中，让学生体验知识应用的过程后，都应该在知识原理深度渗透的基础上更新知识体系，否则容易把创新创业教育变成一般的技能培训。毕竟意义构建能够帮助创业者或组织在模棱两可的框架元素之间建立联系，而这些联系反过来又促成了对个体学习行为以及组织经营方式的新描述，从而触发和促进了创新[②]。一位光电与信息工程专业的 H 同学反映，大二的时候他在老师的实验室待了好久，但是自己现在的创业包括之前的创业，都和专业没有太大的关系，所做的事情也是偏向于运行管理策划（访 H20200115）。相比之下，就读网络工程专业的 F 同学则认为"我的专业和现在的创业活动应该说是非常紧密相关的，因为我现在也是要不断用之前的专业知识。创业活动会促进我的专业知识提升"（访 F20191119）。许多大学为适应社会需求，衍生出一些创新创业人才班和特色课程，试图打破常规的学习活动如合作授课、跨学科课程等，形成了强大且刻板化的关系结构，但以失败而告终者甚多，因其欠缺创新创业课程本应具有的实践追求和能力导向。可见，创新创业课程体验直接影响着大学生创新创业学习的资本积累与行动能力。

（3）创新创业实践经历在惯习保持中发挥积极作用

---

① 居占杰，刘洛彤.创新创业教育背景下大学生创新能力培养问题研究：基于 G 大学经济学专业本科生调查的分析[J].湖南师范大学教育科学学报，2016(2)71-75.

② 陈逢文，付龙望，张露，等.创业者个体学习、组织学习如何交互影响企业创新行为：基于整合视角的纵向单案例研究[J].管理世界，2020(3)：142-164.

创新创业活动是大学生所学知识的一种实践应用，注重整合知识、内化知识、运用知识以及自我学习。伴随着物质生活的丰富和满足以及市场经济快速发展带来的经济理性冲击，新生代大学生的自我需要和自我发展还具有强烈的现实主义取向①。调研发现，为了满足大学生创新创业发展需求，高校常态化开展实践实习、社团活动、各类竞赛，丰富在校学习生活的各种经验。高校也普遍提供了有利条件支持创新创业教育，并通过创业课程、奖学金和创业园为创新创业教育提供可靠支持。一方面，随着创新创业经验的不断积累，大学生们明显对创新创业实践有了更为成熟的策略取向。根据场域理论，个体的行为均受到所在场域的影响。调研发现，S大学开设的15门创业教育课程中，以讲授为主的占89.74%，实验实训的仅为7.67%。大多数受访者反映目前的创新创业教育课程还是以理论讲授为主，虽然有些路演和赛事实践，但更多要靠学生寻找机会去实践。学生作为学习主体因拥有特定的资本，就掌握了场域中的相对力量，占据了特定的空间位置，随后形成了一系列较为稳定的策略取向，这种取向便是惯习。而个体与他人的互动经验，可以内化为个体行动的倾向，并成为场域内的行动共识以及恒定的惯习表征。“作为初创者，我们需要先去了解行业的空白点，然后在这基础上去找到产品需求与应用渠道，这样的创新创业选择才有可能存活下来。否则盲目投入的话失败率是很高的。”(访E20191116)大学生在适应特定的环境中形成行为系统和行动手段，而这个环境又逐渐地成为惯习所建构的场域，可以说是惯习再生产了与学习场域相一致的所有的想法、观念和行动。他们能将先前习得的知识和经验应用于实践任务中加以检验或尝试，积累专业技术和市场运营等实践层面的经验，显然有利于保持惯习表征的连贯性。

其次，实践情境是影响大学生建立资本要素依存关系的重要条件。实践情境是一种促进创新创业学习持续、有效发生所形成的自组织状态，是开展学习活动的主要场所和促进行为发生的空间。场域是各种力量汇集和较量的场所，各种不同权力形式的拥有者之间对权力的争斗都发生在场域中，而个体不仅受到既有惯习的支配，还会受到情境因素和时空结构的支配②。一位受访者反映“直到现在我们其实也不再去做这种零售了，主要是做供应商，我们变成供应商了。很多直播员包括直播的机构，他都会来带我们的货，我们的渠道就变得多样化了，也不仅仅局限于直播这种销售，还有像抖音视频带货、拼多

① 韩丽颖.新生代大学生发展的特征、矛盾与对策[J].社会科学战线，2022(3):215-223.

② 宫留纪.布迪厄的社会实践理论[M].开封:河南大学出版社，2009:53.

多等。”(访K20220218)虽然高校课程在一定程度上促进了大学生在认知和行为上的积极变化,但如果缺乏真实情景和挑战性任务,便不利于大学生专业知识的实践检验与学习资本的积累。“关于创业实践方面还是做项目为主,没有上升到创业的层次。我觉得如果把项目落地的话,需要创业方面相关的人才提供支持。”(访B20191215)惯习的核心意义在于它能促使个体产生意愿并采取新的行动。但若没有主动参与的学习投入,大学生即使在教育环境中能够形成惯习,也难以提高学习力。可见,只有那些熟悉市场环境的大学生才有机会以较低的时间和经济成本来建立相互依存关系,形成他们在学习中如鱼得水的惯习表征。

(4)资源依赖对创新创业学习力的结构化影响

作为面向知识和技术的创新创业学习力,能使大学生具备创新创业技能及创造更高价值的潜力,并掌握具有经济价值的资本存量。但是,当其资源优势不足以支撑其形成创新创业的认知模式和行动资本时,增进创新创业学习力便失去核心条件。对于大学生创业者而言,他们不仅缺乏相关的知识、经验和技能,也面临相对更严重的资源约束,并且有更强的损失厌恶倾向①。调研发现,由于大多数高校创新创业课程教师缺乏实战经验,尽管学识渊博但在面对具体创新创业问题时缺乏结合大学生实际情况进行针对性指导的应变能力(访A20191115)。可见,创新创业教育所需资源与专业教育有所不同,特别是师资的专业优势对建立创新创业教育所需的场域并形塑与之相匹配的育人环境,直接影响大学生创新创业学习力的生成与发展。正如一学生所讲“我觉得学校能不能建设好的课程还是要看学校有没有这样的资源关系,能找到这样子合适的人才来讲。这个肯定不是靠钱能请来的,这人脉资源是一个很宝贵的财富”(访J20191119)。

另外,资源依赖对创新创业学习力带来了一定的影响和挑战。创新创业学习力作为动态能量系统,并不是单一的能力范畴,而是由多元要素构成的学习综合体。目前高校创新创业学习效果主要通过课程学习成绩来评价和反映,忽视了对学生知识建构、迁移和运用等策略性知识的考查②。假如教师的理论水平还只是停留在对创新创业理论系统分析上,而对大学生的专业背景

① 潘涌,茅宁. 填补创业意愿和行为间的“鸿沟”:创业加速器模式的经验与启示[J].江苏高教,2020(3):86-91.

② 潘炳超,陆根书.高校创业教育与大学生创业意向和创业自我效能的关系研究[J].复旦教育论坛,2020(5):43-54.

专业特长缺乏综合考虑，那就很难对创新创业学习力产生结构化影响。一位机械专业的B同学反映："如果你需要短期内找到解决方案，可能就需要校内导师；但一般情况下，可能不会给创业者那么长的时间，校内的导师不知道他的问题在哪里，他就去找校外导师。校内导师教你怎样去成功，校外导师帮你去避免失败"（访B20191119）。有些校外导师大多数都是一些企业员工，通过宣讲自己企业的产品，对大学生创新创业实践转化具有一定的促进作用，而有些培养营销人才的课程，需要更多教授一些销售技巧，如果不去接触社会，不进行销售的话，就难以学会那些技巧。

课题组针对广州、深圳、东莞等三地10所高校进行调研后发现，高校内部创新创业教育支持要素有待整合。目前来看，高校基本都有创新创业研究与教学的教师，但个别高校仅将创新创业教育视为项目性活动，未被认定为相关系科与学科的教学研究的核心内容，也尚未形成创新创业教育的研究团队，教师大都采取单兵作战的教学方式，还没有融入学校的主流。创业教育的参与群体以男生为主，且年级高低对学生参与创业活动有显著性影响；大学生对高校创业教育形式比较了解，但自我身份建构和参与度不足；创业教育课程建设有待加强；创业教育的课堂教学与课外实践脱节，不同专业存在不平衡现象。据课题组访谈发现：大多数大学生认为创业富有挑战性，并能得到锻炼，积累社会经验，持正向肯定的态度。这表明大学生比较认可大学生自主创业的精神影响和社会意义，但对参与创业活动的积极性不高，信心不足。换言之，大学生对自主创业的兴致不高，特别是文科类高校和师范生，缺乏自主创业的激情和热情。因此，高校应加快建构和完善创业教育嵌入专业教育的运行机制，正确理解学习场域与惯习之间的内部结构关系和发生机理，更好地促进创业教育有机融入高校人才培养全过程。而创新创业学习力是大学生素质发展的集中体现，大学需要以创新创业学习力培养为重要导向来驱动人才培养范式革新，这是其担负起创新型人才培养重任的内在要求，也是提升人才培养质量的可行途径。诚然，本研究对象还可以扩大到全国不同地区的高校大学生，不同类型学校创新创业学习力表现还可以进一步提炼和丰富；大学生创新创业学习的学习动因、学习资本、惯习表征之间究竟是如何相互作用的，这些问题还有待进一步深入研究。

（三）研究生创新创业人才培养的现实问题

当前，以科技创新和产教融合为关键要素的创新创业教育正在以协同方式赋能研究生培养，创新创业与高层次人才自主培养全面深度融合。然而，在具体实践中，还存在创新创业人才培养定位不够精准、创新创业项目市场竞争力不足、培养内容相对滞后、培养主体间协同性不足等诸多实践局限，影响着研究生创新创业人才培养协同作用的有效发挥。

1.研究生创新创业人才培养的定位不够精准

在时代发展与价值创造的互动过程中，研究生教育体系具有复杂多变的组织特征。伴随着全球资本市场和技术的转移和扩散，世界不同经济体中的高等教育格局和人才培养模式发生了结构性调整，使得不同高校组织在育人导向和实践上出现一定的差异。以诸多研究生创新实践比赛项目（如中国研究生能源装备创新设计大赛、中国研究生创“芯”大赛、中国研究生乡村振兴科技强农＋创新大赛等）为例，它们基本遵循“以企业为主要推动力”的办赛思路，企业资金支持、企业参与设计题目、企业参与评审、企业为优秀参赛者提供创业就业机会等，让企业成为此类赛事的主要推手。但是，作为育人组织层面的高校过于强调创新创业教育过程的实用功能，而忽视了研究生人文情怀的培育，主要表现为：一是过多关注科技成效，忽视人文内涵。创新创业教育相对集中于鼓励大学生参与创新创业实践以及实体创业，相对缺少了对创业人格的塑造与培养，而缺少了创业型人格内核支撑的创业行动很难持续和获得成效[①]。创新创业教育更应锻造研究生科技报国和勇于创新的精神品质，培养“高精尖缺”高层次创新创业人才。

二是高校较多关注创新创业教育的职业性和技能性，忽视研究生社会性和创造性的发展。究其原因，除了教育环境的影响之外，还跟研究生对创新创业的价值体认和相关制度资源的协调能力有很大关系。他们大多数人是为了达到研究生毕业的条件或者是完成硕士毕业论文而开展研究，一旦毕业，很少有将研究的成果进行实际转化的想法[②]。这说明目前创新创业教育还没有形成可靠的认同模式和运行机制，研究生难以将科研行动与创新创业联系起来。以华为公司为例，华为约有 19.5 万员工，其中研发员工约 9.6 万人，但在人工智能、计算战略、芯片自主等方向仍缺乏高层次人才。况且，大部分研究生还缺乏成果转化运用的能力，而短期产生的研究成果的创新性和应用性程度又有待时间检验，况且按期毕业是他们求学的重要目标，这无疑会助长其求学功利心态。此外，高校自身的师资水平和教学质量也会限制创新创业的深入发展。

① 李燕.多学科视野中的创业者人格研究[J].北京理工大学学报(社会科学版)，2011(5)：152-156.

② 金伟琼.教育国际化背景下研究生创业能力培养[J].当代青年研究，2019(2)：123-128.

2.研究生创新创业项目的市场竞争力较弱

高校原本希望通过创新创业教育为研究生提供一种创新性的学习方式，却忽视了知识学习与实际生活的需求相关性。创新创业反映了个体生存方式及其精神生活体验，但由于个别学校将其变成“形象工程”因徒具形式而失去创新创业的精神内核，未能适应产业转型升级的现实需求。近年来有关研究生创新创业比赛项目（如中国“互联网＋”大学生创新创业大赛、江西省研究生创新创业能力竞赛、重庆市研究生创新创业大赛等）在政府部门、行业协会等单位的支持下，行业企业的参与度显著提升。从比赛结果来看，研究生群体获创新创业大赛奖励的比例逐年上升。但是，由于科研成果转化效益并不显著，再加上研究生缺乏比较成熟的市场研发经验，在知识产权、技术转化等方面缺乏绝对的话语权，最终导致创新创业项目缺乏市场竞争力。

其次，由于在校研究生普遍缺乏解决复杂问题的实践经验和创新能力等因素，再加上有些企业和金融机构因在参与过程中的利益获得感较低而参与的积极性不高，这使得研究生培养与社会需要之间缺失了必要的张力。不少研究生过于关注自己的研究领域，对其他领域鲜有涉猎，这难免造成创新创业行动的思维局限和资源壁垒，对创新创业产生一定的畏难情绪。研究生社会实践经验不足，科研项目的研发往往又受市场变化和国际格局的影响，他们研究的创新项目的实用性、前景性不容易得到客户的快速接纳[①]。他们创业绝大多数凭借一项技术或创意，缺乏面向市场的技术鉴定，也缺少从实验室到市场之间进行成果检验的有效机制[②]。特别是研究生群体对科技孵化扶持政策的了解程度也很有限，且了解渠道也较窄。总之，当研究生参加的创业训练项目和创业实践项目对市场需求了解不够深入时，容易导致创新创业项目针对性不足，影响科技贡献力。

3.研究生创新创业人才培养内容的滞后性

当前，研究生教育的发展趋势在国家政策倡导下发生明显转变，创新精神与创业能力的培养成为其重要内容。2021 年 10 月，国务院办公厅印发的《关于进一步支持大学生创新创业的指导意见》站在提升创新创业能力、实现大学生更加充分更高质量就业的高度，明确了高校创新创业服务平台、创新创业成

---

① 杨峰.研究生创业能力对创业绩效的影响研究[J].清华大学教育研究，2020(6)：114-121.

② 陈武林.创业教育中研究生学术资本转化：定位、价值及实现路径[J].研究生教育研究，2017(4)：25-29.

果转化的运行机制和服务内容①。这意味着我国创新创业的影响持续深化，将使研究生人才培养的社会适应水平不断提升。据悉，中国研究生创新实践系列大赛举办 7 年来，每年为超过 10 万名研究生搭建创新实践平台，50 余万在校研究生积极参与②。研究生参与创新创业教育的人数逐年递增，形成了政府、企业、高校和行业协会共同参与的局面。但是，多数研究生导师迫于科研压力，关注学生课题研究的进展、参加学术交流的多少，对学生参与社会实践的关心支持力度不够③。如此一来，许多研究生创新成果仅作为学术能力的标志，而没有与市场需求有效对接，大部分毕业生也没有将自主创业作为第一选择。国家统计局调研数据显示，仅有 2.4% 的研究生毕业后选择自主创业，创业人员比例较小。可见，研究生创业意愿不强，创业活力有待提升④。尽管研究生在赛事活动中容易受到创新创业成功标准的激励，但能否做出与创新创业活动要求相一致的价值选择和行动能力还需强化人才培养内核。

遗憾的是，在研究生培养的过程中，创新创业教育因缺乏对学科知识的有机融合，制约着研究生的知识创新和能力拓展。问题世界的复杂性和系统性决定了单一学科视角的局限和应对困境，且随着社会分工和专业领域的愈加精细化，这种局限和应对困境会愈来愈显著⑤。随着技术更迭速度的加快，现有研究生知识体系和先进知识之间的鸿沟不断增长，再加上某些课程内容相对陈旧，这就无法保证研究生在第一时间获取最前沿学科知识及其应用转化经验。例如，在选课过程中，面向研究生设立的创新创业课程尚未形成有效覆盖，大部分研究生无法像本科生一样选到心仪的创新创业课程。课程体系与培养过程二元分离，难以保障人才培养的系统变革，亦难以汇聚优质资源协同保障创新创业人才培养。可见，创新创业人才培养内容在理论创新与应用创新方面的滞后性。仅向研究生提供既定的学科知识和基础实验操作，这显然

---

① 国务院办公厅关于进一步支持大学生创新创业的指导意见[EB/OL].(2021-10-12)[2022-11-25]. http://www.gov.cn/zhengce/zhengceku/2021-10/12/content_5642037.htm.

② 中国研究生创新实践系列大赛简介[EB/OL].[2022-11-25]. https://cpipc.acge.org.cn/.

③ 侯士兵，沈延兵，沈燕明. 就业引导教育融入研究生培养过程的机制研究[J].学位与研究生教育，2017(4):43-47.

④ 范金平，董婧.为高学历人才植入一颗“创业心”[J].济南日报，2022-11-24(2).

⑤ 田贤鹏. 从学科立场到问题导向:跨学科研究生培养的机制变革[J].高教探索，2021(3):52-59.

不利于能力培养和成果研发。

4.研究生创新创业人才培养的主体协同性不足

目前研究生创新创业人才培养尚停留在一般的实践探索和理念讨论层面，缺乏院校与企业、政府之间的整体战略和有机协同，导致资源缺乏有效整合。这种知行分离的培养范式将创新创业人才培养束缚于单一学科领域内，导致多元协同功能受限。在学科主导的研究生培养模式弊端日渐突显、科技竞争环境日趋复杂的新时代语境下，学科交叉和资源整合成为研究生人才培养模式改革的发展方向。知识生产的转型使研究生教育更需适应这种持续不断的变化并实现自我革新，基于学科原理的创新性应用或学科交叉的集成性创新研究更能解决人才培养的滞后问题。过于刚性的制度边界往往因其带来治理成本的增加而间接导致学术创业微观主体放弃学术创业或者进行隐蔽创业[①]。由于不同学科之间的交叉融合机制不健全导致协同育人容易陷入资源壁垒中。

其次，各参与主体因彼此追求的目标不一致，定位与权责界限模糊，导致资源共享意愿较低，相关创新创业项目难以落地。有些企业参与创新创业教育的方式大多停留在提供实习机会等传统形式上，对创新创业人才培养方案、项目投资与持续扶持等方面的参与度不足。各利益相关主体协同育人过程存在培养目标不明确、各利益主体人才需求和研究生人才培养不匹配的现象，大多只单方面考虑学校利益或者企业利益，很少综合考虑研究生、学校、企业、家庭、政府的利益[②]。高校如果短期之内无法培养出合格的研究生创新创业者，对师生创新创业意识培育、创业活动与社会市场接轨等方面不能及时提供实质性引导，就无法验证教育成效。最终，师生在面对资源整合、试验失败、迭代设计等不确定性事件时，容易忽视已有的生活经验和社会需求而陷入困境之中，难以发挥在面临复杂处境时迁移思考和跨界整合的协同作用。

(四)讨论与建议

目前，高校普遍把创新创业教育作为人才培养模式改革的重要手段，并在融入人才培养全过程中取得了一些成绩，为社会经济发展提供了人才支持。通过调研发现，创新创业课程体系同质化对大学生课程选择行为产生消极影

① 罗泽意.大学学术创业困境及突破路径：组织边界理论视角[J].高校教育管理，2022(4)：62-74.

② 严立宁. 利益相关者视域下我国研究生教育协同育人模式的构建[J].现代教育管理，2022(3)：110-118.

响，大学生缺乏利用自身资源禀赋参与创新创业的社会基础，师资结构未能完全满足创新创业人才培养需求。为此，高校还需进一步调动大学生个体学习积极性，针对不同学科专业的创新创业学习过程加强针对性引导，力争从个别化的创新创业驱动体验转向全过程的创新创业体验，在交互影响中提升创新创业人才培养质量。在教育部着力打造创新创业领域“金课”的背景下，高校创新创业教育已取得显著的育人成效。通过访谈发现，大学生创新创业学习更加趋于理性，受访者有更明确的发展方向，可见他们有能力以适合需要的方式自主构建学习路径。但是，仍存在一些影响创新创业学习力发展的场域因素，表现为创新创业学习的被动心态与实用导向，实践方式相对封闭且情境性不足，影响着创新创业学习力的持续性与生成性。为培育大学生的创新创业学习力，应充分认识场域特征，采取相应的激发策略，创设反映场域特质的学习生态，增强创新创业学习过程的情境性和体验性，发挥学习场域的积极作用。

1.创新创业人才培养需兼顾学科和个体双重差异

在高等教育普及化时代，高校可根据学校实际与学科差异，尊重大学生创新创业意愿，优化创新创业课程学习经历，提升大学生对创新创业的身份认识。一方面，结合学科实际引导大学生通过获取、整合、利用外部知识，形成特有的新知识。有研究认为，不同高校由于学生对象、办学理念不同，其对创业教育也具有不同的定位，形成各异的创业教育理念和目标，进而产生相适应的创业教育模式①。创新创业教育需把学习的主动权交还给学生，从知识的接受者开始转变为知识的探究者，使大学生成为创新创造的主体。另一方面，高校立足学科基础，着眼国家及社会需求，融合多元教育形式形成创新创业人才培养合力，培养大学生创新创业素质。教师亟须重新考虑教什么和如何教，以及如何在教学中变得更具备创业性②。不过，一些大学生错把创新创业教育简单等同于几门创新创业课程、几次实践环节，有的学校甚至盲目鼓励学生脱离专业学习，过早介入创业实践，最终造成创新创业教育的表层化，这是需要规避的。

此外，要提升大学生认知能力与创新创业学习动因的匹配度。大学生为获取创新创业知识和经验，亲身参与和独特体验是提升创新创业学习力的基

---

① 石燕捷.大学生创新创业教育新模式研究[M].天津：天津科学技术出版社，2021：88.

② 赵国靖，龙泽海，黄兆信.专创融合对高校创新创业教育绩效的影响研究[J].浙江社会科学，2022(7)：142-152.

础。所以,辨识创新创业需求是培育创新创业学习力的关键环节,由此他们才可根据个体能力设计创新创业学习过程,形成科学的学习路径。受组织惯性和路径依赖的影响,没有创新创业精神的注入,现代大学将难以避免组织的科层化和官僚主义的管理,无法成为创新创业生态系统的开发者和促进者①。一方面,赋予大学生主体在创新创业教育过程中的核心地位,形成创新创业学习自适应系统。这种自适应的学习过程,是建立在激发大学生创新创业学习动因的基础上推动学习场域的纵深拓展。另一方面,创新创业过程是引导大学生寻求专业优势与发现社会价值的过程,这要求学习经验具备一定的创新属性和实用导向,使创新创业学习产生积极的社会效应。如果创新创业学习的过程、内容不能让其产生使命感和成就感,那会使创新创业本身成为负担,限制了专业发展空间,也不利于学习动力的激发。对于在创新创业教育的学习场域中具有理性行为的大学生来说,当主体性意识具备了被激发的客观性条件时,便可以相对自由地探索和凸显个性,并在深度思考过程中提升创新创业学习力。

2.重视培养过程优化大学生创新创业课程经历

高校可根据学生对创新创业的课程理解和学习需要,通过全真模拟实践平台转变大学生的角色认知,在正向反馈中促成其创新创业课程理解意识。特别是给予大学生足够的宽容与支持,创造条件使其获取必要的创新创业成功体验。一方面,针对不同发展阶段的创新创业活动予以分层次的实训机会,降低创业风险,提高成功率,着力防范个体创新创业的矛盾和风险。创新创业人才的培养区别于传统意义上的优秀人才培育,它侧重于开发人才的独特思维,创造或者说是改进某项新的手段和方法,培养人才的动手能力和实践能力,将新想法转化成有益的事物②。另一方面,分层次、针对性地开展创新创业教育,增加成功体验是夯实创新创业人才培养过程的重要手段。社会学习理论认为个体需要在各种强化作用下,通过成功体验进行认知重组,进而产生对相应行为的认同,并促进自我效能的提升。例如,通过建立相关评价机制筛选出创新创业前景好的项目来提供课程服务,增加创新创业成功体验。当然,创新创业实践需求的满足也对课程教学提出了更高的要求,不能仅仅是传统意义上的课堂教学,更多需要协同合作、模拟应用等体验式教学。

---

① 王建华.创业精神与大学转型[J].高等教育研究,2019(7):1-9.

② 赵峰,薛璐婕.内涵式发展视域下高校创新创业人才培养研究[J].科学管理研究,2018(4):73-76.

此外，要增强创新创业学习行动的体验性。大学生个体学习方式和专业背景是创新创业学习力个性化的体现，所以其自身的学习质量既非个体或场域单一方面所能决定的，也非创新创业教育实施者所能决定的。这就需要回到大学生的实质性学习行为上来，通过设定高标准来提高学生的成就动机。大学生创新创业竞赛项目训练是提高创业意识、竞争能力的重要机制，但在关注创造性行为的同时，还要激励他们对自身专业发展空间的优势突破。通过竞赛活动促进学生了解创新创业及专业知识点、认识创新创业过程与难度，特别是对创业的解读，为今后从事真实的创新创业实践奠定基础。[①] 尽管课程体验或竞赛过程在某种程度上能够带来必要的意义体验，但如果缺乏创新创业实践中的认知升级和能力挑战，实际上就已经脱离了“学习动因、学习资本、惯习表征”三者之间的动态联结关系。所以不能简单地以课程成绩和展示分享来判定创新创业学习效果，而应关注大学生的认知能力、惯习表征等实质性特点，使学生更加了解自己的专业发展空间，也为他们寻找创新创业需求和就业动向指明方向。与此同时，通过设定高标准学习系统，创设支持性的学习场域，提高学生的创新创业学习力，成为创新创业问题的发现者和解决者，优化学习资本的发展旨趣。

3.加强高校创新创业教育系统间联动融合的服务机制建设

当前，经济社会已进入高质量发展阶段，而普及化时代的高等教育也由外延式发展走向内涵式发展的新周期。面对这些内外转变所带来的机遇和挑战，高校要坚持人才培养中心任务，在服务教育强国建设的过程中，完善创新创业人才培养联动机制。在未来科技加快变革的情况下，有效联动高校资源促进大学生发展，是创新创业人才培养所应重视的环节。高校可建立联动融合的服务机制，以保障学生个性化、多样化体验的选择权利。一是建立高校内部及高校之间的创新创业课程学分比例与互认机制，不断拓展体验空间，实现区域高等教育群落之间创新创业资源的深度整合和协同效应。二是持续完善各类大学生创新创业孵化机制建设，联合基金会、校友会、研究机构和企业等多元力量协同孵化培育，通过项目孵化和创业榜样释放更大的育人效能。如此一来，将有力推动人才培养链与创新链、产业链有效衔接起来，引导学生到生产实践、基层、人民中去建功立业，促进高等教育功能的有效转型与持续升级。

---

① 江帆，张春良. 机械专业创新创业教育的建构[J].高等工程教育研究，2018(6)：168-173.

4.促进创新创业师资建设与学科发展优势互补

从全球高等教育发展规律看，学生规模扩大和结构优化是经济社会现代化进程的应有之义，是提高国家人才自主培养质量和国际竞争力的重要路径。我国高等教育毛入学率与发达国家的差距继续缩小，这将有力地提升我国劳动者素质，更好地符合经济社会发展需要，最大限度上满足人民群众对高等教育的需求。创新创业人才培养要在交互影响中激活大学生创新创业潜能，让他们在社会理性上知觉到这一行为是有必要的，并确定自身有能力完成该行为。社会学习理论认为，群体规范直接引导成员的行为，对成员的影响是直接的。为实现创新创业与学科专业优势互补，高校可选拔金融、法律、信息、管理等相关专业背景的朋辈和师长组建帮扶力量，针对大学生创新创业发展在不同阶段所遇到的问题，在优势互补中有效提供精准帮扶和专业支持，提升个人和团队创新创业能力和技巧。当然，师资团队构成不能限于学院派教师，还应该同时吸纳很多具有创业经历的兼职教师进行授课，例如开发校友及校外企业家资源，邀请具有成功创业经验的校友或企业家作为兼职教师。

5.调整资源依赖方式开发创新创业学习资源

在创新创业的学习场域中，掌握知识与思维转化是习得文化资本的可靠方式，如师生基于创新创业项目的合作互动，以及学生通过提升学习力获得职业市场的思维转型。大学生创新创业学习内容的选择，关键在于学习资源能否持续更新，满足大学生对创新创业教育的现实需求，保持与科技创新前沿的紧密连接，丰富创新创业教育资源支持系统。因此，根据创新创业教育的专业优势调整资源依赖方式，充分发挥导师资源的内外部优势，合作开发学习资源，让大学生自主选择学习内容，有助于调动他们的创新创业内驱力。譬如，通过市场调研、获取融资渠道等多种方式来利用创新创业资源进行创造性实践。因此，提供适合的创新创业学习资源，需将资源依赖方式变为资源驱动方式，从而保持创新创业教育的生命力与吸引力。

第五章
高校创新创业教育的机制完善

高校创新创业教育机制的规范建立与高效运行，离不开政府、企业及高校本身的协同发力。一个高效的运行机制，不但能够帮助高校更好地开展创新创业教育，还能够促进学科专业人才培养改革。为此，可从创新创业教育的目标框架、教学机制、实践平台、评价机制等四个维度构建"四位一体"运行机制，为创新创业教育在高校人才培养模式中的内化与整合提供可行路径。

第一节　创新创业教育的目标确立

我国大学生群体在上大学前，基本都是没有受过创新创业课程训练的，进入大学后，他们才开始接触创新创业相关的信息。因此，进一步加强各类大学生创业孵化机制建设，要突出创新创业教育的发展功能，不能仅为部分学生提供创业孵化，更重要的是通过孵化过程和少数创业典型，激发更多学生的创业兴趣，把创新创业教育真正变成面向大学生的教育。这种价值定位应以互联网为依托、以创新和专业为灵魂，注重个体的创意和群体的需求，进而达到分享资源、创新技术、提升素质的目的。创新创业教育所面向的群体不只是少部分的大学生，而是面向所有专业的大学生。以他们在高校中所学的专业基础知识和基础技能为基础，发挥自己的专业优势参与创新创业活动。创新创业教育进入高校以来，多采用选修课、竞赛、课外活动和讲座等形式来进行。目前，大学生接受创新创业教育更多的是从了解创业教育开始的，没有系统地接受创业教育，学到的更多是表面功夫。因此，大学生接受创新创业教育需要有一个精准的目标系统，结合社会的发展和学生的实际，将创新创业教育融入人才培养目标。

一、创新创业教育的教学目标要与专业人才培养目标相契合

创新创业教育的运行机制建立的目标在于通过构建创新创业教育过程中学术资本实践形态，搭建创新创业教育孵化平台，形成创新创业成果转化的实践共同体，提升大学生创新意识和创业能力。目标是一种期望，对大学生的创新创业行为具有激发和驱动的积极作用。创新创业教育是面向全体学生的素质教育，超越以缓解就业为目的的特别化教育形式，而应成为素质教育体系的一部分，重点培养大学生的创新创业精神。为此，高校要结合创新创业人才培养目标，注重培养学生的创新意识、创业精神和实践能力，并针对学生不同层次的创业意愿，设置不同层次的教学目标，分层开展创新创业教育，逐步提升学生的创新创业能力。

通过创新创业教育提高大学生对专业知识的理解与转化，掌握社会资源利用能力和社会实践能力。目前，高校创新创业教育系统也缺乏创新创业教育多主体高度融合、协调联动的目标机制，无法保障学生个性化、多样化的教育选择权利，导致国家政策对高校创新创业教育实效的影响比较有限。以理论教学为主，而应用性训练、创业实践环节、参观考察交流则严重不足，因此造成大学生创业理论教育与创业实践脱节，开发出的创业项目和培养出的创业人才实际上难以适应竞争激烈的市场需求，不利于大学生创业意识的形成和创业能力的增强[①]。在校大学生或应届毕业生，自身资金积累微薄。此外，大部分大学生参与创新创业的行业不受风险资本的青睐。大学生创业者除资金问题之外，在业务拓展和技术创新方面也缺乏相应的竞争力。“创业服务需求具体到更低的政府层次时，创业服务支持的力度稍显薄弱，基层创业服务机构还没有普遍设立，面对一些比较细致琐碎的创业服务需求，市级以上的创业服务机构显得鞭长莫及。”[②]由于高校创业平台（如创客工作室、创客空间等）市场化不足，导致很多学生创业项目在获得相关比赛奖项后很难转化成为市场项目，高校学生创业项目成功率有待提高。

因此，创新创业教育的教学目标要与专业人才培养目标相契合。创新创业教育目标的确立，要结合高校实际和学科专业特点，扩大大学生的就业创业

---

① 郭志辉.大学生创新创业教育研究[M].成都：电子科技大学出版社，2016：155.

② 赵建国，廖藏宜，许晓明.大学生创业影响因素及扶持政策研究[M].北京：经济科学出版社，2017：62.

适应范围。创新创业教育不仅在于鼓励大学生创业，更关键的在于培养促进社会进步的创新型人才。同时，从创新创业教育与专业教育相融合的角度构建系统完善的培养体系和培养方案，推动创新创业教育与专业教育在课程设置、教学过程上的互促协同作用，把创新创业教育的核心要义真正落到实处。

二、创新创业教育的培养目标要与大学生个体未来发展相适应

高校通过创新创业教育，将大学生的学习场域与高深学问转化有机互动，使之成为社会服务的一种手段。创业教育相对封闭的格局制约着目前高校创业教育的健康发展，高校创业教育体系需要主动突破，融入创业生态系统，嵌入地方产业集群是实现这种突破的可选路径之一。因此，从运行机制与制度角度触发高校内外影响因素互动交融，有助于高校理解创业环境、专业教育对创业教育的影响，提高市场快速变革环境下的人才培养质量，为专业教育提供相匹配的创业知识体系和学习机制。因此，为优化大学生的学习场域，应充分认识创新创业教育的场域逻辑，走向学习者自适应能力培养的学习定位，从知识本领的被动积累转向生命价值的自主生成，营造情境创生的场域环境，形成具有学业挑战性的关系结构，以提升学习效果。

创业教育的广泛性和持续性决定了创业教育的核心应专注于创业精神的培养，这是知识教育所不能替代的，因为知识在面对纷繁变化的环境时是有限度的，而作为品质的精神是无限的，因此精神教育更为重要[①]。创业的本质在于创造价值，但所创造的价值应当是新奇的，需要创业者善用机会、调配资源、采取行动，并承担失败的风险。高校应将培养学生的创新意识作为创业教育的首要任务，让学生理解创新对我们意味着什么，这有利于帮助学生认识和理解外部世界中的创新创业活动及其重要性，从而为学生今后从事创业打下坚实的基础。培养创新意识的目的是让学生学会用创新的思维去思考、计划、做事、感知、交流、学习[②]。创新创业教育的培养目标要重视培育和激发师生的创新创业精神和创业信念。这意味着，教师要将研究的学术价值与商业价值融合，通过企业咨询、研究成果转化、创办基于研究成果的企业等形式参与经济活动；同时，通过创新创业教育将学生培养成为创新创业型人才。

---

① 刘文杰，史秋衡.高校“创业教育热”背后的冷思考[J].大学教育科学，2017(1)：104-109.

② 崔军，戴越.高校创业教育理论研究[J].高教发展与评估，2018(1)：31-38.

三、学术资本在创新创业教育中的目标定位

创新创业教育，是以自己独特的专业资本开展的创新创业活动，将学术资本转化为具有市场价值的服务产品。学术资本在创业教育中的目标定位分为三方面：一是知识管理目标。布鲁贝克认为："学术自由的合理性至少基于三个支点：认识的、政治的、道德的。大概最主要的是认识方面的。为了保证知识的准确和正确，学者的活动必须只服从真理的标准，而不受任何外界压力，如教会、国家或经济利益的影响。"[①]因此，为推进学术资本转化，创新创业教育需从象牙塔中走出来，以一种新的姿态协调与政府、市场的关系。这种关系体现在运用新知识和新方法到实体经济中生产新产品并完成商品交易，知识是创新创业最重要的资源。大学生拥有其自身专业领域的知识积累，若以个体专业背景为依托，通过创业教育将这些知识应用到实践中，这对提高研究生的创业感知、促进科技成果转化将带来积极作用。

二是市场价值目标。当前"高学历、高技能、高起点"已经成为新生代创业者的主要特征，大学生创新创业浪潮正呈现出强烈的上升趋势。国内人才培养模式逐步完善了产学研联合培养、学科融合、跨专业交叉培养等多样化培养机制，为创新创业教育提供了持久的动力。虽然研究生教育与市场需求结合具有不可估量的潜在价值，但"逐利的市场与追求自由的学术可以通过结合产生令人惊奇的效果，也有可能导致褒贬不一的学术资本主义，使得高校的研究从兴趣驱动转变为利益驱动"[②]。如果仅仅靠利益驱动、过度追逐利润，可能导致学术资本转化的功利心态而不利于学术资本的开拓创新和公平竞争。为保证学术资本的创新导向和市场导向，创新创业教育在培养方案、课程设置、培养方式等方面应明确地区分学术资本的服务对象，在足够的学术训练和针对性的实践训练中提高市场适应力。

三是人才成长目标。与本科生相比，研究生的知识结构更全面，专业知识更系统，查找问题、分析问题和解决问题的思路更合逻辑，并且具备了一定的研究水平和创新能力。可以说，研究生的思维活动、认知水平、道德情感等身

---

① 约翰·S.布鲁贝克. 高等教育哲学[M].3 版.王承绪，郑继伟，张维平，等译. 杭州：浙江教育出版社，2002：125.

② 温正胞，胡敏. 高校科技创新引领产业发展的德国经验及其启示[J]. 教育发展研究，2016(9)：58-64.

心素质发展逐渐成熟。“对于学生个人来说，培养和训练其自主职业开发能力或创新创业能力，仅仅拥有由相关专业学识能力和综合学术素养等构成的学术资本是远远不够的，更要能够利用资本运作资本，以充分发挥自身学术资本的资源优势，显现学术资本效能。”[①]当前高校人才培养目标、理念、机制、方式等，还不能很好地适应国家创新组织形式的新常态，并在一定程度上造成了学术成果的割裂和闲置，制约了本科生和研究生在创新能力和综合素质等方面的提升。

第二节　创新创业课程及其教学过程

高校创新创业教育的课程及其教学过程着眼于创新创业知识与技能的学习与掌握，为从事创新创业活动提供基础。针对不同阶段和专业的大学生，运用多元化的创新创业课程及其教学方法，不仅有利于培养其批判性和创造性思维，激发创新创业灵感，而且有利于挖掘和充实各类专业课程中的创新创业教育资源。

一、创新创业课程体系建构

假如大学生得不到有效的专业指导和实战演练，那么就会对创业商机、风险评估、管理运营把控不够，一定程度上降低了创新创业教育的实效性。因此，在创新创业课程体系建设上，要把专业知识、专业实践与创新创业知识、创新创业实践互补融合，将创业学、经济学等知识体系纳入相关专业的必修课和选修课，同时把专业实习实训、创业实践、社会调研服务作为实践途径，形成涵盖创新创业和专业的基础知识传递、理论提升、实践创新的课程教学体系。

（一）将创新创业课程纳入必修课程

创新创业教育课程体系的构建重在将科技与创业精神高度融合，将创业体验与多专业交叉相结合，打破创新创业教育与专业教育的分离状态，提供交叉领域的科技创业机会。在不同的专业，创新创业教育目标和做法不同，但创业教育的地位应是相同的，学生应像对待专业知识一般，同样重视创新创业教

---

① 刘春花．学术资本：促进大学生创业能力提升的要素[J]．教育发展研究，2010(21)：67-70．

育的知识和技能。创新创业教育在高校中多数作为辅修或者选修课，无法保证每位学生都能接触到创新创业教育，这间接削弱了创新创业教育在高校中的地位。创新创业教育要顺利地嵌入专业教育，改变忽视创新创业教育的观念是首要的。通过革新制度，将创新创业课程纳入必修课程，能够表明校方和政府的支持态度，让教师和学生正视创新创业教育。同时，研读创新创业教育课程时修得学分，能保证每位学生都参与到创业教育中，激发学生对创业潜在的兴趣。

随着高等教育体制改革的不断深入，高校创新创业教育在发展中取得了显著的效果。然而，在创新创业教育过程中也面临诸多困难与瓶颈，例如创新创业教育的目标指向与大学各学科专业的人才培养方案缺乏有效对接，有关创业意识、创新精神和创造能力尚未有效融入人才培养的全过程等。如何培养具有引领能力的创新创业人才，服务社会主义现代化强国建设，是新时代值得思考的重要课题。大学生是学习的主体，是积极的知识发现者和建构者，而学习方式则是他们专业性思维和创造性学习状况的反映，其意义在于引导学习者积极地思考和行动，寻求高质量的学习，把握学习成果、学习环境与学习体验之间的互促共生关系。在全面深化创新创业教育改革的背景下，创新创业教育逐渐融入各专业人才培养过程，这是深化高校教学改革、培养学生创新精神和实践能力的重要举措，也是提升高校课堂教学质量的有力尝试。

（二）保持创新创业课程结构的融合性

创新创业教育要贯穿整个人才培养过程。针对不同创业层次、创业需求的同学开设有层次性、针对性的创新创业教育课程。例如，大学一年级通过专业基础课程、文化素养和创业基础等课程组合，有效培养学生的创新意识、创新能力和创业精神。二年级通过专业平台课程、文化素养和创业实务等课程组合，着重培养学生的创新创业能力。三年级通过专业方向课程、文化素养和创业孵化项目，着力提升学生的创业实战能力。在高校进行创新创业教育后，对创新创业教育感兴趣的同学可以继续选修相关课程帮助自己进一步了解创新创业知识。

但是，大多数高校只是单纯地将创新创业教育课程以公选课的形式推向广大学生，创新创业教育的效率较低，无法系统地培养学生的创业知识体系，难以通过课程来培养和提升学生的创新创业技能。在创新创业课程体系中，学科课程能体现出创新创业课程所具有的逻辑性、系统性和简约性等特点，有利于大学生在短时间内集中、系统地学习创新创业知识和创新创业技能[①]。而对于专注于学习创新创业教育课程的同学，高校应设计出一系列更加专业化和系统化的创新创业教育课程，开展有利于学生提升自己的创业能力和创业素质的实践活动。此外，想要更好地实施创新创业教育，需要将创新创业教育的科目纳入教学评价体系，建立科学的创新创业教育评价机制，使评价体系更加多元化、全面化和社会化。

二、创新创业教育教学条件要与不同层次目标相吻合

(一)整合资源为创新创业教育提供有利的教学条件

创新创业教育课程的设置是创新创业人才培养目标实现的基础，也是创新创业教育的重要途径和手段。高校要根据培养目标对教学对象进行适当的分类，对有明显创新创业意向的学生，要开展有针对性的理论和实操训练。对创新创业能力突出的学生，要通过创新创业大赛、创业项目孵化等形式，重点培养创新创业团队，为学生的创新创业铺路导航。创业教育全面融入课堂教学将涉及多方面的资源整合，找准融入接口深化教学内容是教学运行的关键所在[②]。这就需要整合各方资源，结合教学目标和课程教学的实施情况，整合校内实训基地、校内创意中心、校外实训基地、企业工作站、大学生创业基地和大学生创业园等资源，为创新创业教育教学的实施提供坚实的保障。同时，在课程实践活动中，教师要开发适合本专业特点的创新创业项目，使师生在做项目的过程中共同提升专业技能和创新能力。教师从不同方面深入挖掘专业课程的创业教育资源，及时将自己的最新研究成果和实践经验转化成课堂教学内容，增加学科专业前沿知识、行业发展前景、专业技术发展方向等内容，介绍本学科专业的研究热点与最新的科研成果以及与专业相关的创业信息。[③]

(二)创新创业教育的教学质量评价标准多元化

高校要根据目标分类共同参与制定不同层次的考核标准，设置质量考核节点，共同推进教学实施和质量评价考核，确保教学质量的提升。首先，创新

---

① 侯东东."新工科"背景下大学生创新创业教育及其支持体系的理论探讨与研究[M].成都：电子科技大学出版社，2019：114.

② 陈文娟，姚冠新，任泽中.将创新创业教育全面融入高校课堂教学体系[J].中国高等教育，2012(2)：44-45.

③ 张兄武，连达军，徐银香.高校专业课程教学与创业教育的深度融合研究[J].教育理论与实践，2019(9)：9-11.

创业教育是一门注重实践的学科，要推进其融入专业教育的课堂教学，必须注重教学内容在理论与实践两方面相互结合，才能保证教学效果。这有利于促进大学生创业素养与专业素养的对接。只有深入创业素养与专业素养的对接，才能在课堂教学中就培养什么样的人才达成一致，使创新创业教育的理念和内容和谐地融入课堂教学评价体系之中。其次，加快对创新创业课程评价专业工具的研发，为一线教师的课程评估提供必要的工具和技术支撑。当前创业课程结果的评价普遍存在操作难题，由于创业课程的学习成就较多体现为学生的内隐能力，因此教师较难通过抽样式的测评较为稳定地给予学生量化评估。[①] 因此，科学构建大学生创新创业教育教学评价机制，注重理论教学和创新创业实践相结合，在专业教学内容中融入学生创新创业意识与创新创业心理品质的训练与培养，将创业精神和创业实务知识的普及作为创新创业课程评价的重要内容，这是促进创新创业教育质量标准多元化的客观需要。

第三节　创新创业实践平台的搭建

实践平台的搭建是为了从根本上增进大学生的创新创业知识，锻炼其创新创业能力，即使大学生毕业后不进行创业活动，创业知识的学习、创业技能的形成也会对个人综合素质的提升大有裨益。

一、创新创业实践平台的作用

创新创业教育的成功开展少不了基金会、校友会、研究机构和企业的实践支持，它们共同推动高校创新创业教育的有序落实。因此，应增强高校创业平台（如创客工作室、创客空间等）市场化程度，促进创新创业项目转化成为市场项目，提高学生创新创业项目成功率。

高校创新创业学院，无论是作为院系、教辅机构还是管理机构，都是高校内部的二级单位或二级单位的下设机构。但这些机构或仅限于某个职能部门，或由单个学院负责实施，束缚了创新创业教育协同育人作用的发挥。因此，高校创新创业实践平台要向外拓展到企业端，利用企业强大的生产条件、

① 常文豪，吕慈仙.不同学科大学生的创业课程经历对创业意向的影响研究：基于社会认知生涯理论（SCCT）的实证分析[J].教育发展研究，2022(3)：34-43.

专业的销售管理团队和有效的风险评估体系，帮助检验、甄选合适项目，有效减少大学生试错风险，增加成果孵化概率。高校创新创业实践平台可以收集最新政策与行业资讯，有效把握行业动态及其发展方向，引导团队结合地方政府发展规划，把握和驾驭更多的创新创业机会。

其次，高校与企业、非营利性社会组织、政府部门等单位联合起来组建包括各类实验室、科技园、小微企业创业基地等机构的校企平台进行专业化的创新创业实践教学工作，形成高校、企业、政府“三位一体”创新创业育人生态系统，为大学生创新创业提供稳固的阵地。一方面，成立由专家、教授组成的“大学生创业专家指导委员会”，对大学生在创业前期的实践、实习提供技术与指导，采取座谈会、实地考察等形式帮助大学生解决在创新创业过程中遇到的难题。另一方面，创新创业教育校企平台体系主要由教学、实训、竞赛、孵化四种平台类型构成，贯穿各个学院，实现专业学生的全覆盖；并且依托科技园、创业孵化园等校外实践基地，实施大学生创新创业训练计划和项目。例如温州大学城市学院依托阿里集团丰富的社会资源及大数据平台，为学生搭建电子商务创业实践教学平台，学生通过这个校企平台实现了创新创业的实际演练与操作。

最后，高校创新创业实践平台能够最优化整合多方资源。在这平台中，社会企业根据其自身业务创新的需要邀请高校教师及学生共同参与和开发，为学生提供创业机会和资源；高校可以联合企业及社会资源为学生提供创业的实践转化；学生则依据校企平台自行组织创业团队进行自主实践，发挥创新创业智慧。创业体验使学生在逼真的商业环境下体验到了真实的商业环境和商业行为，在实训中通过不断地改正错误降低创业风险，有效地提升参与市场竞争的综合能力。[①] 总之，创新创业实践平台是实现创新创业教育融入高校人才培养全过程的重要环节。毕竟创新创业能力是一种高度个性化的实践能力，需要通过分层且分类设计的实践平台为不同发展需要、不同专业和年级的大学生提供创新创业实践锻炼和体验的机会。

二、创新创业实践平台的构建方式

为满足不同专业学生对创新创业实践的不同诉求，高校可以根据各个特

---

① 孟新，胡汉辉，杨文燮.高校创业教育的问题及对策研究：以江苏省为例[J].东南大学学报(哲学社会科学版)，2015(3)：61-66.

色专业建立大学生创新创业实践平台，并把它纳入高校创业园的规划发展当中。创新创业实践平台的构建要根据不同专业优势，为各个专业学生的创新创业学习活动提供场所和技术支持。

首先，结合专业特色，推动专业教育与创新创业教育的交互融合，提升创新创业实践的育人质量。融合机制是通过组织机构建设，形成校级、院级、学科专业协同共育的运行体系，同时激发企业的积极性，带动企业主体融入到创新创业教育中来，形成良好的合作机制，为创新创业教育提供组织和制度上的保障。近年来受新冠肺炎疫情、就业市场等不稳定因素制约，大学生的创新创业实践环节较难得到有效保障。当然，大学生理应对自身所处的社会情境更加负责并参与其中，实现个人与社会的良性互动。但一些高校与创业园区等孵化基地缺乏有效联动，致使创新创业大赛的部分项目由于缺乏资金和其他相关资源支持，停留在计划项目层面，难以付诸实施。高校创新创业教育平台，需遵从人才培养规律，符合高校办学定位又兼顾市场效益。它可以通过积极开展依托专业的创新创业实践，鼓励各教学单位通过组织多种形式的院级研究性学习与创新性实践活动，使学生获得相应的创新创业教育学分，引导学生运用专业知识解决当地经济社会发展中存在的实际问题。

其次，创新创业实践平台的构建着眼于创新创业教育过程的整体谋划和运行管理机制。在创新创业实践平台中，学生虽然可以充分参与到实践活动之中，但这一实践与实际环境还有提升空间。一方面，打造线下实践平台。基于专业集群，畅通原有专业、育人平台，整合分散的平台功能。引企入校，增强企业育人主体地位，校企合作共建、共管、共享部分校内育人平台。高校与地方科技园、产业园紧密合作，建设校外育人平台，从而建成校内外一体化育人平台。另一方面，加快建设线上育人平台。依托元宇宙、人工智能等数字化教学平台，突破原有的时空壁垒，应用增强现实、虚拟现实等交互技术，建设模拟实践、模拟检验等功能区，在虚拟空间中模拟实际场景，为创新创业教育主体、客体、介体提供共同参与的真实体验、和谐交往场景。

第四节　创新创业教育与学科专业协同

经济、科技的快速发展对人才的综合素质提出了更高要求，以往聚焦专业教育的培养模式已经难以充分满足社会多元化的需要，人才培养过程中必须坚持通识教育和专业教育的紧密结合[①]。而创新创业学习是在专业教育和学科教学中渗透创新创业教育理念，促进学科专业与创新创业互补融合。高校创新创业教育需要根据产业发展的趋势、地方区域经济发展的走势以及创业活动的市场化规律，来鼓励学生参加跨越不同学科的课程以及强调综合能力提升的教学项目，帮助学生更好地理解创新创业。

一、学科协同的实现有助于创新创业课程的合理定位

创新创业学习内容一般涉及商学、经济学、法学等方面的知识。许多高校虽然设置了创新创业课程，但是仍然不清楚创新创业课程的学科定位，或者是将学科课程定位错误。学科协同的实现能够帮助高校对创新创业教育学科课程准确地定位，明确培养目标，在学科建设上更加完整，让创新创业教育在高校中取得成效。首先要明确创新创业教育的学科身份，并考虑到社会的形势和高校实际情况建立适合自身的创新创业教育体系。因为学科发展的重要基础就是要形成学科内在的制度规训、课程教学体系等方面的规范建制。

其次，只有充分挖掘不同学科的创新养分和实践价值，多学科互补衔接，形成全方位的创新创业课程体系，才能取得实效。另外，学科本身发展的互补性与不均衡性，提升学术资源整合利用的有效性等，也需要学科的协同发展[②]。例如，基因工程、纳米技术、人工智能等新的科学技术，以及自然生态、战争冲突等重大问题的破解都需要自然科学、社会科学、人文科学的协同攻关和有效应对。创业教育课程开设的目的更多的是鼓励学生自主创业，追求学校的就业率，而没有考虑创业教育对于改变学生就业观念促进国家经济发展的作用[③]。总之，学科协同的实现有助于明确创新创业课程的合理定位，以培养能够解决复杂综合的国家与社会问题的、具备创新创业能力的人才，这就需要高校深入探索学科交叉的创新创业课程体系建设。

二、学科协同的实现有助于提高创新创业教育师资力量

创新创业教育与学科专业之间的内在联系不可分割，学科协同发展是必

---

① 龚旗煌.走好新时代高水平人才自主培养之路的思考与实践[J].国家教育行政学院学报，2022(5)：3-8.

② 刘永.从竞争到协同：新时代学科发展的路径转向[J].研究生教育研究，2021(4)：23-30.

③ 高薇.基于学科特色的高校创业教育课程建设研究[J].经济研究导刊，2014(15)：256.

然趋势。在教育数字化时代,推动学科协同需要各学科教师队伍协同互促,熟练运用新兴技术的力量,提升创新创业教育师资水平。例如结合大数据、云计算、人工智能、区块链等技术在创新创业课程讲授、实践操作等方面的综合运用,为大学生创新创业提供有效引导和教育服务。

创新创业教育与专业教育相结合离不开师资的力量,但是教师队伍在创业教育方面的教学能力有所欠缺。目前从事创新创业教育的师资,大多数以辅导员、职业生涯规划教师、就业指导教师等为主,这些老师在创业教育方面缺乏经验,多数是纸上谈兵。环境的影响是潜移默化的,实现学科协同可以形成一个良好的氛围。一方面,让学校重视创新创业教育的实施,培养在创新创业教育方面的专业教师,增强师资力量。另一方面,在认同创业教育的大环境下,引导教师改变教学观念,自觉学习创新创业教育的学科课程充实自己,成为创新创业教育师资力量中的一员。

三、学科协同的实现能够使创新创业课程特色突出

目前很多高校的人才培养方案不同,创新创业课程却大同小异,缺乏学科特色,也没有学校自身的特点。构成一个学科的基本要素不外乎其规模及层次、师资(科研、教学力量)、资源条件(设备、基地、经费)和学术环境(纵、横、内、外的信息交流网络以及由此而形成的学术氛围),从这几方面可见学科内部的活动以及与外界的交换关系都不是单一的,而是有着多元界面[①]。实现学科协同在于营造一个鼓励创新创业教育的学术环境,学术环境不仅仅是要教师和学生学习创新创业教育知识,还要研究创新创业教育,发掘学科特色,在学科建设时体现学科特色。

"为了避免评价狭隘的问题,要将学生受益面、教师对创业教育的认可度、学生对创业教育的满意度、某一创业教育项目效果的案例研究等作为评价的重要内容。"[②]高校创新创业教育是一个跨学科、跨专业、跨部门、跨行业、跨领域且具有较强实践性与创新性的教育活动。受到历史沿革、发展战略调整等因素影响,这些高校有着不同的优势学科,营造出不同的校园文化。这些不同职能、不同类型的高校在构建创业教育项目时,需要与本校的优势、定位、文化

---

① 孙瑜,罗兆祥.从专业学位教育看学科建设的问题[J].法制与社会,2009(5):306.

② 梅伟惠.创业人才培养新视域:全校性创业教育理论与实践[J].教育研究,2012(6):144-149.

等因素相吻合，才能使整体的高校创业教育体系呈现多样、有序、特色鲜明的格局①。在学科课程教育中，应把激发学生的“自我效能感”作为课程教学的要点，通过激发创业学习活力、提高学习专注度等方式提高其学习投入。激发其创新创业意向的重点是帮助学生树立良好的结果预期。

第五节　创新创业教育协同系统建设

创新创业教育协同系统的建设必须结合创新创业教育规律和大学生的特色专长，通过参与创新创业活动，激发大学生创新创业意识和潜能，帮助学生获得创新体验、创业历练。

一、创新创业教育协同系统的价值体现

协同理论是系统科学的重要分支理论，主要研究开放系统在与外界互动过程中，如何通过非线性的协同作用形成一定的有序结构。这种协同不是一般意义上的合作与协调，而是一种由系统有序结构形成内驱力并产生协同效应的集体行动。该理论认为各个分散、无序的子系统可以以自组织的方式形成互相支持、相互依存的协同系统。德国著名物理学家哈肯阐释了系统各个组成部分之间相互协作、相互协调而产生的集体效应或协同效应，其为形成有序系统提供持续内驱力②。协同理论的引入可为创新创业教育系统的有序构建、有效培养、高质量发展提供理论依据和实践指引。如果中国创业教育没有形成创业教育融合体，将脱离社会运行机制，难以打破大学生创业存活率过低的局面③。由此来看，创新创业人才培养通过整合资源发挥各方优势，将人才培养、科学研究、成果转化同社会服务紧密结合且协同互促，形成创新创业人才协同培养体系，在高校人才自主培养中具有重要价值。

---

① 徐小洲，梅伟惠.高校创业教育体系建设战略研究[M].杭州：浙江教育出版社，2015：10.

② 赫尔曼·哈肯.协同学：大自然构成的奥秘[M].凌复华，译.上海：上海译文出版社，2005：17.

③ 徐小洲，梅伟惠，韩冠爽.论我国高校创业教育高质量发展的十大关系[J].高等工程教育研究，2021(1)：155-161.

(一)聚焦产学研用一体化,发挥多元主体协同育人作用

当前,推动行业企业全方位参与人才培养是加快新时代研究生教育改革发展的重要方面。协同理论表明,创新创业人才培养首先应以利益相关者的广泛、平等参与作为组织治理的前提,同时保障个体目标与产学研用协同发展目标相匹配。创新创业人才培养意在结合系统的专业知识和面向市场的技术,协同科研院所、企业、金融等机构为大学生提供创新创业支持,在多主体合作过程中发挥协同效应。当然,这种协同效应需要搭建集人才培养、产教融合、成果转化于一体的平台,明确和协调各主体的角色与权责,以更好地聚焦产学研用一体化,扎根区域经济与行业产业发展土壤,对接高端企业和高新产业,推进人才培养体系与科研体系、产业体系深度融合。

另一方面,这种一体化平台并非仅仅指高校一方提供教育服务,而是聚合政府、高校、企业各方资源创建起共生共荣、互惠互利的组织结构,形成产学研用一体化协同育人机制并发挥聚合作用。在这协同育人的结构系统中(见图5-1),主要包含三个层面:第一个层面是育人组织层面,是由高等学校和科研院所构成的。它们凭借知识共享和科研创新,通过创新创业教育汇聚育人力量,构建起以创新精神和实践能力为引领的协同育人框架。第二个层面是参与主体层面,即根据学科和专业特点所搭建的研究生及其创新创业项目团队。学科归属和专业组合蕴含着知识生产与应用功能,体现了协同育人的组织效率和技术力量。新时代高校的使命逐渐从学术型向创业型转变,高校的知识生产范式也从单一学科向多学科研究和跨学科研究转型。[①] 重大创新成果往往产生于学科交叉领域。研究生创新创业项目团队通过学科交叉和技术融合推动协同系统有序运行,并通过不同学科知识流动、共享和创新向外部反馈产学研用链条内部的流动形态。在这过程中,产业和企业是实体支撑,高深专门知识是技术核心。第三个层面是管理与保障层面,包括政府、企业、金融等机构。不同组织通过组织协同系统实现技术、资本、信息、政策等多要素的资源整合和协同创新。[②] 虽然当前并无真正意义上的法律法规对创新创业管理与保障层面相关者的责任和义务进行规约,但协同融合促使多元机构打破部门、行业、区域的界限,实现创新要素最大限度地整合并服务于创新创业人才培养。

---

① 刘文杰.从"背离"到"融合":高校创业教育与专业教育的困境及其消解[J].内蒙古社会科学,2021(5):185-191.

② 张成,唐方成.基于组织协同系统的创客组织发展稳定性实证分析[J].科技进步与对策,2020(16):10-18.

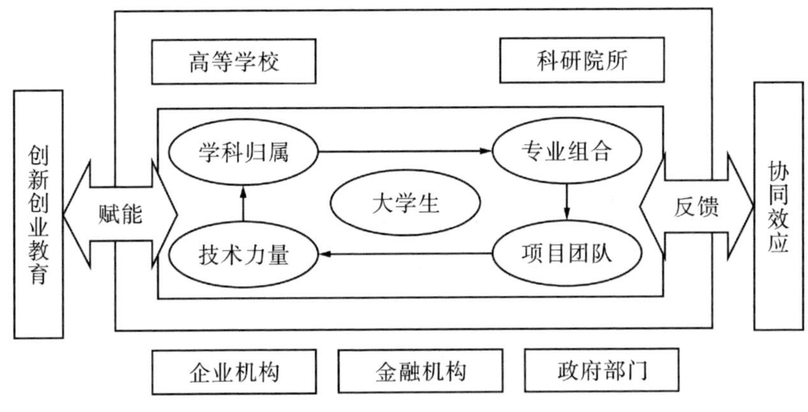

图 5-1　创新创业人才培养的协同育人过程

（二）聚焦学科交叉和科技创新，促进高等教育与社会系统良性耦合

当前，新一轮科技革命风起云涌，国际科技竞争日益激烈，“卡脖子”关键技术领域瓶颈显现，这无不考验着我国科技创新与发展。在创新创业成为社会发展的新引擎之后，研究生教育不仅发挥培养高层次人才生力军的作用，回应国家对高层次人才的需求与关切，还成为科技产业创新的孵化场域，是应对科技创新考验、支撑高水平科技自立自强的重要力量。而创新创业人才培养基于学科交叉领域的协同创新，始终与我国相关产业发展紧密联系，特别是通过培养他们的创新创业精神和能力满足社会需要，实现研究生教育与社会系统的良性耦合。

其次，创新创业教育作为一种崇尚创新、基于创作和经营的创造性活动，在与社会系统良性耦合的整体性关切中深刻地影响着人的发展。这种整体性关切表现为一致的公共价值和社会责任，让研究生主动整合不同学科知识，通过全方位的学科交叉融合和知识创新，在资源共享、协同共育中拓展人才培养的广度和深度。由协同理论的自组织原理可知，系统结构的有序化离不开与外界进行物质、信息和能量交流。事实证明，我国自主培养的研究生业已成为科技创新的主力军。大学生、研究生应该有创业的精神，上大学、读研究生，不仅仅是为了找到好的工作，更主要是为了创造新的就业机会、岗位，甚至产业，不仅解决自己的问题，而且还能与别人一起创业，解决更多人的就业、创业[①]。诚然，良好的专业功底和实践能力是从事创新创业活动的重要基础和条件。

① 秦虹，张武升. 高等学校创新创业教育的文化基础研究[J]. 西南大学学报（社会科学版），2016(1)：80-85.

创新创业人才培养的目的不在于生产产品，而在于活动之外的产品，即人才和科技。这一目的内在地蕴含于整个研究生教育过程之中，也成为与科技创新取得内在一致基础上的共同价值追求。

（三）聚焦人才培养模式改革，助推高等教育高质量发展

持续提升人才自主培养质量，为现代化建设提供有力支撑，成为研究生教育责无旁贷的时代使命。在创新驱动发展战略引领下，要提高人才自主培养能力，关键在于改革现有人才培养模式。随着社会发展和科技进步，社会对人才的规格和质量要求必然处于变化之中，这时创新创业人才培养只有主动回应这些变化才能保持合法地位并助推人才培养质量提升。在国内众多高校出台的研究生培养方案修订指导意见中，普遍提出了研究生创新创业人才培养的知识结构和素养要求，着力培养研究生的科学精神、创业精神和实践能力。研究生教育是科技第一生产力、人才第一资源、创新第一动力的关键结合点。正是基于这一特殊属性，研究生创新创业人才培养围绕人才、科技、创新融合发展，在人才培养模式改革上精准发力、积极作为，有力助推研究生教育高质量发展。

其次，创新创业人才培养聚焦与行业产业企业需求相适应的育人目标，将科研成果转化与行业企业生产经营紧密关联，使高校创新链、人才链与产业链有机对接，推进科研创新与人才培养同频共振。研究生作为科研转化与产业创新联动的后备力量，将所学专业和创新创业结合起来，在实践参与中淬炼成才。有研究显示，不少研究生创业企业就是通过校企合作弄通了产品研发、生产和销售等企业运营环节，在其上下游产业链上寻找商机开始创业①。不过，高校除了发挥自身作用外，还可通过科教融通、产教融合等方式吸引行业企业全方位参与到研究生教育中来。如此一来，人才培养成效还能及时得到社会的关注和反馈，对增强人才自主培养能力、发挥协同育人效应起到促进作用。

二、创新创业教育协同系统的建设路径

面对这些制约创新创业人才培养的因素，仅仅靠创新创业教育形式的改造和内容的扩展难以从根本上解决问题。突破的关键还在于形成协同系统，厘清创新创业责任边界，推动创新创业人才培养过程中的学科融合，促进科研

① 梁辰，陈谦明. 基于接力创新的研究生创业调查研究[J].学位与研究生教育，2018(4)：67-72.

成果转化的效益生成，塑造知行合一的育人生态系统。

(一)厘清创新创业责任边界，明确主体责任与实践伦理

创新创业人才培养是在充满不确定性和挑战性的实践中，引导运用多学科知识创新性地解决真实问题，实现潜能挖掘和素养培养的双重功效。一方面，明确各参与主体的权利责任和行动边界，坚守创新创业伦理。在此基础上，保证创新创业教育贯穿学生培养的全过程，形成有序参与、优势互补的协同机制。在增强研究生参与动机的过程中，培养他们的创新能力和实践精神，让其真切地感受到创新力量的熏染，理解创新创业的内在价值和行动规范。另一方面，高校提倡研究生进行创新性研究的同时，鼓励他们多做试验、敢于尝试新东西，积极探索自身学科领域创新创业行动。正如深圳大学 S 老师在访谈中提到的："学生通过赛事的成长，会发现做好一件事情是这么难，而且只是在学校这样一个环境，如果真的到社会里面可能会更难。但是无论如何希望培养大家一种持之以恒、坚韧不拔的精神。这样学生毕业以后去做任何事情，我觉得都是一种正能量的提升。"(访 S20220614)通过为大学生创造更多动手操作、自由探索与发展的空间条件，培养其动手能力和敢于开拓创新的自信品质。

(二)聚焦科技竞争中的关键领域，促进科研效益的协同转化

创新创业人才培养通过发挥协同育人的作用，实现个体发展与社会发展的统一，体现研究生培养的个体意义和公共价值。重视研究生创新创业人才培养的公共价值，培养解决"卡脖子"难题的高层次人才显然有赖于研究生教育的培养。在大学生群体中，研究生本身具有更为丰富的学科专业知识积累和更强的科研能力。目前，国内很多高校都与相关研究领域的企业展开合作，解决企业的实际生产问题。研究生创新创业人才培养需要顺应市场的社会需求和技术产品的专业诉求，促进研究生科研成果转化及效益生成。有研究表明：学习者在寻求技术产品创造的突破性、新颖性、实用性和经济性的过程中，能够较好地挖掘创业教育的价值潜能，促进学习者多方面能力的发展①。可见，通过运用学科专业知识创新性地解决实践问题，有利于提高研究生的实践应用能力。例如注重发明专利在研究生教育中的作用，引导研究生瞄准世界科技前沿，聚焦科技竞争中的关键领域，发挥创新创业的育人效应。

(三)聚集多种创新要素和创业资源，形成虚实融合的协同网络

创新创业人才培养通过运作模式、主体角色转变、环境优化等，在虚实融

---

① 杨绪辉，沈书生. 设计思维方法支持下的创客教育实践探究[J]. 电化教育研究，2018(2):74-75.

合的协同创新平台中释放育人效应。其中,实体空间是师生共同参与的实践场所,而虚拟空间则是学习资源提供、过程管理、经验分享的重要场所,两者通过丰富多彩的形式、扎实有效的实践过程形成强大的教育合力。一方面,这种空间是向生活延伸的,使大学生在思想上持续受到洗礼和教育,让教育价值在他们的思想意识中得以强化。在虚实结合的空间中形成协同网络,聚集多种创新要素和创业资源,促进科研成果转化和产业化运转。另一方面,高校在突破传统的教学空间、增强社会互动的同时,可邀请企业、金融等领域的精英人士实际参与到创新创业人才培养过程中,并与风投、初创公司紧密互动,实现资源整合,使得科研成果转化得以真正实现。

第六章
高校创新创业教育的行动建议

创新是推动社会进步的核心力量。随着科技发展的速度越来越快，我们都需要敬畏并积极拥抱新科技。人与人链接形式的改变是人类社会进步的根本。因为移动互联网的出现，智能化的链接颠覆了过去一百年来人类社会的各种认知和看法，而未来三十年将会有大量的应用层创新，促使互联网应用技术和传统行业的全面结合。未来，创新创业教育要紧密结合专业教育，促进专业课程教学改革，培养大学生的创新意识、创新能力，使创新创业教育效用进一步扩大。高校创新创业教育作为国家创新驱动发展战略的重要组成部分，是高等教育供给侧改革与发展的政策内容。本研究自2016年以来，采取问卷调查法、访谈法、文献法等研究方法，对我国创新创业教育政策发展历程进行回顾和展望，围绕创新创业教育管理、课程、教学等方面选取珠三角区域10所高校的554名大学生进行问卷调查，并对10余位有创新创业经历的大学生和6位教师进行深度访谈。就目前本研究已有成果的学术价值而言，从理论上深化了创新创业教育的价值内涵和学理逻辑，明确了创新创业教育在高校人才培养体系中的独特作用。在实践意义上，推动高校通过完善创新创业教育嵌入专业教育的运行机制，为形成有效的创新创业教育教学体系提供借鉴，发挥创新创业教育对专业教育的促进作用；引导大学生理性看待创业教育，在接受专业教育的同时，能够结合实际积极参与和从事创业活动。课题成果具有一定的社会影响，通过深入了解珠三角区域高校创业教育状况，将该区域的产业优势、集群优势与高校人才培养有机结合，促使创新创业成为大湾区发展的动力引擎。

虽然政府和全社会都能意识到创新创业对于社会进步和人的全面发展的重要作用，但是整个大的社会环境对创新创业教育的支持显然还不够到位。随着全球科技和人才竞争的日益激烈，创新创业教育如何与高校人才培养有机协同，事关高等教育对经济社会发展需求的服务支撑功能的发挥。从协同视域来看，创新创业人才培养聚焦产学研用相结合，着眼于学科交叉和科技创新，重视人才培养模式改革，要促进高等教育与社会系统良性耦合，彰显多元主体协同育人价值。当前扎实推动创新创业教育已具备政策基础和社会条件，但同时也面临着创新创业人才培养定位不够精准、创新创业项目市场竞争力不足、培养内容相对滞后、培养主体间协同性不足等诸多困境。为此，高校要厘清创新创业责任边界，注重科研成果转化及效益生成，促进学科专业与创新创业市场的有机融合，真正实现创新创业教育赋能人才培养的协同效应。

第一节　人才培养的创新试验

创新创业人才培养目标作为一种高等教育改革的导向之一，目的在于让大学生在学习中感知到创新创业的行为或结果，并理解这些行为的社会价值。大学生如何通过创新创业学习建立起专业学习与创新创业学习之间的关系促进能力激发，是创新创业学习效果的重要表现。创新创业教育基于人才培养的创新性试验，通过榜样示范、团队合作和情绪传递激活大学生的认知和情感，唤醒个体重塑自我效能，培养大学生创新创业能力。

一、着眼于结构优化的人才培养革新

近年来，教育部会同有关部门在创新创业教育课程体系建设、师资队伍建设、实践训练等方面采取一系列有力举措，推动高校创新创业教育持续深化，对促进大学生全面发展、推进毕业生创业就业、提高高等教育质量发挥了重要作用。随着我国高等教育改革发展开始走向成型成熟，创新创业人才培养也从跟随跟跑转到并跑领跑。

首先，高校开展创新创业教育，将传统教育的数量导向、封闭化培养模式转向结构优化的多元培养模式，不断提升高校人才培养质量，有助于适应和满足社会对人才层次和结构的需求，为社会输送兼具创新能力与创新思维、学识与创造力、高适应度的优秀人才。在知识体系建构中，专业知识是提升大学生创业素质的基础与根本所在，掌握创办和管理企业的知识是大学生实施创业活动的必然要求，而综合知识则为大学生创业素质提升提供了支撑。[①] 身处

① 丁琰.地方应用型高校创新创业教育与实践研究[M].延吉：延边大学出版社，2018:30.

社会和群体中的青年大学生，只有先对创新创业的规范内容产生感知，才有可能进一步做出符合创新创业的行为，这是规范理性外显的层面。

其次，创新创业教育顺应时代发展潮流，促进高校人才培养具有更好的社会适应力。创新创业教育有力地提升大学生的创新创业精神与品格，并加强学生自主创新的能力，使之具有更好的社会适应性。“培养学生的主动精神与创业意识，不仅在于提高学生在就业市场上的竞争能力和就业心理品质，而且能够持续开发学生具有开拓性的自主创业能力和创业心理品质，这种品质与素质教育中所提倡的创新和创造教育是不谋而合的。”[①]当然，创新创业教育作为高校人才培养的新模式，与专业教育各自的侧重点不尽相同，但两者协同共生，属于相互补充、交叉渗透的深度融合关系。

二、不断完善人才培养的支持体系

近年来，中国高校逐渐找寻到了符合自身实际的创新创业教育发展规律和模式，创新创业人才培养体系不断得到完善，并取得了阶段性的成果。但创新创业教育还有很长的路要走，进一步完善并发挥创新创业教育的影响机制，打造科学系统的课程设置和创业实践活动，持续营造良好的创新创业文化氛围，提升高校创新创业教育的综合实力，为社会培养更多更优秀的创新创业人才，将是今后创新创业教育的重要工作。首先，在国家政府层面，健全和完善创新创业教育相关法律法规，使相关政策在各级各类政府机构有效落实。政策文本之间的矛盾和重复反映出高校创新创业教育政策的制定缺乏统筹与协调，协同性的缺乏将影响政策的严肃性和权威性，进而影响政策的执行力及实施效果。[②] 为此，可继续完善面向大学生的创业税收优惠政策，精准提供优惠方案，合理地对大学生创新创业进行税收扶持，减轻创新创业大学生的思想负担和资金压力。同时，还可以建立创新创业教育行政扶持机制，减免大学生创业企业注册相关手续费用，缩短企业注册登记时间，在银行贷款、社会保障等方面提供合理的支持。其次，在高校层面建立规章制度支持机制，针对相应法律法规制定适合本校的规章制度。如制定适合创新创业人才培养目标的规章

---

① 任荣伟，申旭斌，张武保.欧美创业教育的新趋势及对中国的启示[J].管理世界，2005(9)：164-165.

② 何庆江，雷祺，吴学兰.基于政策梳理的高校创新创业教育问题研究[J].黑龙江高教研究，2022(3)：133-138.

制度，明确培养的方向和需要，形成创新创业人才培养机制，保证创新创业教育有序推进。

可以预见的是，随着高校创新创业教育的内涵式发展，大学生创新创业人才规模将不断扩大。尽管大学生创新创业的含金量与成功率的双低局面依然存在，但是高校可以通过完善人才培养的多元支持体系，以制度优化释放更大的创新创业教育活力。正如访谈时，广东外语外贸大学创业学院 X 老师所言："我们高等教育已经实现普及化了，意思就是说至少 50%的高中生都已经上大学了，今后社会上大体都是接受过高等教育的人，你有别于别人的竞争力是什么？就是抛开旧的创造新的。你有吸引别人的东西，你才有竞争力，所以我觉得这就是创新创业教育的一个本质跟价值所在。并不是说我们让学生怎么样去创办一个企业，然后赚更多的钱，这个是学生们走向社会之后他们该做的事情。我们在学校期间应该是让学生们学会怎么样让自己值钱，而不是说学会怎么样去赚钱。"（访 X20220706）可见，高校应坚持结构性和系统性相结合的原则，形成创新创业校本方案与路径，有力地促进高校创新创业教育实践。例如，为了进一步完善创新创业人才培养的支持体系，针对所需要的知识制定课程体系和培训方案规章制度；制定创新创业教育评价激励制度，对大学生创新创业活动的客观成效和人文价值进行综合评价，保证创新创业教育取得预期成效。

三、为学生的多样化发展营造一种宽松的氛围

创新创业教育为学生的多样化发展营造一种宽松的氛围，不断增加前沿理论和专业发展动态知识，形成全新的教育教学内容，使整个创新创业教育课程做到基础与应用相结合、统一性与多样性相协调、继承与创新相融合。我国高校普遍重视开展创新创业教育，但在认识和实践上还存在一些误区。如认为创新创业教育只是面向少数有创业天赋的学生，把创业教育理解为只是开设创业讲座或者商业性课程。诚如斯言：我们目前处于瓶颈的尴尬位置，并不是因为缺少雄心壮志的人，而是缺少愿意倾听、批评、鼓励以及培养创新人才的人[①]。深化高等学校创新创业教育改革，除了避免上述有关误区之外，我们还需要正确理解创新创业的意义和价值，即我们既要在经济学意义上理解"创

① 查尔斯・汉普登・特纳.创新与创业教育：基于新加坡教育实验的分析[M]. 吴晓哲，吴瑕，译.北京：商务印书馆，2017：156.

新创业”，更要在人生价值观层面把“创新创业”看作一种积极进取、勇于化理想为现实的处事态度。只有这样，创新创业教育才可能面向全体学生而具有普惠性和教育性。进言之，创新创业教育旨在开发和提高学生创新创业素质，培养学生事业心、进取心、开拓精神，为其未来能够胜任某项事业、企业、商业规划活动奠定素质基础。创新意识的增强，积极创新敢于尝试精神的培养，创新创业能力的提高才是创新创业教育的真正核心。

另外，创新创业教育通过营造出一个宽松、富有激励的环境，把大学生的原始创新、创造愿望释放出来，并提供适宜的条件和成长途径使这种潜能得到应有开发。2015 年 7 月 25 日，用友集团高级副总裁兼用友新道科技有限公司总裁郭延生，表达了他对当下大学生创新创业的冷思考。他总结了大学生创业的“三个不是”：“不是所有的学生都适合创业；创业计划大赛的优胜者并不等于创业成功者；创业教育绝对不是创业课程教学。”[①]可见，创新创业教育的重要任务是根据大学生的个性发展和个人实际，加强对学生兴趣和爱好的鼓励、支持和引导，容许并鼓励学生成长的差异性，鼓励学生积极探索，提高学生的创新意识，培养他们的创造能力，鼓励学生敢于动手实践，运用所学知识和能力把创意与创造变为现实。根据第七次全国人口普查数据，我国初中、高中(含中专)、大专及以上文化程度的人口占比分别为 33.7%、14.8%、15.1%。《中国青年创业发展报告(2022)》显示，创业者数量随着学历上升呈现倒 U 型分布，其中初中及以下占比仅 2.5%，高中/中专 7.2%，大专 36.2%，本科 51.2%，硕士及以上 2.9%，大专及以上学历的创业者总占比达到 90.3%，较上年上升 4 个百分点，反映出创业者的文化程度普遍较高。增长来源于大专创业群体的增加，反映出我国对大专学生创新意识和创业能力的培养更加成熟。总之，创新创业教育不仅是为了缓解就业压力，更是为了促进大学生的多样化发展而营造一种宽容失败、敢于拼搏的文化氛围。

第二节　学科交叉的创造精神

高校创新创业教育融合制度、师资、校企平台以及科技文化元素的支持机制作为发展动力，有力地促进了学科交叉与发展。高校应当转变与时代要求

---

① 林伟连，尹金荣，黄任群.创业教育：大学的声音[M].杭州：浙江大学出版社，2018：57.

不适应的传统观念，增强学科交叉人才培养的教育模式，形成有利于大学生挖掘自身潜能的培养体制。

一、学科交叉对于创新创业教育的意义

高校创新创业教育是一项涉及经济社会发展、教育教学规律以及学习主体素质结构等诸多影响因素的复杂系统工程。为了有效地完成这个复杂的育人工作，要推动经济学、教育学、心理学、管理学和社会学等多学科交叉的结合，以打破单一学科思维的局限，促进大学生综合素质发展。毕竟跨领域知识的结合和不同思维之间的结合往往能解决现实问题，又可以创造财富。因此，想要走在知识的最前沿，创新创业人才培养必然走向学科交叉。随着学科交叉融合的深入，一些学科领域内新的发现往往会在跨学科视野中不期而遇。但是，相对于隐藏在学科间的那些未知领域，这些发现可能只能算得上冰山一角[①]。尽管如此，这样也为他们更好地创造知识、促进知识升级换代提供了良好的基础。

一方面，实现创新创业课程与专业课程更好地渗透与融合非常必要，应该把管理学、心理学、社会学、经济学、组织行为学等学科引入创新创业教育课程，形成内容丰富、涉及面广的创新创业教育课程体系。创新创业教育应该是全方位的教育过程，其功能在于挖掘学生创新创业潜力，激发其创新创业兴趣，点燃其创新创业热情，提升其创新创业能力。学科交叉有利于将创新创业教育与价值观教育紧密结合，与专业教育紧密结合，与推进产业迭代升级紧密结合，与促进人的发展紧密结合。

另一方面，以学科交叉融合推进高校创新创业教育。网络化、虚拟现实、教育数字化等关键特征急剧催生社会基本结构、企业管理逻辑和营运传导机制的全方位变化，以 ChatGPT 为代表的 AI 革命已然进入社会许多领域，甚至已经出现取代某些职业岗位的势头，这些都对传统的人才培养观念与方式提出了更为严峻的挑战。在这背景下，要基于新文科、新工科、新医科、新农科等理念，大力扶持文理渗透、理工交融的学科交叉融合，整合高校不同的学科资源，建立开放共享、交叉融合的创新创业课程体系，以更好地应对智能时代的诸多挑战。同时，还要改革高校学科主导的科研管理模式，打破学科界限促

---

① 查尔斯・汉普登・特纳.创新与创业教育：基于新加坡教育实验的分析[M].吴晓哲，吴瑕，译.北京：商务印书馆，2017：146.

进跨学科教师团队合作，建立多学科交叉融合的创新创业教育模式，为培养具有较高创新创业素养的人才提供师资保障。

二、培养创造精神的跨学科融合路径

创新创业教育一般聚焦国家战略和重大需求，突出战略性新兴产业重点领域，围绕产业链带动创新链，围绕创新链布局产业链，助推关键核心技术攻关，促进科技成果产业化。但是，当下的许多科研成果都单纯地以追求学科学术价值为目的，忽视市场价值，导致科研成果与实际需求存在脱节现象。因此，培养创造精神的学科融合路径关键在于通过学科内和学科间的跨界融合，构建学科交叉实践创新平台，培养学生跨学科的创新创业能力。

培养创造精神的学科融合路径，界定目标是学科融合的重要步骤，以确保创新创业教育质量的提升和大学生职业期待的实现。随着知识高度分化与综合，大学生学术资本转化往往产生于传统学科的交叉边缘，这就需要各学科协同解决。因此，要创造跨越学科界限、知识学习一体化的教育环境，促使创新创业学习综合化，使其知识结构和知识体系成为一个紧密联系的有机整体。这种方式可以增加学生的选择空间，使其有机会接触到不同领域，拓宽自身发展界限。其次，增强大学生在日益支离破碎的知识信息中进行合理选择、科学整合的能力。深圳大学创新创业教育专业 P 老师访谈中提到："管理学院的学生，因为他们本来就是要学习企业管理的，他们只是用在不同的情境，所以主要的联系就是将所学的内容应用在实践上。毕竟创新创业的活动，例如开办公司或承包一些项目等都需要运用到管理的知识。"（访 P20220609）学术资本转化要求大学生在创业教育中将理论与实践相结合，在创业实践基地中顶岗实习提升管理能力，不断更新自己的创新创业教育理念和知识范畴。最后，注重大学生的科研方向与区域经济发展、产业结构发展需求之间的联系，尽可能把实习空间放置在反映社会需求和科技发展前沿的企业之中。

三、促进学术资本的生成与转化

我国高等教育取得的成就是有目共睹的，但在快速发展的同时也存在着诸多不足，其中最为突出的问题是过于注重发展学术教育，忽视了将学术资本转化为具有实用价值的服务成果。高等教育不仅要培养大批从事基础研究和教学实践的学术型人才，还要培养能够顺应科技创新及其成果转化、具有创业精神和实践能力的高层次实用型人才，这就要求高校在创新创业教育中融入学术资本转化机制，将科研优势转化为人才培养优势。学术资本转化具有理性的价值支撑，一定程度上符合大学生创新创业的教育宗旨。要引导大学生将其优势的学术资本转化为具有市场价值的创业资本，从而以学术资本来促成大学生创新创业，主要通过实践形态构建、孵化平台、创新共同体以及课程实施方法来实现。

（一）搭建学术资本生成的创业教育孵化平台

由于受到市场的压力，学术资本转化必须避免过度关注市场的短期需求而忽视了更广阔的社会责任，更要积极承担相应的社会责任来解决可持续发展、跨文化的全球化等社会问题。大学生学术资本转化能力体现在学术创新思想、社会实践、创业实践等方面，具体体现在是否发表有一定学术水平的论文、是否有参加各层次创新创业竞赛的经历、是否参加社会实践活动、是否有过创新创业实践经历。创业教育孵化平台的建立，一方面要为每一类学位项目提供相匹配的学习目标，关注课程管理过程，以此确保大学生对商业理论、创新创业教学和实践的有效参与。通过设计创新创业课程体系、开展创业实践锻炼、举行商业模拟演练等途径，使大学生熟悉创业流程、知晓创业相关法律法规和政策制度，形成创业知识和内化创业技能，夯实创业本领。同时创造大学生与项目类型和学习目标相匹配的交互学习机会，吸纳更多学生参与、拓展项目的范围和价值等。另一方面，积极运用互联网技术、超级计算等研究产生的海量数据，部署创新创业教育的大数据研究计划和平台建设，进而引起高校大学生创新创业教育与科研组织方式的深刻变化，并使知识创造和创业应用更加紧密结合，推动大学与产业的互动，让拥有充足资金却缺乏技术产品的企业与拥有科研优势却缺乏资金的大学实现优劣互补、相互契合。

（二）形成有利于学术资本转化的创新共同体

大学生学术资本转化的关键是形成服务机制，以学术资本转化为目标，在教育过程中引入市场的力量，除高校外，吸纳科研院所、政府、企业、校友等更多参与者参与到大学生培养过程中；选择与大学生所学专业相关的行业领域创业，从而将科学研究与学术资本转化统一起来，使两者相辅相成、互相促进，从而突破高校大学生自身的市场壁垒。这种服务机制需要与政府和行业企业共建一批专业化的创业基地和创业成果转移示范中心，集创业项目启动、创意孵化、高新科技研发、产品检验检测、专利设计申报和专利市场营销等为一体。高校与产业界定期协商并研讨有关大学生培养的相关问题，并重点资助尖端交叉研究领域的产学合作项目，开展学术资本转化和科技金融对接活动。在服务机制支持下，高校大学生积极与企业进行产学研合作，采取错位差异化竞争的模式，实现科技创新成果转化无缝对接的同时，在不同类型高等教育机构的产学研基地建设上结合区域经济的特点，形成结构稳定、类型多元的高校学术资本转化服务机制，打造真正意义上的产学研共同体。

（三）融入学术资本转化理念的课程实施方法

从学术资本转化的视角来看，为促进大学生培养适应社会需求，营建有利于创新的学科环境，既要培养高素质大学生，同时又要创造出高水平的科技成果；将科研与教学相结合，宽口径培养与学科特色相结合，科学研究与社会应用相结合。大学生创新创业教育的重点在于将创新创业理念融入大学生通识课程和专业课程，通过课程教学计划的准确定位，确保学术资本的顺利生成与转化。一方面，大学生创新创业教育课程在教育内容上要突出高精尖领域创业，在教学方式上宜采取校内外教师联合开设、教师讲授与学生实践相结合的方式。依托创新创业基础课程让大学生所学的专业课程和创新创业课程相互渗透，有效拓展其专业学习的应用领域。需要注意的是，大学生创新创业课程体系不只是一种单纯的知识传授，它偏重于实际应用，强调可实际操作。另一方面，大学生根据自己的职业期望在各种不同的培养活动中，包括课程学习、学位论文、学术会议、项目管理、社会实践等，通过内化和外化相结合形成学术资本转化的能力。高校通过校企联合实践基地或者企业的科研项目，为大学生制定相应的实践培养方案。同时，完善成果转化机制，做好大学生创新项目的知识产权确权、保护等工作，加快落实以增加知识价值为导向的过程性评价机制，鼓励各类孵化器面向大学生创新创业团队开放一定比例的免费孵化空间。为此，要不失时机地提升大众创业万众创新示范基地带动作用，深入实施创业就业“校企行”专项行动。

第三节　产教融合的创业实践

随着科学技术的迅速发展，新创造、新发明、新技术和新产品层出不穷，迭代更新。我国提出“加快建设创新型国家”的目标，科技创新是创新型国家建设的第一动力，也是创新创业人才培养的源泉和动力。科技进步影响的不只是经济社会领域，也对高等教育人才培养方式变革提出了更高的要求。

一、产教融合模式在人才培养中的作用

人工智能、大数据、物联网、区块链等新技术浪潮奔流，催生了一大批新兴产业，引领了新的产业革命。这些新技术和新产业为大学生创新创业提供了广阔空间和表演舞台。它们通过发挥资源的集聚效应，吸引整合“政产学研用”过程中所需的各方面资源，推动创新创业人才与产业发展交叉融合。由于多数的校企合作项目具有高风险的特点，而金融机构又非常重视风险防范，这就导致合作项目从基础性研究到中试再到产业化各个环节都存在严重的金融支持不足问题。[①]

产教融合有助于满足实施创新创业教育融合的教学资源需求，高校一方面需要加强校内智慧教室、实验室等教学资源建设，同时要整合利用科研、企业等其他资源；另一方面需要开放办学，积极拓展和深化产学研合作，将丰富的社会资源转为教学资源。产学研转化制度是将知识转化为经济效益并取得收益的最重要方式之一，是激励高校与其他主体积极创新的重要因素。完善的产学研转化制度将把企业生产需求和生产能力、高校及科研机构的研究能力及研究成果有机联系起来，使高校、科研机构的知识创新获得经济收益，企业获得资金支持和那些能够直接转化为社会需要的技术。[②] 重视产教融合模式在人才培养中的作用，有利于突出创新创业教育在高等教育和经济社会发展中的战略地位，体现出市场经济时代的高端人才进入职场中的应用价值。

二、基于产教融合的创新创业人才培养路径

面对5G、大数据、人工智能、物联网、数字技术等新兴技术的战略布局和大力推进，数智技术与传统行业的融合发展正加快推动技术的进步、产业的变革，并推动实体经济和新生产力的变革。数字化的浪潮正全方位渗透到经济社会生活的方方面面。首先，创新创业教育自觉符合区域产业发展特征，进一步促进区域经济的合理发展。各地高校要充分利用地方资源优势，推进地方

---

① 李坤皇，何文婷，邓雪，等.三螺旋创新视角下大学的发展与创新创业教育研究[M].厦门：厦门大学出版社，2018：203.

② 王志强，李远煦.理念・结构・功能：高校创新创业教育的组织变革[M].北京：社会科学文献出版社，2021：12.

高校与企业深度合作，采取“协同育人”模式，与企业共建实习实训基地，促进产教融合，指导学生开展实习实训活动。在加强校企合作的同时，还应强化校地合作，地方政府可以为创新创业教育提供相应的政策和资金支持。高校可以凭借自己的研究成果、学科优势、创新型人力资源服务政府和企业，通过资源互补来实现创新创业教育与区域经济发展的共赢。以黑龙江省为例，2020年11月，《黑龙江省直播电商发展三年行动计划(2020—2022年)》印发。三年行动计划发展目标为，到2022年底，力争建成一批直播电商共享基地(1个大型、5个中型、20个区域直播电商共享基地)，培育100个骨干企业、1000个网红品牌，培训10万名直播销售和运营人员，打造成为全国知名“直播电商之都”。实现直播带货销售100亿元，集聚生态企业1000家，带动产值1000亿元。[①] 大学生可结合政策开发相关产品和服务，将专业知识和技术创新与绿色产业、绿色制造、清洁能源、低碳经济有机结合，创造更多社会价值。创新的可能性依赖于企业和产业之间以及企业和知识机构之间的供应商与用户链的数量和多样化，依赖于在一个价值链中企业获得资源的能力和合作的能力。[②] 然而，大多数创业者都是一切从零开始，在前途不明朗的情况下，公司很难从银行及其他金融机构得到启动资金。[③] 在创业初期，大学生可根据企业发展需求，结合经营管理现状，通过科学分析和研判，通过规范的资金来源渠道和方式，筹集生产经营发展所需资金。

其次，拓宽企业与高校的合作渠道，建立健全校企对话机制，鼓励校企协商完善人才培养机制，缩小就业摩擦，提升人才岗位匹配效率。鼓励企业向学校进行资金和技术渗透，设立实验室、研究所，储备科技创新人才，灵活变通人才输送模式，运用高校科研技术提升企业科技创新能力。深圳大学创业园的S老师说：“学校会提供专项的实验室，包括创新应用的博士后工作室，包括我们学生创业园的孵化室，那边其实有很多办公室都是提供给学生在学校里面创业成立公司，注册地点就填在这，然后我们给你无偿提供办公室和办公卡座。但是这个也是需要一轮PK的。我们有入园的条件，需要经过申请、专家评审等环节。针对好的项目，我们可能既给场地又给一些资金支持，有些项目可能相对来讲水平不是那么高，创业园前期提供场地支持，或者是一些资金支

---

① 曲静.黑龙江省直播电商三年行动计划出台[N].黑龙江日报，2020-11-08(1).

② 任锦鸾.创新机理：基于复杂性科学的视角[M].北京：科学出版社，2009：55.

③ 徐庆福.创赢人生：大学生创新创业教育[M].哈尔滨：哈尔滨工业大学出版社，2022：152.

持。”(访 S20220614)由是观之,在创新创业教育中,应着重加强大学生应对创业风险的教育与训练。创新创业必然具有风险,但是风险需要被正确认知及合理管控,应帮助学生树立正确的风险观。

最后,打破高校与社会的合作梗阻,加强高校与政府、企业等主体进行有效互动,构建分层次、多元化的创新创业教育协同创新机制,实现创新创业教育政府链、高校链、社会链和产业链的良性对接。社会层面各种创业辅助机构的支持,通过企业孵化器的形式为新创办的中小企业提供场地入驻、基础设施、资金扶持、项目诊断、知识产权保护等一系列服务支持举措,各链条和各机构分工明确,联系紧密且高效,最大程度减小创业者的创业风险和创业成本,提高创业成功率。

三、形成创新创业人才培养的协同融合路径

党的二十大报告提出“坚持为党育人、为国育才,全面提高人才自主培养质量”。重视人才的“自主培养”,既体现了我国高校人才培养的特色路径,又反映了建设人才强国的必然要求。随着全球科技和人才竞争的日益激烈,创新创业教育如何与高校人才培养有机协同,事关高等教育对经济社会发展需求的服务支撑功能的发挥。近年来,由于高等教育普及化到来,高等教育规模不断扩大,更是为中国式现代化提供了高层次人才支撑。为适应时代要求,近年来我国积极支持高校开展创新创业活动,将创新创业能力融入人才培养体系,在融资、税收、租金等方面提供了许多优惠政策,并在评优评奖中向有突出创新创业成果的大学生倾斜,这些举措进一步激发了大学生的创新创业热情。

首先,形成创新创业人才培养的协同融合路径,促进创新创业人才培养过程中的知行统一。创新创业教育对社会创新创业的影响是深远的。其中,高校创新创业人才培养能够为社会创新发展提供更高质量和更具适用性的人才,促使高等教育的发展与区域创新和经济发展协同共生。鉴于大学生社会经验的差异以及思维方式的不同,无论是高校还是社会,都要对大学生创新创业保持宽容之心,这有利于打破学习者固有的思维定式,唤醒其主体的内在自觉,激活其探究热情,促进其创新创业的知行统一。其次,可针对不同学科专业升级高校科技创新平台,发挥平台科研资源聚集优势,推动科技成果就地转化、孵化、产业化。例如设立创新交叉实验室和由大学生自主创立的各式创新俱乐部等平台。在这协同共生的空间关系中,不同学科专业的大学生在其中分享学术成果,并根据社会需求发挥科研优势,获得跨界的实践体验和创新。

众所周知，目前创新创业不仅成为高等教育界的热门词汇，也成为学者们研究的一大领域。为了突破以往学界在研究创新创业教育问题时所遵循的模式和思路，我们将高校创新创业教育嵌入专业教育的运行机制这一特定的研究对象纳入到理论研究的范围之中，并以我国高等教育深化改革以及经济转型升级为背景，从理性与实践角度认识创业教育的发展规律，是集理论研究与实践探索为一体进行的全面尝试。同时，结合定量方法和定性方法、多元统计分析和综合比较分析法，将珠三角区域的典型性高校作为个案进行微观分析，属于典型的多重视野综合研究。客观地讲，珠三角区域高校把创新创业教育作为高等学校培养复合型人才的重要手段，在融入人才培养体系过程中取得了一些喜人的成绩，为粤港澳大湾区发展提供了人才支持。但仍需借鉴国际先进经验和创新创业教育理论前沿，更好地形成满足不同专业和社会经济发展需求的、具有普适性的创新创业教育运行机制。同时，具有理论成果转化意蕴的实践机制有待验证。目前我国大学生创新创业实践形式主要以竞赛为主，所建立的校外实习实训基地没有真正成为集教育、培训、研究以及创业为一体的共享性人才培养实践平台，创新创业的人才培养效果不尽如人意。因此，未来对创新创业教育的价值引领、知识传授的体系化和本土化、创新创业协同融合及创业生态的本土化和国际化等方面还有待进一步拓展分析。

参考文献

(一)专著类

1.马克思恩格斯选集:第4卷[M].北京:人民出版社,1995.

2.杰弗里·蒂蒙斯,小斯蒂芬·斯皮内利.创业学:6版[M].周伟民,吕长春,译.北京:人民邮电出版社,2005.

3.亨利·埃茨科维兹. 三螺旋:产业、大学、政府三元一体的创新模式[M].周春彦,译.北京:东方出版社,2005.

4.约翰·S.布鲁贝克. 高等教育哲学[M].3版,王承绪,郑继伟,张维平,等译. 杭州:浙江教育出版社,2002.

5.约翰·齐曼.真科学:它是什么,它指什么[M]. 曾国屏,匡辉,张成岗,译.上海:上海科技教育出版社,2002.

6.约翰·亨利·纽曼.大学的理想[M]. 高师宁,何克勇,何可人,等译.贵阳:贵州教育出版社,2006.

7.查尔斯·汉普登-特纳.创新与创业教育:基于新加坡教育实验的分析[M]. 吴晓哲,吴瑕,译.北京:商务印书馆,2017 .

8.布迪厄,华康德.反思社会学导引[M].李猛,李康,译.北京:商务印书馆,2015.

9.赫尔曼·哈肯.协同学:大自然构成的奥秘[M].凌复华,译.上海:上海译文出版社,2005.

10.曹望华.高校创新创业教育与人才培养研究[M].北京:北京工业大学出版社,2021.

11.赖德胜.教育与劳动力市场[M].北京:经济科学出版社,2016.

12.李喆.地方高校创新创业教育研究[M].济南:山东人民出版社,2020.

13.李静薇.创业教育对大学生创业意向的作用机制研究[M].北京:中国

经济出版社,2016.

14.王慧颖,詹明.新时代大学生创业教育的理论与实践研究[M].成都:电子科技大学出版社,2019.

15.董鹏中,韩强.创新创业教育与技能实践[M].北京:科学出版社,2021.

16.丁琰.地方应用型高校创新创业教育与实践研究[M].延吉:延边大学出版社,2018.

17.林伟连,尹金荣,黄任群.创业教育:大学的声音[M].杭州:浙江大学出版社,2018.

18.侯东东."新工科"背景下大学生创新创业教育及其支持体系的理论探讨与研究[M].成都:电子科技大学出版社,2019.

19.李子联.高等教育经济功能论:质量视域下的机理与实证[M].南京:南京大学出版社,2020.

20.邓汉慧.创业基础[M].北京:北京大学出版社,2016.

21.徐庆福.创赢人生:大学生创新创业教育[M].哈尔滨:哈尔滨工业大学出版社,2022.

22.姬建锋,万生新.大学生创新创业[M].西安:陕西人民出版社,2019.

23.郭必裕.大学生机会型创业研究[M].南京:东南大学出版社,2015.

24.郭秀晶.我国高校创新创业教育政策评估研究[M].北京:经济日报出版社,2022.

25.郭志辉.大学生创新创业教育研究[M].成都:电子科技大学出版社,2016.

26.彭钢.创业教育学[M].南京:江苏教育出版社,1995.

27.孙丽颖.高校创新创业文化的社会生态系统建设研究[M].长春:长春出版社,2021.

28.石燕捷.大学生创新创业教育新模式研究[M].天津:天津科学技术出版社,2021.

29.徐小洲,梅伟惠.高校创业教育体系建设战略研究[M].杭州:浙江教育出版社,2015.

30.王东生.新时代高校创新创业教育路径研究[M].长春:吉林出版集团股份有限公司,2021.

31.商应美.高校创业实践教育体系建设研究[M].北京:人民教育出版社,2016.

32.孙石群.双创时代大学生创新创业教育的融合发展研究[M].北京:中

国水利水电出版社,2019.

33.裴小倩,严运楼.高校创新创业教育协同机制研究[M].上海:上海交通大学出版社,2018.

34.王占仁.中国创新创业教育史[M].北京:社会科学文献出版社,2016.

35.王志强,李远煦.理念·结构·功能:高校创新创业教育的组织变革[M].北京:社会科学文献出版社,2021.

36.张利.第一桶金:大学生创业篇[M].北京:中国纺织出版社,2015.

37.张项民.创业教育与专业教育耦合研究[M].北京:科学出版社,2013.

38.赵建国,廖藏宜,许晓明.大学生创业影响因素及扶持政策研究[M].北京:经济科学出版社,2017.

(二)期刊论文类

1.别敦荣.高等教育普及化背景下研究生教育发展的特点、要求和战略重点[J].学位与研究生教育,2022(2):16-27.

2.黄英杰.中国大学创新创业教育的哲学之思[J].高校教育管理,2016(1):76-79.

3.王志强,郭宇."追求成功"还是"追求幸福":对创新创业教育目的的伦理审思[J].教育发展研究,2022(1):77-84.

4.王志强.从"科层结构"走向"平台组织":高校创新创业教育的组织变革[J].中国高教研究,2022(4):44-50.

5.李家华,卢旭东.把创新创业教育融入高校人才培养体系[J].中国高等教育,2010(12):9.

6.梁春晓,沈红.基于体验学习视角的大学生创业学习维度探析[J].湖南农业大学学报(社会科学版),2020(4):83-92.

7.熊峰,周增逵.数智时代高职创新创业育人生态系统建构[J].中国高等教育. 2021(22):59-61.

8.龚旗煌.走好新时代高水平人才自主培养之路的思考与实践[J].国家教育行政学院学报,2022(5):3-8.

9.贺腾飞,刘文英.创新创业教育高地建设的现实困境与发展策略[J].国家教育行政学院学报,2022(8):43-49.

10.居占杰,刘洛彤.创新创业教育背景下大学生创新能力培养问题研究:基于G大学经济学专业本科生调查的分析[J].湖南师范大学教育科学学报,

2016(2)71-75.

11.潘炳超,陆根书.高校创业教育与大学生创业意向和创业自我效能的关系研究[J].复旦教育论坛,2020(5):43-54.

12.赵庆年,曾浩泓.工具理性向价值理性的回归:大学生创业教育政策的价值冲突与平衡[J].现代教育管理,2022(5):36-45.

13.王洪才.创新创业教育:中国特色的高等教育发展理念[J].南京师大学报(社会科学版),2021(6):38-46.

14.秦虹,张武升.高等学校创新创业教育的文化基础研究[J].西南大学学报(社会科学版),2016(1):80-85.

15.胡钦晓.高校学术资本:特征、功用及其积累[J].教育研究,2015(1):59-65.

16.陈武林.创业教育中研究生学术资本转化:定位、价值及实现路径[J].研究生教育研究,2017(4):25-29.

17.陈武林,杨无敌.创新创业教育政策执行的制约因素及路径调适:基于政策执行过程模型的解释[J].江苏高教,2023(1):44-50.

18.陈武林,张伟诗.场域理论视域中创新创业学习力的影响机理及提升策略[J].教育发展研究,2023(7):61-68.

19.金生鈜.资本主义教育精神:教育的现代性困境[J].教育研究与实验,2014(6):1-7.

20.张雅婷,姚小玲.高校创业教育模式的发展现状与路径优化[J].思想理论教育,2019(4):107-111.

21.王路昊.日本东京大学创业教育的培养模式及其发展经验[J].比较教育研究,2021(8):95-103.

22.王建华.大学的范式危机与转变:创新创业的视角[J].中国高教研究,2020(1):70-77.

23.刘春湘,刘佳俊.创新创业教育政策演进与实施路径[J].大学教育科学,2017(4):94-100.

24.刘春花.学术资本:促进大学生创业能力提升的要素[J].教育发展研究,2010(21):67-70.

25.胡金焱.创新创业教育:理念、制度与平台[J].中国高教研究,2018(7):7-11.

26.任荣伟,申旭斌,张武保.欧美创业教育的新趋势及对中国的启示[J].管理世界,2005(9):164-165.

27.宣勇,付八军. 创业型大学的文化冲突与融合:基于学术资本转化的维度[J]. 中国高教研究,2013(9):86-89.

28.黄斌.三螺旋理论下创新创业教育研究[J].中国高校科技,2019(11):69-72.

29.张士威. 我国高校深化创业教育改革的创新路径[J].江苏高教,2020(10):97-100.

30.尹向毅,刘巍伟,施祺方.美国高校创业教育与专业教育整合实践体系及其启示[J].高等工程教育研究,2021(1):162-168.

31.周必彧,池仁勇.大学生创业学习影响创业自我效能的调节效应研究[J].高等工程教育研究,2016(2):80-85.

32.赵国靖,龙泽海,黄兆信.专创融合对高校创新创业教育绩效的影响研究[J].浙江社会科学,2022(7):142-152.

附 录

1.调查问卷

珠三角地区高校大学生创新创业教育运行现状调查

亲爱的同学,感谢您参与本次调查!为了解当前高校大学生创新创业教育的运行现状,课题组制定此问卷进行在线调查。答案没有对错之分,但您所提供的信息将起到非常重要的作用。请根据自身实际,实事求是地填写相应选项,均为单选题。问卷不记名、不公开,仅供学术研究之用,请放心作答。填写约需3分钟,衷心感谢您的支持!

深圳大学创新创业教育研究课题组

2018年5月

1.您的性别:(　　) A.男　B.女

2.您的年级:(　　) A.大一　B.大二　C.大三　D.大四

3.您所在学校是:(　　)

A.高职院校　B.独立学院　C.普通本科院校　D."211"工程院校

E."985"工程院校

4.您所在的学科:(　　)

A.哲学　B.经济学　C.法学　D.教育学　E.文学　F.历史学　G.理学

H.工学　I.农学　J.医学　K.管理学　L.艺术学

5.您认为大学生所学专业与创业之间的关系是(　　)

A.密切相关　B.有关系,但是不大

C.无关　D.说不清

6.在专业课程中渗透创业内容(　　)

A.从未　B.有时　C.经常　D.很经常

7.参与校内外举行的创业竞赛(　　)

A.从未　　B.有时　　C.经常　　D.很经常

8.参加创业讲座或培训活动(　　)

A.从未　　B.有时　　C.经常　　D.很经常

9.参加学校学生创业社团(　　)

A.从未　　B.有时　　C.经常　　D.很经常

10.咨询学校创业指导机构或教师(　　)

A.从未　　B.有时　　C.经常　　D.很经常

11.学校是由辅导员或就业指导教师讲授创业必修课或选修课(　　)

A.从未　　B.有时　　C.经常　　D.很经常

12.学校定期邀请创业者或企业家讲授创业经历和经验(　　)

A.从未　　B.有时　　C.经常　　D.很经常

13.学校有完善的创业教育教学体系(　　)

A.非常符合　　B.有点符合　　C.说不清　　D.有点不符合

E.很不符合

14.学校的创业活动形式丰富并长期开展(　　)

A.非常符合　　B.有点符合　　C.说不清　　D.有点不符合

E.很不符合

15.学校已建立一定的创业实践平台(　　)

A.非常符合　　B.有点符合　　C.说不清　　D.有点不符合

E.很不符合

16.学生能得到及时有效的创业指导(　　)

A.非常符合　　B.有点符合　　C.说不清　　D.有点不符合

E.很不符合

17.学校的大学生创业实践基地功能完善(　　)

A.非常符合　　B.有点符合　　C.说不清　　D.有点不符合

E.很不符合

======问卷到此结束！再次感谢参与！======

2.访谈提纲(面向大学生)

亲爱的同学,您好！我们是深圳大学创新创业教育研究课题组成员,为了进一步了解创新创业教育在专业教育过程中的融入情况,我们拟定了半结构化访谈提纲,请结合自身实际谈谈您的理解和看法。希望能获得您的支持和分享！

1.您所在学院和专业是什么？是否有创业经验？周围是否有创业的同学？

2.作为一名在校大学生,您对学校开展的各式各样的创业教育有何印象？

3.您参加过哪些创业活动或创业教育课程吗？具体形式和内容是什么？对此有何感受与收获？

4.您参与过的创业教育课程中,主讲教师的教育教学水平及其效果如何？

5.目前学校或学院在创业教育方面提供了哪些支持条件？

6.您觉得专业学习和创业实践哪个更重要？为什么？

7.您觉得大学生所学的专业与所参加的创业活动之间有何联系？彼此间是否起到促进作用？

8.您认为怎样更有效地在大学的专业教育中学习和参与创业教育？

9.假如在参与创业活动的过程中遇到问题,您是否会向相关专业的大学老师请求帮助？

10.学校一般是如何评价和保障创业教育的？

11.在创业教育过程中,还有哪些地方需要改进？

12.将来毕业了,您是否打算凭借专业特长去创业？原因是什么？

3.访谈提纲(面向管理者或教师)

尊敬的老师,您好！为了进一步了解创新创业教育的运行情况,我们拟定了半结构化访谈提纲,请结合自身实际谈谈您的理解和看法。

1.您是否主讲或组织过创新创业活动或创新创业教育课程？具体形式和内容是什么？

2.能否请您介绍一下贵校/院在创新创业教育方面的课程设置情况？

3.目前学校或学院在创新创业教育方面提供了哪些支持条件？

4.您觉得如何加强大学生所学的专业与所参加的创新创业活动之间的

联系?

5.在各级各类创新创业大赛过程中,我校大学生参与情况及其效果如何?

6.在学校层面,对大学生创新创业教育质量是如何进行评价的?

7.依您所知,贵校/院在创新创业教育方面在国际国内比较中,具有哪些优势和特色?

8.推动创新创业教育与专业教育有机融合,您认为有什么具体措施加以落实?

9.学校/院系是如何促进学生的创新成果转化和创业项目孵化的?

10.在高校开展创新创业教育过程中,还有哪些地方需要改进?

11.对正在参加创新创业学习的大学生,您还有什么想对他们说的吗?

后 记

创新创业是近年来的一大热词,也是我近几年研究的主要内容之一。之所以坚持把这本书写出来,还有一个动力跟我所在的这座城市有关系。深圳作为一座创新之城,以创业为荣。书稿的完成过程经历了较长的时间,从2015年底获得广东省哲学社会科学规划课题立项后,我一直尝试在创新创业教育这个领域努力积累。一直到2019年申请结题后,心中始终挂念着要把这块耕垦了多年的"土地"撰稿成书。2019年9月至2020年1月在厦门大学教育研究院做访问学者期间,我执笔完成教育部高教司委托项目"振兴本科教育工作研究报告"之分报告《推进双创教育融入人才培养全过程》,同时形成了系列成果。这些阶段性成果历经反复修改,有数篇公开发表在《研究生教育研究》《江苏高教》《教育发展研究》等刊物上。这些公开发表的学术论文也在适当更新与整理后被收纳进本书。

这些年,一边顾着柴米油盐酱醋茶,一边尽心做好教学和相关行政事务。这是从学生时代以来延续的习惯,既要努力工作,也要增加阅历。然而,繁杂的日常让多年的运动习惯也退居二线了,日渐苍白的双鬓映衬着岁月雕刻出来的中年模样。出书对于学者而言,既让人在思考中用文字的形式表达个体理解和判断,也使人在交流与创造中体验一番别有韵味的成就感。将大学生创新创业教育的诸多审思汇集成著,正如自己在学术领域创作耕耘一样,可谓是学路历程上的点滴收成。这份成就感是从事高校教师工作的精神褒奖,也算是学术自觉的生活慰藉。

古语有云:学所以益才也,砺所以致刃也。学习是通过涵养学识以长才干,就像刀刃要经历千磨万砺才能利刃出鞘。创新驱动的实质是人才驱动,那么培养青年的实质就是塑造未来。探讨创新创业教育的机制与行动,促进创新创业教育贯穿人才培养全过程,是实现教育、科技、人才一体化推进的生动实践。由于持续关注着创新创业教育,我深深地体会到培养具有深刻教育自觉意识和全球对话能力的教育学专业人才,应该成为教育学门类相关学科参与新文科建设的基础性工作，无疑，这对我们在新形势下改革学科专业设置、人才培养模式和评价方式提出了新的要求。实践证明，创新到创业的高质量转化需要满足坚持服务国家战略和服务地方经济两个基本原则。前者是为了搭乘政策快车，后者则是为了吸引投资力量。这无疑对高校创新创业教育提供了良好的示范。在创新创业教育生态系统中，适宜的生态环境取决于各个环境的相互渗透和融合，只有不同主体和不同环境要素之间相互依存、协同发展、资源共享、内生共长，才能促进生态系统良好运转，发挥最优效能。唯有坚持创新引领创业、创业带动就业，才能更好地提升人力资源素质，实现大学生更加充分更高质量就业。

书稿形成过程中，得到了我的研究生们的大力支持。黄琨贝负责对文献综述的校对与整理，罗榕萍负责对港澳地区创新创业教育的资料收集与整理，李芳菲对全书进行了校对。没有他们的帮忙，本书是不可能这么快面世的。当然，文责自负。在此也特别感谢厦门大学出版社提供机会出版拙著，尤其要感谢编校人员耐心细致的数次校对，在校稿、定稿过程中做了大量工作，他们的"幕后工作"让我更加认识到自己的不足，需要进一步努力写出更多更好的学术作品。最后，我还要特别感谢家人对我的无私支持，当我身处繁忙俗务时是他们替我分担了家庭责任。而我也错过了许多与家人共处的温馨时光。拙著终于面世，尚有诸多不足和遗憾，诚请方家不吝赐教。

2023 年 6 月 4 日